요한계시록 신해

ᄒᆞᆫᄇᆞᆰ 변찬린 지음

한국신학연구소

요한계시록 신해

저자 / 흰붉 변찬린

초판발행 / 1986년 5월 25일
재판발행 / 1992년 12월 25일
개정판발행 / 2019년 5월 18일

펴낸이 / 김성일
펴낸곳 / 한국신학연구소

등록 / 1973년 6월 28일 제 300-2002-10호
주소 / 서울시 서대문구 경기대로 55 선교교육원 내
전화 / 02)738-3265　팩스 / 02)738-0167
E-mail / ktsi@chollian.net, amigo386@daum.net
홈페이지 / http://ktsi.or.kr

값 15,000원

ISBN 978-89-487-0332-0　94230(세트바코드)
978-89-487-0335-1　94230(요한계시록신해)

* 이 도서의 국립중앙도서관 출판예정도서목록(CIP)는 서지정보유통지원시스템 홈페이지(http://seoji.nl.go.kr)와 국가자료종합목록시스템(http://www.nl.go.kr/kolisnet)에서 이용하실 수 있습니다.(CIP제어번호 : CIP2019014083)

요한계시록 신해

흰붉 변찬린 지음

읽어두기

1. 『성경의 원리』 4부작의 초판은 대한성서공회에서 발간한 『성경전서 개역한글판』(1961)의 성구를 인용하였으나, 개정판은 대한성서공회의 『성경전서 개역개정』(1998)을 인용하였다. 그러나 『공동번역 성서』(1977)의 성구는 초판을 준용하였다.
2. 저자의 성경해석과 관련된 부분은 초판 내용을 그대로 보존한다.
3. 독자의 가독성을 높이고, 『성경의 원리』 4부작의 편집 일관성을 유지하기 위하여 원저를 훼손하지 않는 범위 내에서 몇 가지 보완을 하였다.
   1) 원문의 한자는 가능하면 한글로 바뀌었다. 그러나 한글로만 했을 경우 의미가 명확하지 않은 부분은 한자를 같이 적어두었다. 특히, 문맥에 따라 문장 이해에 혼동을 줄 수 있는 단어는 한글과 한자를 여러 번 반복하여 적어 의미전달을 명확히 하였다.
   2) 오탈자를 포함한 명백한 오기와 신명, 인명, 지명, 방언, 외래어 등이 혼용된 경우에는 특별한 사례를 제외하고는 한글 맞춤법에 준하여 바로잡았다.
   3) 초판의 원문에는 책과 장, 절의 구분을 특별히 하지 않았으나, 개정판에는 책은 『 』와 장과 절은 「 」로 구분하여 표시하였다.
4. 저자의 독창적인 개념과 용어를 포함하여 최근 자주 사용하지 않는 용어는 간단한 설명과 풀이를 한 [개념과 용어해설]을 책 뒤에 첨부하여 독자의 이해를 도모하였다.

발간사

한국신학연구소는 1973년 발족한 이래 세계 신학의 성과를 한국에 알리기 위해 『국제성서주석』, 『신학사상』을 비롯한 500여종의 단행본을 출판하여 한국의 입장에서 재조명함은 물론 한국의 민중신학(Minjung Theology)을 세계적 신학으로 발돋움하는데 신학적 이론의 토대를 제공하는 등 한국 신학 발전에 크게 기여하여 왔습니다.

한국에 기독교가 들어온 지 200여년이 지나면서 놀랄만한 교세성장을 이루었지만, 현 한국 교회는 총체적인 난국에 봉착되어 있는 것이 아닌지 우려스러운 상황입니다. 즉, 목회현장의 윤리적 타락, 자본신앙과 기복신앙에 치우친 설교, 교단과 교파의 난립 등은 한국 사회를 추동하던 긍정적인 모습을 상실한 위기의 한국 교회를 상징하는 단면이기도 합니다. 이는 '한국 신학은 무엇인가?', '한국 교회는 무엇을 하여야 하는가' 또는 '한국 목회현장에 무엇을 바라는가'라는 근본적인 질문과 직결되는 긴급한 사안이기도 합니다. 반면 지구촌의 유일한 냉전 구도의 이데올로기가 대척점에 있는 분단한국이라는 국제 정치적 환경, 유교와 불교, 도교 등 아시아 종교전통이 축적적으로 다원화된 역사적 종교문화전통, 그리고 과학기술의 발전에 따른 기존 가치체계의 붕괴에 따른 불확실성의 확산 등은 한국 교회가 어떻게 대처하는 가에 따라 세계 교회와 인류사회에 기여할 수 있는 절호의 기회이기도 합니다. 한국 교회의 새로운 길의 단초는 새로운 성서해석으로부터 비롯될 것입니다. 다원화된 사회와 다원적인 종교 환경은 성서라는 텍스트가 시대의 변천에 따라 끊임없이 새롭게 해석되어 당대인과 소통되고 실천되어야 합니다. 이런 관점에서 한국의 종교신학적 지평과 목회환경은 새로운 성서해석을 통해 한국 교계와 세계 교회와 인류사회에 기여할 수 있는 최적의 환경에 놓여 있습니다.

이런 문제에 공감의식을 가지고 변찬린은 새로운 성경해석을 통해 한국 신학의 독창성과 세계 신학의 흐름에 발맞추어 보편성을 추구하며 하나의 해답을 제시하고 있습니다. 즉, 성경을 조직신학적으로 정립한 『성경의 원리(상)』(1979), 구약의 사건을 통시적으로 해석한 『성경의 원리(중)』(1980), 신약사건을 인물과 사건으로 해석한 『성경의 원리(하)』(1982), 그리고 요한 계시록의 장과 절을 해석한 유작인 『요한 계시록 신해』(1986) 등이 있습니다. 이 책들은 "성경을 성경으로 풀이한다"는 해석학적 대원칙으로 유·불·도 등 아시아 종교와의 해후, 그리고 현대 학문을 다학제적으로 융합한 성경해석의 새 지평을 선보이고 있습니다. 이를 통해 새 시대, 새 종교, 초 인류 등 인류문명에 대한 새로운 통찰과 보편화를 시도하고 있습니다. 이로 인해 『성경의 원리』 4부작은 발간 후부터 목회현장에서 설교자료로 이용되어 일부 대형교회의 폭발적인 교세를 형성한 성서교재로 이용되기도 하였고, "한국 교회의 제 3의 물결"을 이끄는 성서교재라는 호평도 있었습니다. 더불어 성경의 진리를 알고자 하는 많은 신도와 목회자를 포함한 목회현장의 재 발간 요구가 있어 왔습니다.

이런 상황에서 최근에 종교학자 이호재 박사가 20여 년에 걸친 추적조사를 통해 베일에 가려있던 변찬린의 생애와 사상, 그리고 그의 성경해석을 '혼볽성경해석학'이란 해석체계로 명명하며 『혼볽 변찬린(한국종교사상사)』(2017)에서 복원했습니다. 또한 『포스트종교운동』(2018)에서는 '피안신앙'과 '건물성전' 등에 치우친 한국 교회의 타락상을 고발하며 올바른 교회상을 제시하며, 기독교를 넘어서 참다운 종교개혁운동을 표방하여 전개한 변찬린의 '새 교회' 운동을 역사적인 사례로서 조명하고 있습니다. 이렇게 재조명된 변찬린의 성경해석체계와 종교운동은 학계의 관심을 촉발시켰습니다. 김상일(전 한신대 교수)은 2017년 12월 18일 《교수신문》에 "한국의 선맥과 기독교의 부활사상을 상호 교차적이며, 융합적으로 이해한 것은 변찬린이 세계종교계에서 최초라고 평가된다. 어느 누구도 변찬린과 같이 "성경은 선맥이다"라는 논지를 초지일관 주장하지 못했다"고 말하여, 이어서 "변찬린은 한국적 화합에 의해 기독교를 통해 '선맥'을 다시 찾으려 했다. 『성경의 원리』 상권은 신선사상인 도맥론과 불교의 윤회론을 언급하고 있다. 이 말은 변찬린이 선맥을 불교나 도가 사상과 화합시켰음을 의미한다"고 평가하고 있습니다. 원로 신학자인 서창원(전 감신대 교수)은 2018년 3월 『기독교 사상』에서 "경전해석의 새로운 패러다임을 시도한 변찬린의 '혼볽성경해석학'이란 제명으로 "동방종교 심성에 근거한 변찬린의 '혼붉성경해석학'과 독자반응 비평이 새롭게 주목받아 독창적 해석학으로 자리잡기를 기대한다"라고 하며 한국 신학이 한국의 종교적 심성과 성경의 영성적 지평이 융합되기를 바랜다는 염원을 드러내기도 합니다. 또한 한국종교문화연구소 이사 윤승용은 《뉴스레터》(504호, 2018.1.10.)에서 "혼붉 변찬린, 새 축(軸)의 시대 '한국적 기독교'해석 틀을 만들다"라는 제명의 글에서 변찬린의 성경해석학과 혼붉사상은 "문화신학자들이 가졌던 기독교와 한국문화의 진정한 화해, 주체적 성경해석 그룹이 초종교적 자리에서 추구한 기독교의 주체적 수용, 영통 계시파들이 바라는 선(仙)을 바탕으로 한 성경해석적인 통일한국론"을 모두 아우르며 "우리의 삶의 현장을 고려한 주체적 신학담론을 형성하고 있다는 점에서 그리고 미래 인류의 생명과 문명을 고려한 생명신학이라는 점에서 우리의 삶의 현장 신학이고, 새로운 축의 시대를 대비하는 인류 미래신학으로 손색이 없다"고 논평하는 등 한국 신학계와 종교계에서 다양한 관심을 보이고 있습니다.

이에 한국신학연구소는 한국적 상황에서 한국 신학의 주체적인 독자성을 추구하며, 세계 신학의 큰 흐름에서 성경해석의 새로운 지평을 열었다고 평가받는『성경의 원리』4부작을 재 발간하여 한국 신학의 한 성과물로서 한국 교계와 세계 교회에 소개합니다. 이를 통하여 한국 기독교계의 큰 염원인 서구 신학으로부터 탈피하여 한국에서 내놓은 세계적인 성경해석의 틀로써 새 축 시대의 신학담론을 주도하는 계기가 되기를 바랍니다. 아울러 이 책이 한국 교회와 목회현장에 혁신과 변화를 주도하여 다가오는 통일한국과 인류문명에 새 길을 밝히는 큰 빛이 되기를 바랍니다.

끝으로 이 책을 재 발간하는데 도움을 주신 유족 등 여러 분에게 감사의 말씀을 드립니다.

2019년 3월

한국신학연구소

번개와 피와 아픔과 고독 가운데서 쓴 『요한계시록 신해』를
기독교인이 아닌 예수를 믿는 〈이긴 자〉들에게 바칩니다.

1985년 2월
흔붉

목차

제10장

제11장

제12장

제13장

제14장

제15장

제16장

제17장

제21장

제22장

제1장

[1절] 예수 그리스도의 계시라 이는 하나님이 그에게 주사 반드시 속히 일어날 일들을 그 종들에게 보이시려고 그의 천사를 그 종 요한에게 보내어 알게 하신 것이라

⑴ 계시란 말은 하나님의 품속에 감추었던 것을 열어 보인다는 뜻이다.

하나님 안에 감추어진 구원섭리의 비밀은 천사나 마귀나 다른 영들은 알 수 없는 비밀인데 하나님은 이 비밀을 예수에게만 열어 보이기 때문에 〈예수 그리스도의 계시〉가 된다.

⑵ 계시의 단계

하나님의 계시가 인간에게 전달되기까지 세 단계가 있다.

① 첫째 단계

하나님이 예수에게 열어 보이는 단계. 하나님은 타락한 인간에게 직접 계시하지 않는다. 하나님의 뜻을 이루기 위해 십자가의 고난을 순종으로 받아, 구속의 성업을 이루시고 사망의 권세를 깨뜨린 예수에게만 열어 보인다.

② 둘째 단계

하나님께 받은 계시를 예수는 천사에게 전한다. 예수는 사도 요한에게 직접 계시하지 않고 천사를 시켜 전달한다. 여기에서 우리가 깊이 깨달아야 할 점은 왜 예수는 신약의 마당 은혜의 시대에 사는 성도에게 직접 계시를 열어 보이지 않고 구약적인 방법인 천사를 시켜 전달하게 하는가 하는 의문이 생긴다.

구약은 천사가 중보가 되어 하나님의 계시를 전달하는 시대였고(행 7:53, 갈 3:19), 신약은 성령이 예수의 복음의 비밀을 기억나게 하고 해석하게 하는 시대였다(요 14:26, 16:7-8, 요일 2:27). 그런데 예수는 왜 요한에게 직접 계시하지 않고 〈대언의 영〉인(계 19:10) 천사에게 계시를 전달하게 하는가? 여기에는 두 가지 숨은 뜻이 숨어있다.

첫째, 요한이 받은 계시는 아담으로부터 시작된 인간의 죄악사를 심판하는 계시이므로(구약과 신약의 마당을 종합하여 심판하는 계시), 외형적으로는 천사가 〈예수 그리스도의 계시〉를 인간에게 전달하는 형식을 취하지만 내용적으로는 성령이 교회들에게 하시는 말씀이 된다(계 2:7, 2:11, 2:17, 2:29, 3:6, 3:13, 3:22).

이것은 인간이 흙인 육신과 하나님의 요소인 영혼으로 구성되듯, 육적 구약의 마당에서 중보자 노릇을 하며 묵시를 전달하던 천사가 외형적으로는 〈예수 그리스도의 계시〉를 전달하지만 내면적으로는 요한이 계시받는 마당은 신약의 차원이므로 이 계시는 성령이 증거하는 말씀이 된다. 〈대언의 영〉인 천사가 전해준 계시를 〈성령〉으로 풀이해야만 요한계시록은 바르게 해독(解讀)된다.

둘째, 예수가 승천하고 사도들이 순교한 후 이 땅 위에 세워진 건물 교회는 구약적인 교회이지(모세의 성막교회, 솔로몬의 성전교회, 기독교의 건물교회) 인격의 공동체요 연합체인 산 교회가 아니었다. 예수는 베드로의 바른 신앙고백을 듣고 심령의 반석 위에 살아있는 인격교회를 세우겠다고 약속했지 대리석이나 시멘트로 만든 교회를 세우겠다고 약속한 것이 아니다.

하나님이 거하시는 성전과 교회는 각 사람의 인격과 심령이지 건물로 만든 교회가 아니었다. 베드로의 반석교회는 인격교회였고(마 16:17-19) 바울이 증거했던 교회도 거듭난 인격과 심령들의 공동체였다(엡 2:20-22). 그러나 예수가 승천하고 사도들이 순교한 후 이 땅 위에 세워진 교회는 건물교회로서 분열하는 교회, 교파와 교리로 당을 짓는 교회가 되었다.

비록 신약의 마당에 세워진 교회였지만 교파와 교리로 열교화(裂敎化)된 교회이기 때문에 구약적인 교회임을 면치 못한다. 일곱 교회에 보내는 편지가 천사의 손을 빌어 요한에게 증거되는 이유가 바로 여기에 있다. 현존(現存)하는 교회는 〈신약의 마당에 세워진 구약교회〉이다. 예수가 다시 재림하여 머리가 되고 구원받은 인류가 지체(肢體)가 되는 유기적인 공동체의 인격교회가 세워지기 전에는 대리석과 시멘트로 화려하게 장식한 건물을 교회로 착각하는 현상이 계속될 것이다.

③ 셋째 단계

천사가 요한에게 계시를 전함. 요한은 우레의 아들로 개명(改名)되고(막 3:17), 산 자의 도맥(道脈)을 이어받은 사도 중의 사도였다(요 21:22). 이런 사도 요한도 하나님과 예수의 계시를 직접 받지 못하고 천사를 통해 계시를 받았다. 사도 바울이 받은 〈예수 그리스도의 계시〉도(갈 1:12) 예수께서 직접 바울에게 준 계시가 아니고 천사의 손을 통해 준 계시임을 명심해야 한다. 위와 같이 하나님의 비밀이 인간에게 전달되기까지는 3단계의 통로가 있다.

이처럼 성경에 공식화된 〈계시의 원리〉를 알지 못하고 요즘 거짓 선지자와 무당 부흥사들은 삼각산, 지리산, 계룡산, 그 밖에 수많은 산에 세워진 기도원에서 며칠 금식기도 하다가 하나님이 직접 내리는 계시를 받았다고 선전하고 예수가 나타나서 병 고치는 능력을 주었다고 자랑하고 있으니 이런 자들은 다른 영을 받은 영적 사기꾼이요 종교 상인임을 자증하고 있다. 어떤 목사들은 자기의 꿈도 하나님의 계시로 착각하고 어떤 부흥사들은 마치 하나님이 자기에게 전화하듯 아침마다 지시가 온다고 떠벌이고 있으니 말세에 나타날 미혹의 현상임을 잊지 말아야 한다.

(3) 〈예수 그리스도의 계시〉는 반드시 속히 될 일이다.

하나님과 악마와 인간이 관계지어진 역사는 타락사인 동시에 구속사이므로 반드시 시작과 종말이 있다. 타락사의 입장에서 보면 죄악에 오염된 인간들이 전개한 6천 년의 시간은 지루하지만 구속사의 자리에서 보면 하나님이 일하시는 시간은 천 년이 하루 같은(벧후 3:8) 시간이므로 속히 될 일이 된다. 그러므로 〈속히 될 일〉을 계시를 받고 깨닫는 장(場)의 시간으로 이해해야 하며 일상의 늪에 빠져 생활하는 죽은 자들의 지루한 시간으로 이해해서는 안 된다.

바울은 초대교회에 살았지만 그는 이미 종말론적인 시간이 자기 안에 오고 있음을 알고 있었다(고전 10:11). 예수 당시의 성도들도 종말론적인 시간 안에 살고 있었는데 그들은 그것을 깨닫지 못했기 때문에 예수의 말씀을 이해하지 못했다(마 10:22, 16:28). 「요한계시록」에 기록된 종말론적인 사건들은 속히 될 일이기 때문에 예수는 도적같이 오신다고 약속했다

(계 3:3, 살전 5:2, 벧후 3:10).

하나님이 일하시는 구속사의 시간은 항상 현존하는 오늘인데 악인들은 종말이 오지 않는다고 호언한다(벧후 3:3-4). 그러나 하나님의 정한 때는 속히 오고 있다(합 2:3). 참 성도들은 어느 시대에 살든지 자기 안에 종말론적인 구속사의 시간 즉 하나님이 일하시는 현재의 마당에서 깨고 깬 신앙생활을 해야 한다.

[2절] 요한은 하나님의 말씀과 예수 그리스도의 증거 곧 자기가 본 것을 다 증언하였느니라

요한이 본 것은 시각적인 환상이 아니다. 그가 본 〈하나님의 말씀〉과, 〈예수 그리스도의 증거〉는 환상이 아닌 번개같은 직관(直觀)으로 직감(直感)한 계시였다. 환상은 허깨비를 보는 것이다. 거짓 선지자들은 환상을 계시로 오해한다. 천연색 영화 필름을 보듯 하는 시각적인 환상은 심령이 낮은 자들에게 나타나는 종교 현상이지 사도 요한 같은 고등 심령에게는 직관으로 보고 직감하는 계시가 있을 뿐이다. 시각적인 눈 아닌 눈으로 보고 청각적인 귀 아닌 귀로 듣는 차원 높은 신비한 경험만이 참 계시이다.

[3절] 이 예언의 말씀을 읽는 자와 듣는 자와 그 가운데에 기록한 것을 지키는 자는 복이 있나니 때가 가까움이라

(1) 읽는 자는 단수로 되어 있고 듣는 자들과 기록한 것을 지키는 자들은 복수로 되어 있다. 이것은 초대 교회의 예배 때 한 사람이 두루마리를 읽으면 회중이 듣는 장면을 연상시킨다. 요한은 〈예수 그리스도의 계시〉를 보고 듣고 기록한 유일자(唯一者)였다. 하나님이 계시를 내릴 때 공중의 마귀도 붉은 영감을 방전(放電)하여 거짓 선지자들에게 위경(僞經)의 '계시록'을 기록하게 한다. 초대 교회 때는 많은 위경과 외경(外經)이 있었으나 정경(正經) 속에 「요한계시록」만 편찬된 것은 하나님의 뜻이었다.

요한은 '계시록'을 기록하고 읽는 자였기 때문에(여기서 읽는다는 뜻은 단

순하게 문자를 읽는다는 뜻이 아니고 계시의 암호(暗號)를 해독한다는 뜻) 단수로 되고, 듣고 지키는 자들은 참 성도들이기에 복수로 표현된다.

(2) 이 성구 속에 나오는 〈복이 있다〉라는 술어는 산상보훈에 나오는 팔복자와 같은 단어이다. 「요한계시록」에는 〈복이 있다〉라는 축복의 말씀이 일곱 번 나온다(계 1:3, 14:13, 16:15, 19:9, 20:6, 22:7, 22:14). 이것은 성도들에게 내리는 완전 축복이므로 일곱 번씩이나 복이 있다 기록된다.

(3) 〈때가 가까왔다〉라는 말은 1절의 〈속히 될 일〉을 다시 강조하고 있다. 이 〈때〉는 타락사의 수평적인 시간이 아니라 하나님의 구원의 경륜을 종말짓기 위하여 예정하신 때 곧 수직적인 시간을 뜻한다. 초림 때도 〈때가 찬 때〉였고(갈 4:4), 재림 때도 〈하나님이 만세 전에 예정하신 때〉이다(딛 1:2-3). 초대 교회의 사도들과 성도들은 이 종말론적인 때를 놀라운 영적 시력(靈的視力)으로 앞당겨 보았다. 그들의 육신은 타락사의 수평적 시간 속에 얽매여 있었으나 깬 영은 수직적인 시간 속에서 하나님이 행하시는 종말의 심판을 앞당겨 보고 있었다.

[4절] 요한은 아시아에 있는 일곱 교회에 편지하노니 이제도 계시고 전에도 계셨고 장차 오실 이와 그의 보좌 앞에 있는 일곱 영과

(1) 아시아에 있는 일곱 교회

아시아는 당시 로마의 지배 밑에 있던 소아시아를 말한다. 이 아시아는 지정학적으로 볼 때 아시아, 유럽, 아프리카의 세 대륙을 연결하는 중심지로서 장차 복음이 세계화 될 것을 암시하기 위해 소아시아의 일곱 교회가 등장한다.

그런데 왜 일곱 교회만 계시록에 등장하는가? 사도들의 전도로 말미암아 아시아에는 크고 작은 많은 교회들이 세워졌다. 예를 들어 골로새 교회, 막네시아 교회, 드로아 교회, 히에라폴리스 교회 등 그밖에 작은 교회들이 있었는데 왜 이들 교회는 빠지고 일곱 교회만 등장하는가?

그 이유는 1장 20절을 해석할 때 자세하게 설명될 것이다.

⑵ 우리들은 시간의 순서를 말할 때 과거, 현재, 미래 순으로 나열한다. 그러나 『요한계시록 신해』은 현재, 과거, 미래 순으로 시간을 나열하고 있다. 과거, 현재, 미래로 연결되는 선적(線的), 수평적 시간은 피조 세계를 관통하는 물리적 시간이지만 하나님은 〈영원한 현재〉에 거하시는 존재이므로 항상 〈현재〉가 먼저 강조된다. 〈영원한 현재〉는 원적(圓的), 수직적 시간이며 처음(과거)과 나중(미래)이 하나가 되므로 무시무종(無始無終)한 시간이 된다. 알파요 오메가이신 하나님은 〈영원한 현재〉속에 거하시므로 우리들도 현재의 자리에서 과거의 시간(사건)을 재해석해야 하고 상미존(尙未存)의 미래 시간을 앞당겨 볼 줄 알아야 한다.

⑶ 그 보좌 앞의 일곱 영은 성령을 뜻한다. 하나님도 영이시고(요 4:24), 예수도 영이시고(고후 3:17), 성령도 영이시다. 성경을 자세히 조사해 보면 성령의 완전성을 일곱 가지 영으로 표현하고 있다.

생명의 영(롬 8:2),
진리의 영(요 14:17, 15:26, 요일 4:6),
영원하신 영(히 9:14),
성결의 영(롬 1:4),
영광의 영(벧전 4:14),
약속의 영(엡 1:13),
은혜의 영(히 10:29),

[5절] 또 충성된 증인으로 죽은 자들 가운데에서 먼저 나시고 땅의 임금들의 머리가 되신 예수 그리스도로 말미암아 은혜와 평강이 너희에게 있기를 원하노라 우리를 사랑하사 그의 피로 우리 죄에서 우리를 해방하시고

⑴ 마귀는 하나님의 진리를 변조하여 아담에게 거짓 복음을 증거한 거짓말장이었고(요 8:44), 마귀의 하수인(下手人)이며 사류(蛇類)인 대제사장과 바리새인들도 거짓말장이었기 때문에 거짓 증인을 내세워 살해했다. 예나 지금이나 직업 종교꾼은 한결같이 거짓 증인이었다. 그러나 예수만

이 하나님을 바르게 증거한 증인이므로 〈충성된 증인〉이라 한다. 부패한 종교꾼들과 무기력한 민중들을 향해 예수는 아는 것을 말하고 본 것을 증거했다(요 3:11).

진리가 무엇인가 묻는 어리석은 권력자(빌라도)를 향해 진리에 대해 증거했다(요 18:37, 딤전 6:12-13). 〈하나님의 충성된 증인인 예수〉는 제자들에게도 그 도맥(道脈)을 이어주고 충성된 증인이 될 것을 당부했고(행 1:8) 사도들은 예수의 증인이었다(행 2:32, 3:15, 5:32, 10:39, 13:31). 수제자인 베드로도 참된 예수의 증인이었다(벧전 5:1).

⑵ 예수는 부활의 첫 열매이므로 죽은 자들 가운데서 먼저 나신 자가 된다(고전 15:20, 골 1:18). 그러므로 부활한 예수께 접붙임을 받은 자들은 성령의 첫 열매가 되어(롬 8:23, 계 14:4) 죽음을 극복할 것이다(고후 5:4). 예수는 죽은 자 가운데서 먼저 난 자일뿐만 아니라 그는 모든 창조물보다 먼저 난 자였다(골 1:15).

⑶ 땅의 임금들의 머리는 왕중왕을 뜻한다(계 19:16). 왕중왕은 왕중의 장자(長子)임을 뜻하기도 한다(시 89:27). 광야의 시험에서 예수는 마귀가 주려는 이 세상 왕권을 거부한 진리의 왕이기 때문에 하나님은 그를 높여 모든 이름 위에 뛰어난 이름을 주었고 모든 무릎을 그에게 꿇게 하여 왕중왕이 되게 하였다(빌 2:9-11). 예수는 왕들의 머리일 뿐만 아니라 그는 교회의 머리이고(엡 1:22) 성도들의 머리이다(엡 4:15).

⑷ 은혜와 평강은 예수로 말미암지 않고는 우리가 누릴 수 없다. 은혜란 받을 자격이 없는 타락한 인간에게 베푸시는 하나님의 헤아릴 수 없는 사랑이며, 평강은 예수가 중보가 되어 하나님과 인간 사이에 막힌 담을 헌, 평화를 뜻한다. 은혜와 평강은 십자가의 보혈로 말미암아 우리들이 누리게 되었다. 예수는 우리에게 평강을 주셨다(요 14:27, 16:33, 20:19).

평화에는 세 가지가 의미가 있다.

첫째 - 하나님과 인간 사이의 평화.

둘째 - 영육의 싸움이 끝난 자아(自我)의 평화.

셋째 – 나와 이웃 간의 평화.

⑸ 십자가로 표현된 예수의 사랑은 실존적이며 구체적이며 희생적인 사랑이었다. 피는 곧 생명이므로(레 17:11), 피 흘림이 없으면 죄 사함이 없다(히 9:22). 예수는 십자가에서 속죄의 보혈을 쏟아 자기의 전존재(全存在)를 던져 인간을 사랑했기 때문에 그의 피가 우리를 죄 속에서 해방할 수 있다. 애굽의 노예 상태에서 이스라엘이 해방될 때 유월절 어린 양의 피가 〈해방의 표〉가 되듯, 십자가에서 흘린 보혈은 인간을 죄악 속에서 해방시키는 표가 된다. 십자가에서 흘린 피는 티도 흠도 점도 없는 정혈(淨血)이기 때문에 보혈이요 성혈(聖血)이 된다(벧전 1:18-19).

[6절] 그의 아버지 하나님을 위하여 우리를 나라와 제사장으로 삼으신 그에게 영광과 능력이 세세토록 있기를 원하노라 아멘.

⑴ 타락한 세상 나라에서는 정치와 종교가 분리되어 있으나 신국(神國)이 건설되면 제정일치(祭政一致)가 되므로 우리를 나라와 제사장으로 삼게 된다. 왕 같은 제사장은 이것을 뜻한다(벧전 2:9). 이 왕 같은 제사장은 첫째 부활에 참여한 성도들인데(계 20:6) 예수와 더불어 천년 동안 다스리게 된다.

⑵ 영광은 왕, 능력은 제사장의 것인데, 이것이 예수로 말미암아 주어졌으므로 다시 그에게 영광과 능력을 세세토록 돌려야 한다. 예수의 삼직(三職)은 왕, 제사장, 선지자인데 왜 선지자직은 빠졌을까? 선지자는 불의한 왕과 부패한 제사장을 질타하고 경고하고 깨우치는 직인데 왕 같은 제사장이 다스리는 신국은 불의한 왕, 부패한 제사장이 없으므로 선지자 직은 나타나지 않는다.

[7절] 볼지어다 그가 구름을 타고 오시리라 각 사람의 눈이 그를 보겠고 그를 찌른 자들도 볼 것이요 땅에 있는 모든 족속이 그로 말미암아 애곡하리니 그러하리라 아멘.

⑴ 구름을 타고 승천하신 예수는 구름을 타고 재림한다. 구름이란 수증기가 증발한 구름이 아니고 천사 집단을 상징한다(『성경의 원리』 상권 「천사론」 참조).

창조의 둘째 날에 갈라진 윗물과 아랫물은 정천(淨天)과 예천(穢天)으로 타락하지 않은 천사 집단과 타락한 천사 집단의 암호였다. 예수 재림 때는 물리적인 구름을 타고 오는 것이 아니라 천사를 거느리고 오기 때문에 구름을 타고 온다고 표현한다. 예수는 다시 올 때 천사를 거느리고 온다고 약속했다(마 24:30-31, 16:27). 선지자들도 천사를 거느리고 오는 계시를 받았다(유 1:14-15). 예수를 모시고 간 구름, 또 예수를 모시고 올 구름은 곧 천사 집단인데 이것은 수레로 상징되기도 한다(시 104:3). 엘리야가 승천할 때는 불수레를 타고 갔고(왕하 2:11), 예수가 승천할 때는 구름수레를 타고 갔다(행 1:9-11). 불수레 구름수레는 다 천사 집단의 상징이다. 출애굽 때 이스라엘 백성을 인도한 불기둥, 구름기둥도 다 천사 집단이었다(출 13:21-22). 다니엘도 구름타고 오는 인자의 계시를 보았다(단 7:13).

⑵ 예수의 재림은 초림 때처럼 한 나라 한 지역에 국한되는 것이 아니라 지구 전체에 임하는 사건이므로(눅 21:35, 마 24:37), 모든 인류가 볼 것이다.

⑶ 그를 찌른 자들이란 예수를 십자가에 못 박고 옆구리를 찌른 로마 군병과 유대인을 말하지만 하나님을 반대하는 무신론자와 예수를 믿으면서도 열매 없는 자들도 찌른 자들이다. 지금도 예수를 십자가에 못 박는 거짓 목사와 부실(不實) 교인들이 얼마나 많은가(히 6:4-6 참조).

⑷ 재림 때 땅에 있는 족속들이 기뻐하지 않고 왜 애곡하는가? 애곡하는 자들은 예수를 믿지 않았거나 믿어도 열매 없는 자들을 말한다. 심판주로 재림하는 예수의 위엄이 두려워 애곡한다.

오늘날 세계 각국에서 예수를 믿는다고 자처하는 교인들이 수 억이 되지만 재림 때 예수 앞에 머리를 들고(눅 21:28) 설 수 있는 참 성도들은 극히 드물 것이다(눅 18:8). 그때 예수는 거짓 목자와 사이비 교인들을 향해 저들을 모른다고 부인할 것이다(마 7:21-23). 그러니 어찌 애곡하지 않겠는가(마 24:30). 또 이 애곡자들은 자기들이 믿고 의지하던 바벨론의 금송아지 우상이 심판 받게 되므로 애곡한다(계 18:15-19). 세상의 애통자들은 심판이 두려워 울지만, 진리를 위해 애통해 온 자들은 하나님이 위로해 주실 것이다(요 16:20, 마 5:4 참조).

[8절] 주 하나님이 이르시되 나는 알파와 오메가라 이제도 있고 전에도 있었고 장차 올 자요 전능한 자라 하시더라

하나님은 무시무종(無始無終)한 영원한 현재 속에 존재하지만 인간을 창조한 역사적인 시간 개념으로 볼 때는 처음과 나중이 있는 섭리를 하시므로 알파와 오메가가 된다. 알파(α)는 헬라어 자음의 첫 글자 오메가(Ω)는 헬라어 자음의 끝 글자다. 알파의 시간에서 인간을 창조하고 오메가의 시간에 이르러 죄악 역사를 심판하고 성도들을 구원하기 때문에 하나님의 전능성이 강조된다.

[9절] 나 요한은 너희 형제요 예수의 환난과 나라와 참음에 동참하는 자라 하나님의 말씀과 예수를 증언하였음으로 말미암아 밧모라 하는 섬에 있었더니

⑴ 나 요한은 사도 요한 자신을 말한다. 그러나 이 성구에서 요한은 사도, 또는 장로, 감독이라는 관사(冠詞)를 사용하지 않고 있다. 다른 편지에는 장로임을 명백히 했으나(요2 1:1, 요3 1:1), 계시록에서는 그런 권위를 내세우지 않고 평신도의 입장에서 편지를 쓰고 있다. 왜 그럴까? 이것은 평신도와의 연대의식을 강조하기 위해서였다. 고난에 동참하는 자리에서 자기의 권위를 내세우는 자들은 거짓 목자들이다. 예수의 환난과 나라와 참음에 동참하는 자리에서 사도나 장로의 권위로 고난이 감소되는 것도 아니고 고난은 모든 성도들과 함께 받는 것이므로 평신도의 입장을 취하고 있다. 서로가 형제라는 연대 의식과 고난에 동참하는 관계의식

속에서만 환난을 이길 수 있고 참고 견딜 수 있다.

〈예수의 나라〉는 환난과 참음을 통과한 성도들의 공동체가 있을 때 실현된다. 예수의 나라와 환난과 참음에 동참하는 자는 초대교회의 성도만 아니라 말세에 이른 현대의 성도들도 동참해야 한다. 예수의 환난은 예수로 말미암아 당하는 핍박과 고통이므로 세상 사람들이 당하는 환난과는 구별된다. 또 예수의 나라는 세상 나라와 구별되는 진리의 나라이다(요 18:36-38). 그러므로 그 나라 백성은 진리를 알아야 하고 진리로 자유케 된 자들임을 명심해야 한다(요 8:32). 참음은 환난과 핍박 속에서도 소망을 잃지 않는 창조적이며 생산적인 인내를 뜻한다(롬 5:3-4). 세상 나라에 살면서 진리의 나라에 입문(入門)하자면 환난과 핍박을 당하지 않을 수 없고 인내의 세월을 보내지 않을 수 없다.

⑵ 밧모섬은 죄수를 강제 노동시키는 유형지(流刑地)였다. 요한은 자신이 밧모섬에 유배당한 이유를 하나님의 말씀과 예수를 증거하다가 잡혀갔다고 기록하고 있다. 밧모섬은 에베소에서 14킬로 쯤 떨어진 곳에 있는 섬인데 길이 10마일 넓이 5마일의 바위섬으로 에게해의 스포라데스 군도의 한 섬이다. 죽음의 유배지에서 극심한 환난과 핍박과 고통을 참을 때 하나님은 종말론적인 장엄한 서사시를 요한에게 보여 주었다. 고난을 초극하지 않고 어떻게 생명의 면류관을 받겠는가.

[10절] 주의 날에 내가 성령에 감동되어 내 뒤에서 나는 나팔 소리 같은 큰 음성을 들으니

⑴ 주의 날은 예수가 부활한 날이다. 초대교회 때부터 율법의 안식일은 자동적으로 폐하고 복음적인 주의 날을 성일(聖日)로 지켰다(고전 16:2). 아론 지파의 제사장 직이 폐하고 멜기세덱의 반차를 좇는 제사장 직이 세워졌으므로 구약적인 율법도 신약적인 복음으로 변역(變易)되어야 하는 것이 성경의 주장이다(히 7:11-12).

안식일은 토요일이었으나 주의 날은 예수가 부활한 일요일이었다. 주의 날은 로마가 태양신을 섬기던 날과 일치하고 또 주후 391년에 콘스탄

티누스 황제가 일요일을 예배와 휴식의 날로 공포했기 때문에 주일을 로마의 우상 제일에서 유래했다고 오해하는 성도들이 있는데 이것은 잘못된 생각이다. 주의 날은 예수가 부활한 날이기 때문에 구약적인 안식일을 대신하는 신약적인 성일이 되었고 또 이날은 창조의 첫째 날에 해당한다. 첫째 날에 하나님은 빛을 지으셨는데 이 첫째 날에 예수가 부활하여 사망의 골짜기에 생명의 빛을 비췄으니(고후 4:6) 주의 날이야 말로 우리가 지킬 복음적인 날이다.

⑵ 『요한계시록』을 자세하게 사경(査經)해 보면 요한이 계시를 받을 때 두 가지 차원이 있음을 알 수 있다. 1장에서 3장까지 일곱 교회의 편지를 받는 계시는 지상에서 경험하지만 4장부터는 하늘에 올라가 계시를 받고 있다(계 4:1). 일곱 교회에 보내는 편지는 지상에서 받는 수평적인 경험이지만 4장에서부터 받는 계시는 수직적인 경험이기 때문에 바울이 경험한 계시와 같이 몸 안에 있었는지 몸 밖에 있었는지 모르는(고후 12:1-4) 황홀경의 신비 경험이다.

⑶ 나팔같은 큰 음성이지 나팔소리는 아니다. 나팔같은 큰 음성은 잠든 의식과 영혼을 깨우쳐 계시의 중요성을 각성시키기 위한 음성이다. 구약의 나팔 소리는 무섭고 두려운 소리였다. 모세가 시내산에서 계명을 받을 때 나팔 소리가 나서 백성들은 두려움에 떨었다(출 19:16). 그러나 신약의 나팔 소리는 다르다. 하나님은 택한 자를 추수할 때 나팔을 불고 죽지 않고 변화할 성도를 위해 나팔을 불며 공중에 들어 올릴 때 나팔을 분다(살전 4:16). 구약의 나팔 소리는 무서운 소리였으나 신약의 나팔 소리는 은혜의 소리이다.

[11절] 이르되 네가 보는 것을 두루마리에 써서 에베소, 서머나, 버가모, 두아디라, 사데, 빌라델비아, 라오디게아 등 일곱 교회에 보내라 하시기로

왜 많은 교회가 있는데 일곱 교회에만 편지를 보내는가? 이 물음은 1장 22절을 해독할 때 풀이할 것이다. 그런데 우리가 깊이 뚫어 보아야 할 일은 일곱 교회의 위치이다. 하늘에서 조감해 보면 일곱 교회는 북두칠성의 모양을 닮은 위치에 있다. 일곱 교회는 북두칠성을 닮아 지상에 세워진 칠성교회(七星敎會)이다.

일곱 교회는 북두칠성의 교회이기 때문에 천사가 주관하는 교회가 된다. 요한이 일곱 교회에 보낸 편지의 수신인은 사람이 아닌 천사들인데 그 원인은 일곱 교회가 천사들이 세운 칠성교회였기 때문이다. 이 문제도 1장 22절을 풀 때 자세히 언급될 것이다.

[12절] 몸을 돌이켜 나에게 말한 음성을 알아보려고 돌이킬 때에 일곱 금 촛대를 보았는데

(1) 사도 요한이 몸을 돌이키는 이유는 듣는 계시에서 보는 계시에로의 전환을 의미한다고 오해해서는 안 된다. 계시는 동시에 듣고 보고, 보고 듣는 것이지 듣는 계시와 보는 계시가 따로 있는 것이 아니다. 그럼 요한은 왜 몸을 돌이켰는가?

나팔소리 같은 깨우치는 소리에 놀라 요한이 본 것은 일곱 금 촛대와 그 촛대 사이에 다니시는 영화(靈化)된 예수의 모습이었다. 돌아선 요한에게 부활 승천하여 영화된 예수는 일곱 별의 비밀과 일곱 금 촛대를 해독(解讀)할 것을 당부한다. 돌아서기 전까지 요한은 제 나름대로 교회관과 예수관을 소유하고 있었다. 사도들이 돌아 다니면서 세운 건물교회 안에 예수는 좌정(座定)하여 예배받고 있는 존재인 줄로 오해하고 있었던 것이다.

그러나 예수는 요한에게 코페르니쿠스적인 일대전환을 요구하였다. 이미 굳어진 교리와 사상에서 돌아서서 참된 교회관과 예수관을 소유할 것을 바라고 계셨다. 요한이 돌아서서 본 예수는 일곱 교회 안에 좌정하여 예배받는 예수가 아니라 교회 밖에서 서성거리며 촛대 사이에 방황하는 예수였다.

완전수인 일곱 교회, 어둠을 밝힐 촛대로서의 일곱 교회는 예수가 세운 인격교회가 아닌 일곱 천사가 사자로 있는 구약적인 건물교회였다. 교파에 따라 교리가 다르고 의식이 다르고 신앙고백이 다른 건물교회 안에 예수는 계실 수 없다. 하나님은 사람의 마음 속에 거하시는 분이지 화려한 대리석과 시멘트로 세운 건물 속에 거하시는 분이 아니다.

이 문제는 일곱 별, 일곱 촛대를 풀 때 다시 재론하자.

[13] 촛대 사이에 인자 같은 이가 발에 끌리는 옷을 입고 가슴에 금띠를 띠고

⑴ 인자같은 이는 메시야를 뜻하는데 「다니엘」 7장 13절에도 나온다. 인자는 촛대 사이에 다니신다. 그는 교회 안에서 예배받지 못하고 촛대 사이에서 방황하고 있다.

화려하게 지은 솔로몬의 성전에도 하나님은 계시지 않았고(왕상 8:27) 예수도 건물로 세워진 교회 안에는 계실 수 없다. 하나님과 예수가 거할 성전과 교회는 정각(正覺)한 신앙고백 위에 세워진 베드로의 반석 교회인데 이 교회는 거듭난 인격들의 사랑의 공동체를 뜻한다. 인간의 마음이 성전이요 교회이므로 거듭나고 부활한 심령들이 유기적으로 연합한 인격교회가 형성될 때 하나님과 예수는 그 안에 계실 것이다. 두세 사람이 한 마음이 되면 그 곳에 계시겠다고 예수는 약속했다(마 18:19-20). 두세 사람이 합심하여 사랑의 공동체가 되는 것이 곧 교회이지 화려한 건물을 짓고 교파의 간판을 붙이고 수만 명이 모이는 곳이 교회가 아니다.

⑵ 발에 끌리는 옷은 대제사장의 법복을 의미한다(출 28:4, 레 16:4). 그 옷이 발을 덮어 끌리는 것은 자취없이 행하는 예수 그리스도의 완전한 행위를 뜻한다. 옷은(법복이든, 예복이든, 두루마기든, 세마포든) 행위의 상징이다(계 19:8). 예수는 그 행위의 완전 무결한 성성(聖性)과 덕성(德性) 때문에 발에 끌리는 옷을 입고 멜기세덱의 반차를 좇는 대제사장이 되었다. 발이 보이지 않는 끌리는 옷은 행위의 무적성(無跡性)을 암시한다. 하고도 함이 없는 무위이화(無爲而化)의 자취 없는 행위는 절대선(絕對善)의 경지를 뜻한다.

왕 같은 제사장이니(벧전 2:9, 계 20:6), 발에 끌리는 옷은 제사장의 옷인 동시에 왕의 옷이다.

(3) 가슴의 금띠는 진리의 순수성과 무구성(無垢性)을 뜻한다(엡 6:14). 정금은 풀무 속에서 모든 찌꺼기가 제거된 다음에 얻어지는 보물이다. 진리의 왕, 진리의 제사장인 예수가 가슴에 금띠를 띠고 있음은 당연하다. 금은 빛과 완전의 상징인데 참 대제사장의 가슴에는 우림(빛)과 둠밈(완전)이 있다(출 28:29-30, 레 8:8).

[14절] 그의 머리와 털의 희기가 흰 양털 같고 눈 같으며 그의 눈은 불꽃 같고

(1) 순백색 머리털은 순수한 지혜를 뜻한다(잠 16:31, 20:29). 예수는 교회의 머리, 왕들의 머리인데 그 머리의 지혜는 선악과의 지혜가 아닌 생명나무의 지혜이기 때문에 백두(白頭)가 된다.

〈흰 양털같은 머리털〉은 타락 인간을 위해 죽은 십자가의 지혜 곧 속죄의 지혜를 뜻하고, 〈눈같이 흰 머리털〉은 지혜의 냉철성(冷徹性)을 뜻한다. 흥분하기 쉽고 감정의 앙금과 찌꺼기가 있는 지혜는 참 지혜가 아니다. 눈처럼 깨끗하고 얼음처럼 냉철한 지혜는 순수이성의 신비한 지혜를 뜻한다. 아담이 따먹은 선악과의 지혜는 선과 악이 대립하여 투쟁하는 감정과 흥분의 지혜를 뜻한다. 흰 양털과 흰 눈같은 머리털은 인간을 속죄한 냉철한 지혜를 강조하고 있다(사 1:18참조). 사람도 늙으면 백두가 되는데 이런 늙은이를 옛날은 장로(長老)로 존경했다.

(2) 불꽃같은 눈은 전지성(全知性)을 뜻한다. 횃불같은 그의 눈(단 10; 6) 앞에는 어둠 속에서 행한 모든 것이 드러난다(마 10:26-27). 불꽃같은 하나님의 눈 앞에는 비밀이 있을 수 없다(히 12:29).

[15절] 그의 발은 풀무불에 단련한 빛난 주석 같고 그의 음성은 많은 물소리와 같으며

(1) 풀무에 단련한 빛난 주석같은 발은 어떤 것이든 짓밟아 부숴뜨릴 수 있는 견고하고 강한 발을 뜻한다. 주석은 합금(合金)의 재료로서 강철

을 만들 때 사용되는 금속이다.

예수의 발은 말씀의 신, 복음의 신을 신었기 때문에(엡 6:15), 모든 낡은 도덕과 묵은 가치관과 광신적인 이데올로기와 유행하는 사상과 주의를 짓밟아 버릴 수 있는 강한 발이다. 느부갓네살이 본 우상의 발은 진흙과 철이 혼합된 발이었다(단 2:33). 진흙은 무신론과 물질주의, 철은 군국주의와 폭력주의를 뜻하는데, 말세의 나라들은 무신론과 물질주의로 오염되고 무기 경쟁과 폭력이 난무하여 군인들이 정권을 잡고 겉보기에는 초강대국 같지만 뜨인 돌이 와서 발로 걷어찰 때 초개같이 흩어질 것이다(단 2:31-45).

⑵ 많은 물같은 음성은 무엇을 의미하는가? 예수의 음성은 하나님의 말씀과 구원의 복음인데, 이 음성이 왜 물 소리 같이 들려오는 것일까?

여기에는 몇 가지 숨은 뜻이 있다.

첫째, 말씀과 복음의 비하성(卑下性)이다. 물은 낮은 데로 흐른다. 낮은 데로 임하여 남들이 꺼리는 하수구를 통해 바다에 이른다. 하나님의 말씀이신 예수는 종같이 낮은대로 임하여 복음을 증거했다(빌 2:5-8). 물이 때(垢)를 씻고 바다에 이르듯, 예수는 세상바다 음녀의 물인 땅에 임하여 겸손하게 하나님의 말씀을 증거했다.

둘째, 흐르는 물은 썩지 않는다. 시궁창에 고인 물은 썩는다. 하나님의 말씀은 썩지 않는 말씀이며 예수의 복음은 머물지(止) 않는 말씀이기 때문에 주형(鑄型)에 찍히고 틀에 굳어져 버린 교리와 이데올로기의 소리와는 구별된다.

셋째, 많은 물은 더러운 때(垢)를 씻어준다. 하나님의 말씀과 예수의 복음은 인간의 말씀을 깨끗하게 씻어주고 세례하는 강물과 같다.

넷째, 많은 물같은 음성은 복음의 음악성(音樂性)을 뜻한다. 아무리 하나님의 말씀이라도 음악성이 없는 딱딱한 말씀이라면 인간의 감정과 심금을 울릴 수 없다. 교리와 이데올로기의 설교는 음악성이 없는 경직된 잔소리요 발악이다. 예수의 말씀은 음악이다. 많은 물이 합창하는 교향악 같은 음악이다.

다섯째, 많은 물 소리는 뇌성(雷聲)을 뜻한다(시 29:3-4). 예수의 말씀은 겸손하고, 깨끗하고, 머물지 않고, 음악처럼 아름다운 말씀이지만 이 말씀은 나약한 여성적인 말씀이 아니고 우레처럼 두렵고 능력있는 대성(大聲)이다.

[16절] 그의 오른손에 일곱 별이 있고 그의 입에서 좌우에 날선 검이 나오고 그 얼굴은 해가 힘있게 비치는 것 같더라

(1) 북극성을 중심하여 북두칠성이 회전하듯 예수의 장중(掌中)에는 일곱 천사가 있다. 칠성천사는 모든 천사를 대표하는 천사이므로 모든 천사는 예수의 오른손 안에 있는 존재이다. 천사는 하나님이 부리시는 사환이므로(히 1:14) 예수의 장중에 있는 것이 당연하다.

(2) 좌우에 날선 검은 성령의 칼, 곧 말씀의 중도성(中道性)을 뜻한다. 하나님의 말씀은 좌익과 우익을 심판할 중도(中道)의 칼이기 때문에 좌우로 날이 선다. 말씀의 번개칼, 성령의 화염검(火焰劍)은, 인간의 심령을 골수까지 쪼개어 모든 것을 드러나게 하며(히 4:12), 또 이 검은 모든 거짓 선지자를 심판하며(살후 2:8), 하나님을 대적하는 자와 불의한 자를 살육한다(신 32:40-41, 겔 21:9-10). 그러므로 하나님의 말씀을 대언(代言)한 선지자들의 말씀도 칼처럼 날카로웠다(사 49:2).

(3) 해 같은 얼굴은 예수가 빛의 본체임을 뜻한다. 하나님은 빛이시며(요일 1:5), 예수의 얼굴은 빛의 본체였다(히 1:3). 때문에 변화산에서 변모한 예수의 얼굴이 해처럼 빛났고(마 17:2), 다메섹 도상에서 바울에게 나타난 예수도 햇빛보다 밝은 광채로 나타났다(행 9:3). 예수의 형상을 닮아 빛의 아들이 된 의인들도 하늘나라에서 햇빛같이 빛나는 발광체가 될 것이다(마 13:43). 영광으로 빛나는 얼굴은 사랑의 얼굴을 뜻하기도 한다. 하나님은 빛이시요 사랑이기 때문이다(요일 1:5, 4:16).

[17절] 내가 볼 때에 그의 발 앞에 엎드러져 죽은 자 같이 되매 그가 오른손을 내게 얹고 이르시되 두려워하지 말라 나는 처음이요 마지막이니

⑴ 요한이 죽은 자같이 된 것은 해 같은 빛의 본체를 보고 두려움을 느꼈기 때문이다. 거룩한 빛 아래 벌거숭이 같이 드러난 자신이 노출될 때 죄인이 어찌 두려움을 느끼지 않겠는가? 에스겔도, 베드로도 같은 경험을 했다(겔 1:28, 3:23, 43:3, 눅 5:8).

⑵ 두려움 가운데 죽은 자같이 된 요한에게 주님은 오른손을 얹고 안수한다. 이런 사랑의 행위는 두려움을 쫓아낸다(요일 4:18). 사랑은 두려움을 없이 하는 묘약(妙藥)인데, 요한의 머리를 쓰다듬는 오른손 안수는 예수의 지극한 사랑을 뜻한다. 구약의 하나님은 두려운 하나님이었으나(신 7:21, 28:58-59, 출 3:6, 19:16, 느 1:5, 9:32), 신약의 하나님은 사랑의 하나님이다(요 3:16, 요일 4:16).

[18절] 곧 살아 있는 자라 내가 전에 죽었었노라 볼지어다 이제 세세토록 살아 있어 사망과 음부의 열쇠를 가졌노니

⑴ 두려워 죽은 자같이 된 요한에게 예수는 자기가 〈산 자〉라고 선언한다. 이 선언은 죽은 인간을 살릴 수 있는 부활의 권세가 있음을 뜻한다. 이 선언은 죽은 인간을 살릴 수 있는 부활의 권세가 있음을 뜻한다. 현존하는 마당에서 산 자임을 선언한 예수는 과거에 자신이 죽었던 경험이 있음을 고백하고 미래에는 세세토록 살아있을 존재임을 말한다.

이 성구에서도 〈살아있는 현재〉가 먼저고 그 다음 〈죽었던 과거〉가 나오고 〈영원히 살 미래〉가 나온다. 현재 – 과거 – 미래, 이것은 무시무종(無始無終)한 원적(圓的) 시간을 말한다. 인간은 과거의 아담 안에서는 다 죽은 자들이지만 현재의 자리에서 마지막 아담인 예수와 연합한 자리에서 보면 다 산 자들이고 또 열린 미래를 향해 세세토록 살아갈 실존들이다.

예수를 알기 전에는 과거, 현재, 미래로 흘러가는 선적(線的), 수평적 역사의 시간 속에 살았으나 예수를 구주로 영접한 성도들은 현재의 마당에서 과거의 알파와 미래의 오메가의 시간을 원화(圓化)하는 존재이다.

⑵ 사망과 음부의 열쇠는 죽은 인간을 부활시켜 산 자가 되게 할 자유와 해방의 열쇠이다.

죄로 죽은 인간은 마귀의 권세 아래 놓이기 때문에 한번 무덤 속에 인봉되면 살아난 자가 없다. 어떤 성인도, 철인도, 인간의 한계 상황인 죽음에서 해방된 자가 없었다. 예수만이 죽었다 부활하여 무덤의 문을 열고 산 자가 되었으므로 사망과 음부의 열쇠를 가질 수 있다. 마귀는 사망한 자들을 음부 속에 가두었는데 예수가 무덤의 문을 열었기 때문에 인간을 부활시켜 자유케 할 수 있다.

[19절] 그러므로 네가 본 것과 지금 있는 일과 장차 될 일을 기록하라

이 성구에서 우리가 주목해야 할 점은, 네가 본 것(과거), 이제 있는 일(현재), 장차 될 일(미래)이다. 시간의 순서가 과거, 현재, 미래로 나열되어 있다. 왜 그랬을까? 네가 본 것(과거)은, 1장 20절에 해석이 나와 있듯이, 일곱 별의 비밀과 일곱 금 촛대이다. 일곱 별은 일곱 교회를 주관하는 천사이고, 일곱 촛대는 일곱 교회이다. 그런데 요한이 일곱 별과 일곱 금 촛대를 볼 때는 현재의 자리에서 보았는데 왜 과거에서 본 계시로 생각하고 그 비밀을 풀이하라고 했을까?

이 물음에 대한 해답은 일곱 별과 일곱 금 촛대의 비밀을 풀 때 자세히 해명될 것이다. 그러나 우선 알아야 할 사실은 일곱 별과 일곱 금 촛대의 비밀은 구약적인 비밀이기 때문에 과거에 속한 계시로 나타나게 된다.

[20절] 네가 본 것은 내 오른손의 일곱 별의 비밀과 또 일곱 금 촛대라 일곱 별은 일곱 교회의 사자요 일곱 촛대는 일곱 교회니라

⑴ 일곱 천사

일곱 별은 일곱 교회의 천사를 뜻한다고 계시자는 요한에게 해석해 주었다. 그런데 왜 일곱 별의 비밀이라 했을까? 일곱 별은 일곱 천사라고 해석해 주었으므로 그것은 비밀이 아닌데 왜 비밀을 풀라고 했을까?

여기에 〈비밀〉이란 뜻은 〈열어 보여도 그 뜻을 깨닫지 못한 자들에게는 여전히 숨겨져 있는 계시〉라는 말이다. 일곱 별은 일곱 천사라고 해명해 주면서 또 비밀이라 한 뜻을 이날까지 아무도 정각(正覺)한 자가 없었다. 유명한 주석서(註釋書)를 두루 섭렵해 보아도 일곱 별의 비밀, 일곱 천사에 대한 바른 해답을 제시한 신학자는 단 한 사람도 없다.

그러므로 열어 보인 계시이지만 기독교인에게는 아직도 풀지 못한 〈은폐된 계시〉 혹은 〈인봉된 계시〉로 남아 있으므로 일곱 별의 비밀, 곧 일곱 천사에 대한 암호해독(暗號解讀)의 지난한 작업이 성도들 앞에 남아있다.

그럼 이제부터 겸손한 자세로 일곱 별의 비밀과 일곱 교회에 대해 성경을 사경하면서 해명해 보자(먼저 이 책을 읽는 성도들에게 부탁할 말씀은, 기독교의 신학에서 형성된 관념과 사고방식, 그리고 교파와 교리에 굳어진 편견과 아집을 버리고 빈 마음이 되어 이 해석을 읽어 주길 바란다. 그리고 자기들의 굳어진 교리와 다른 말을 하면 이단자라고 정죄하는 바리새적인 살인 행위를 버리고 남의 소리를 진지하게 들을 줄 아는 성숙된 신앙인의 자세를 가지고 이 글을 정독(精讀)하길 바란다).

일곱 별로 상징되는 일곱 교회의 사자(使者)는 일곱 천사를 뜻한다. 여기에서 우리가 첫번째 부딪히는 난제는 어찌하여 천사가 교회를 주관하는 사자가 될 수 있는가 하는 문제이다.

이 날까지 기독교인들은 각 교파와 교리에 따라 자기들이 다니는 건물교회를 예수의 몸된 교회로 굳게 맹신(盲信)했고 또 건물교회 안에 성령이 계신다고 미신(迷信)하고 있다. 그런데 일곱 교회(이것은 전 세계 교회를 뜻한다)는 예수의 몸된 인격교회가 아닌 천사들의 교회임을 하나님은 계시하고 있다. 어떤 신학자들은 일곱 교회의 천사들을 〈교회의 수호천사〉로 생각했고 어떤 주석가들은 사자(使者)를 교회를 다스리는 감독 정도로 해석했고 어떤 목사들은 일곱 천사를 일곱 교회를 인격화시킨 말씀이라고 억지로 풀이했다.

이들의 주장은 〈일곱 별의 비밀〉을 해석하지 못한데서 비롯된 오해요 착각이었다. 일곱 별의 비밀과 일곱 교회가 바르게 해명되지 못하면 요한계시록은 풀 수 없는 〈닫힌 문서〉가 되고 기독교판 정감록이 되어버릴 것이다.

칠성천사가 어떤 도비(道秘)가 있기 때문에 세계교회를 주관하는 사자로 등장하는가? 북극성은 하나님의 보좌를 상징하는 자리이다(사 14:13). 이 북극성을 중심해서 북두칠성은 회전한다. 이와 마찬가지로 하나님과 예수를 중심하여 일곱 천사와 모든 천사는 옹위하고 있다.

유대교에는 일곱 천사 사상이 있었다(외경 토비도 12:15). 모든 천사계를 완전수로 상징하는 일곱 별 천사는 북두칠성의 칠성천사이다. 아시아의 일곱 교회의 위치는 북두칠성을 닮아 세워진 〈칠성교회〉였다. 그 다음 우리가 두 번째 부딪히는 난제는 어찌하여 인간이 천사에게 편지를 할 수 있는가 하는 문제이다.

이날까지 기독교에서 형성된 신학적 사고와 교리의 편견으로 보면 천사는 인간보다 월등하게 높은 존재요, 영적으로 지혜가 탁월한 존재로 인식되어 왔다. 그러므로 천사가 인간에게 편지한다면 그 사실은 쉽게 인정하지만 인간이 천사에게 편지한다면 이것은 이해할 수 없는 난제가 된다. 모세가 받은 십계도 시내산에서 천사가 전해주었다(행 7:35, 7:53). 또 요한에게 종말론적 계시를 전해주는 존재도 천사이다.

천사가 인간에게 하나님의 편지를 전해주는 것이 계시의 올바른 통로(通路)라고 믿고 있는 기독교인들의 굳어진 사상과 교리를 보면 인간이 천사에게 편지한다는 말은 풀 수 없는 난제가 아닐 수 없다. 천사는 하나님이 부리시는 사환으로 하나님이 쓰신 편지를 인간에게 전하는 우편배달부에 지나지 않는다. 그렇기 때문에 천사는 인봉된 편지의 내용을 알 수 없다. 우편배달부는 발신인이 적은 수신자에게 편지만 전달할 뿐이지 인봉된 편지의 내용은 전혀 알 수 없는 것과 같다. 〈예수 그리스도의 계시〉를 요한에게 전하는 천사도 상징과 비유로 암호화되어 있는 계시의 비밀은 모르고 계시를 전달할 뿐이다. 그러므로 계시받은 요한이 편지봉투를 뜯고 그 속에 기록된 내용을 깨달아 일곱 교회의 천사에게 속죄와 구원과 심판의 비밀을 해석해주어야 한다.

그럼 이제부터 사도 요한이 칠성천사에게 편지할 수 있는 도비(道秘)를 사경해 보자. 일곱 교회에 보내는 편지의 수신자는 천사이다(계 2:1, 2:8, 2:12, 2:18, 3:1, 3:7, 3:14). 구약시대는 천사가 십계명과 율법을 전해주고 몽

학선생이 되어 인간을 율법의 채찍으로 때리면서 가르쳤다(갈 3:23-24). 하나님을 아버지라 부를 수 없는 구약의 마당에서는 인간은 천사보다 못한 존재였다. 그러나 신약의 마당에서는 인간은 하나님을 아버지라 부르고 부자관계가 되었으므로 성령의 감동으로 하나님의 편지를 정해(正解)할 수 있는 입장에 놓이게 되었다.

예수 그리스도의 비밀은 땅 위에 있는 인격교회가 풀어 하늘의 천사와 권세들과 능력들에게 가르쳐 주는 것이 성경 속에 숨어있는 원리였다. 예수는 가이사랴 빌립보 노상에서 베드로가 정각(正覺)한 신앙고백을 했을 때 그 정각반석(正覺磐石) 위에 교회를 세우겠다고 약속했고 정각한 베드로에게 진리를 푸는 열쇠를 주었는데, 땅에서 풀면 하늘에서도 풀리고, 땅에서 매면 하늘에서도 매일 것이라는 약속을 했다(마 16:13-19). 그러므로 비밀의 계시를 풀 수 있는 자는 정각된 신앙 고백으로 정각반석 위에 인격적인 교회를 세운 자들이지, 교파로 찢겨나간 건물교회는 진리를 푸는 열쇠가 주어지지 않았음을 명심해야 한다.

그럼 성경을 보자.

> 영원부터 만물을 창조하신 하나님 속에 감추어졌던 비밀의 경륜이 어떠한 것을 드러내게 하려 하심이라 **이는 이제 교회로 말미암아 하늘에 있는 통치자들과 권세들에게 하나님의 각종 지혜를 알게 하려 하심이니 곧 영원부터 우리 주 그리스도 예수 안에서 예정하신 뜻대로 하신 것이라**(엡 3:9-11).

이 성구는 엄청난 뜻이 숨어 있다.

> 이 섬긴 바가 자기를 위한 것이 아니요 너희를 위한 것임이 계시로 알게 되었으니 이것은 하늘로부터 보내신 성령을 힘입어 복음을 전하는 자들로 이제 너희에게 알린 것이요 천사들도 살펴보기를 원하는 것이니라(벧전 1:12).

이 성구도 깊은 뜻이 감추어져 있다. 위에 인용한 두 성구에서 보는 바와 같이 예수 그리스도의 십자가와 부활의 도리(道理)는 천사들도 모르는 비밀인데 땅에 있는 〈정각교회〉가 주님이 주신 열쇠로 그 비밀의 뜻을 풀어 하늘에 있는 정사와 권세들인 천사에게 각종 지혜를 알게 해야 한다.

그런데 이 날까지 땅 위에 세워진 무수한 교파의 건물교회에서 어느 누가 열쇠를 가지고 진리를 풀어 천사에게 각종 지혜를 알게 했는가? 어떤 신학자, 어떤 목사가 천사를 교육한 일이 있었는가? 양심이 있는 성도라면 고요히 반성해 봐야 한다. 천사를 인간보다 월등한 존재로 알았으니 천사를 가르칠 수 있다는 생각은 기독교 2천 년사를 통해 아무도 하지 못했다. 구약의 마당에서는 천사가 인간을 가르쳤지만 신약의 마당에서는 인간이 천사를 가르칠 수 있다는 것이 성경 속에 숨어있는 원리였다.

야곱은 천사(여호와 하나님)와 씨름하여 이겼다(창 32:22-31). 천사와 씨름하여 이긴 야곱은 '이스라엘(이긴 자)'로 개명(改名)된다. 야곱이 구약의 하나님과 씨름하여 이기고 이스라엘이 된 사건은 엄청난 도비(道秘)가 숨겨져 있는 사건이었는데 이것을 정각(正覺)한 자가 없었기 때문에 인간을 천사보다 못한 존재로 착각한 교리적인 생각에서 벗어날 수 없었다.

아담에게 루시퍼 천사가 나타나서 유혹했을 때 아담이 씨름을 하여 이길 수 있는 능력이 있었기 때문에 하나님이 〈따먹지 말라〉는 계명을 주었는데 아담은 이 비밀을 깨닫지 못했기 때문에 천사의 종으로 전락되었다. 하나님이 인간심전(人間心田) 속에 심어 놓은 〈로고스의 씨〉를 인간이 정각하여 완성되면 천사도 능히 이길 수 있는 고귀한 존재였는데 기독교인 중에 이 진리를 깨달은 자가 있었던가?

인간은 바르게 깨달으면 천사도 심판할 수 있는 존재이다(고전 6:3). 그럼 천사들도 모르는 〈예수 그리스도의 계시〉를 인간이 어떻게 알 수 있는가? 해답은 간단하다. 인간은 하나님의 영과 예수의 영을 받았기 때문에 하나님의 깊은 비밀을 풀 수 있다(고전 2:10, 벧전 1:12, 요일 2:27, 요 16:7-8, 16:13). 천사들도 영적 존재이기 때문에 많은 지혜가 있으나 그들은 성령을 받지 못한 존재들이기 때문에 십자가와 부활과 심판의 비밀은 알 수 없다. 그러므로 이 비밀은 땅에 있는 예수 그리스도의 몸된 교회가 깨달아 진리의 열쇠를 가지고 풀어 하늘에 있는 권세와 능력들에게 교육해야 한다.

사도 요한이 계시를 받아 칠성천사에게 편지하는 이유가 바로 여기에 있다. 사도 요한이 칠성천사에게 보낸 편지는 계시를 문자적으로 나열한 것이 아니고 계시 받은 비밀을 성령의 감동으로 풀어 보낸 편지였기 때문에 칠성교회는 책망과 격려, 경고와 위로의 말씀을 듣게 된다. 그러므로 칠성천사에게 보낸 편지의 마지막 구절은 〈성령이 교회들에게 하시는 말씀을 들을지어다〉라고 끝맺음 하고 있다. 요한의 편지는 자기 뜻대로 쓴 편지가 아니고 성령이 쓰게 하는 편지임을 반드시 강조하고 있다.

그럼 잠시 〈교회〉에 대해 재론해 보자. 유대인들은 솔로몬이 건축하고, 스룹바벨이 재건하고, 헤롯이 수리한 예루살렘 성전을 하나님이 거하시는 집으로 생각하고 있었다. 그러나 예수는 예루살렘 성전은 자기 몸을 상징하는 상징성전(象徵聖殿)이고 실체성전(實體聖殿)은 살아있는 자기 몸과 인격이라고 주장했다(요 2:21). 예수의 도맥을 이어받은 사도들도 인간의 몸이 성전이라고 증거했다(엡 2:20-22, 고전 3:16, 6:19, 고후 6:19). 그러므로 하나님이 거하시는 성전 혹은 교회는 대리석이나 시멘트로 화려하게 꾸며진 건물이 아니고 거듭난 성도들의 몸이며 이런 인격들이 사랑으로 연합한 공동체가 살아 있는 교회이다(엡 2:20-22).

건물교회는 성도들이 거룩하게 교제하는 장소로 혹은 기도하는 예배당으로는 인정할 수 있다(마 21:13 참조). 그러나 아무 곳에나 건물을 세우고 교회 간판을 붙이면 예수의 몸된 교회로 착각하는 교회관은 잘못된 것이다. 빈민촌에 천막을 치고 개척교회라고 선전하고 아파트촌 상가에 전세를 얻고 〈무슨 교파 무슨 교회〉라는 간판만 내걸면 예수의 몸된 성교회(聖敎會)라고 선전하는 행위는 종교 상인들의 상거래 행위에 지나지 않는다. 신장개업한 상가모양 각 교파의 간판을 내걸고 신장개업한 현대 교회들은 싸구려 은혜와 축복을 바겐세일하는 부흥회를 쉴새없이 개최하고 있다. 십자가는 상표, 방언(方言)은 성령을 받은 품질보증서가 되었고 목사의 심방은 고장난 상품을 수리하는 아프터 써비스가 된 현대 교회를 보라.

예수 당시 예루살렘 성전도 기도하는 집이 아닌 장사꾼들의 시장으로 변해 있었다(마 21:13). 정각(正覺)한 베드로의 신앙고백 위에 세워진 교회는 지금 찾아볼 수 없다. 「요한복음」 4장에 보면 수가촌 여인이 예배할 장소에 대하여 묻고 있다. 예루살렘 성전과 사마리아 그리심산에 있는 성전 중 어느 곳에 가면 하나님이 받으실 수 있는 예배를 드릴 수 있는가 예수께 질문했다. 유대인들은 예루살렘 성전에서 예배해야 하나님이 받는다고 주장했고, 사마리아인들은 그리심산 성전에서 예배해야 하나님이 받으신다고 주장했다. 그들은 자기들이 만든 건물 속에 하나님이 계신다고 맹신하고 있었다. 수가촌 여인의 물음에 대하여 예수는 예루살렘 성전도, 그리심산 성전도 예배할 장소가 아니라고 대답한다.

하나님은 영이시니 신령과 진리로 예배할 곳은 건물이 아닌 인격과 심령임을 말해준다(『성경의 원리』 하권 중 「예수와 여인들」 참조). 수가촌 여인과의 대화에서 또 한 가지 깨달아야 할 사실은, 참 예배할 곳은 예루살렘도, 그리심도 아닌 인간의 심전(心田)이지만 신령과 진리로 예배할 때가 앞으로 온다고 했다.

> 예수께서 이르시되 여자여 내 말을 믿으라 이 산에서도 말고 예루살렘에서도 말고 너희가 아버지께 예배할 때가 이르리라 너희는 알지 못하는 것을 예배하고 우리는 아는 것을 예배하노니…… **아버지께 참되게 예배하는 자들은 영(개역한글 : 신령)과 진리로 예배할 때가 오나니 곧 이 때라** 아버지께서는 자기에게 이렇게 예배하는 자들을 찾으시느니라 하나님은 영이시니 예배하는 자(개역한글 : 신령)가 영과 진리로 예배할지니라(요 4:21-24).

이 성구를 보면 유대인이나 사마리아인들은 모르는 것, 알지 못하는 것을 예배하고 있었다. 그들은 여호와를 광신하고 있었으나 예수의 안목으로 볼 때 그들은 알지 못하는 것을 예배한 우상숭배자였다(행 17 23-24 참조). 또 신령과 진리로 참 예배드릴 〈때가 오나니 곧 이 때〉라고 했다. 이 말씀의 뜻을 우리는 잘 이해해야 한다. 신령과 진리로 예배할 때가 온다고 미래형으로 말씀하면서 〈곧 이 때〉라고 현재형의 말씀을 했다.

예수는 실체성전(實體聖殿)이었기 때문에 신령과 진리의 예배를 예수 자신은 드리고 있었다. 육신을 쓰고 있는 예수는 〈곧 이 때〉라는 현재의 자리에서 참 예배를 하나님께 드리고 있었으나 성도들은 〈미래에서 올 현재〉에서 예배드려야 했다.

다시 말하면 예수가 부활승천 후 재림 때까지 실체성전이 땅 위에 없는 공백 기간이 생기게 되므로 성도들의 입장에서 보면 신령과 진리로 예배드릴 때는 〈미래 속에서 오고 있는 현재〉가 된다. 그러므로 신령과 진리로 예배드릴 때가 오기까지 우리는 유대인이나 사마리아인 모양 교파에 따라 교회를 짓고 〈알지 못하는 것을 예배〉하는 미신적인 예배를 드려야 한다.

실체성전인 예수가 재림하여 교회의 머리가 되고 성도들은 지체가 되는 인격적인 산 공동체의 교회가 탄생하기까지 구약형의 건물교회 속에서 예배하는 미신과 맹신과 광신의 행위가 계속될 것이다. 예수 승천 후 재림 때까지의 공백 기간은 실체성전이신 예수가 땅 위에 없기 때문에 〈도상(途상)의 교회〉로서 임시로 허용한 가건물(假建物)이 교파의 교회인데 기독교인은 자기들이 다니는 교파교회의 건물을 예수의 몸된 교회라고 착각하고 있다.

기독교는 겉으로 보면 유일신교지만 사실은 다신교이다. 기독교가 무수한 교파로 열교화(裂教化)한 것은 하나님의 영이 작용하지 않고 다신(多神)인 천사들의 영을 받았기 때문이다. 일곱 교회를 해석할 때 밝히겠지만 일곱 교회는 완전하게 분열될 세계 교회를 상징하고 있다. 그러므로 건물 교회는 〈신약의 마당에 세워진 구약형 교회〉이므로 천사들이 주관하게 된다. 칠성천사가 일곱 교회의 사자가 되는 이유가 바로 여기에 있다. 일곱 교회 곧 완전하게 분열하여 다신교화한 기독교는 유대교모양 구약교회이기 때문에 아직도 하나님을 여호와로 신앙고백하고 있다.

초림 예수에 의해 유대교와 예루살렘 성전이 유기(遺棄)되듯 재림 예수에 의해 기독교와 건물 교회는 역사의 쓰레기통 속에 버림받을 것이다. 로마의 황제 디토에 의해 파괴당한 예루살렘 성전, 그리고 이집트의 아부심벨 성전, 그리스와 로마의 제우스 신전, 잉카 제국의 피라미드 성전, 앙코르와트의 불교 성전, 그 밖에 모든 종교의 신전이 들개와 여우의 굴로 폐허화하여 역사의 지층 밑으로 사라지듯, 로마의 베드로 성당도, 파리의 노트르담 사원도, 영국의 캔터베리 성전도, 개신교의 화려한 교회도 다 폐허가 되어 짐승들의 처소가 될 날이 올 것이다.

건물교회는 반드시 무너질 날이 온다. 그러나 거듭나고 부활한 인격들이 연합한 사랑의 공동체 교회는 예수와 더불어 영원할 것이다.

⑵ 일곱 교회

일곱 촛대는 일곱 교회라고 계시자가 요한에게 해석해 주었다. 그럼 일곱 촛대부터 사경하여 그 비밀을 풀어 보자. 일곱 등대는 모세가 시내산에서 계시를 받고 하늘의 식양(式樣)을 본따 만들었다(출 25:31-40). 금으로 만든 칠지등(七枝燈)은 성막 안 성소에서 불을 밝혔다(히 9:2). 모세가 계시받은 성막의 모형을 본 따 만든 솔로몬의 성전에도 일곱 등대가 있었다(왕상 7:49).

스가랴 선지자도 환상 속에서 일곱 등대를 보았는데 이 등대는 스룹바벨이 재건한 성전에 놓여 있었다(슥 4:2-10). 그런데 여기에서 우리들이 대각(大覺)해야 할 사실은 스룹바벨 성전 안에 있는 일곱 등대 옆에는 두 감람나무(슥 4:11-14)가 있는데 주목해야 한다. 모세가 만든 성막에도, 솔로몬의 성전에도 일곱 등대 옆에 두 감람나무는 없었는데 어찌하여 스룹바벨이 재건한 일곱 등대 옆에는 두 감람나무가 있을까? 성전은 예수의 몸이다(요 2:21). 고로 예수는 실체 성전이고 예루살렘 성전은 상징 성전이었다.

예루살렘 성전은 BC 960-950년 사이 솔로몬이 건축했는데(왕상 6:1, 6:37-38) 바벨론의 느부갓네살 대왕이 BC 587년에 파괴해 버렸다(왕하 25:8-9). 파괴된 예루살렘 성전을 포로 생활에서 돌아온 스룹바벨이 B.C 516년에 재건했다(에 5:2, 6:12). 처음 지었다 무너진 솔로몬의 성전과 스룹바벨이 재건한 성전은 무엇을 뜻하고 있는가? 성전은 예수의 몸을 상징하므로 처음 지었다 파괴된 솔로몬의 성전은 초림예수의 도성인신(道成人身)과 그의 죽음을 암시하고, 스룹바벨이 재건한 성전은 죽었다 살아나신 예수의 부활한 몸을 상징한다.

그럼 솔로몬이 건축한 성전 일곱 등대 옆에는 두 감람나무가 없었는데 왜 스룹바벨이 재건한 성전 일곱 등대 옆에는 두 감람나무가 있는가?

성전에서 사용되는 등대의 기름은 올리브유였다. 솔로몬의 성전에서 사용한 감람유는 〈죽은 기름〉이었다. 그 기름은 올리브 열매를 따서 압착기에 넣어 짜낸 감람유였다. 그러나 스룹바벨이 재건한 성전의 등대 기름은 올리브 열매를 인공적으로 짜낸 기름이 아니라 살아있는 감람나무에서 직접 흘러나오는 〈산 기름〉이었다.

> 그러면 등장대 오른쪽과 왼쪽에 있는 올리브나무 두 그루는 무엇입니까? 또 금대롱으로 기름을 대어주는 올리브 가지가 둘 있는데 그것은 무엇입니까?(슥 4:11 공동번역).

이 성구를 보면 스룹바벨이 재건한 성전에서 불을 밝히는 일곱 등대에 두 감람나무가 직접 기름을 공급하고 있음을 알 수 있다. 솔로몬 성전에서 불을 밝힌 〈죽은 감람유〉와 스룹바벨 성전에서 불을 밝힌 〈산 감람유〉는 무엇을 뜻하는가? 〈죽은 기름〉은 예수의 죽음을, 〈산 기름〉은 그의 부활을 나타내고 있다. 〈산 기름〉은 〈산 자의 도맥을 밝히는 기름〉을 말한다. 두 감람나무는 주를 모시도록 기름을 부어 성별한 두 사람을 뜻하는데 이는 모세와 엘리야이다(계 11:6 해석 참조).

『성경의 원리』 상권 「도맥론」에서 자세히 밝혔지만 구약의 많은 선지자들 중에서 모세와 엘리야가 변화산에서 예수 앞에 나타난 비의(秘義)를 알면, 두 감람나무의 암호(暗號)는 쉽게 풀 수 있다. 모세는 죽었다가 은밀히 부활하여 승천한 자요, 엘리야는 죽지 않고 승천한 자다. 죽음을 경험한 모세와 죽음을 경험하지 않은 엘리야는 둘 다 살아서 승천한 〈산 자〉였다. 두 감람나무인 모세와 엘리야가 등대의 오른쪽과 왼쪽에 서서 금대롱으로 감람유를 공급하여 등불을 밝히는 원인은 산 자의 진리를 밝혀 부활의 참 뜻을 증거함을 뜻한다.

시조 아담이 선악과를 따먹고 죽었기 때문에 죽은 자를 다시 살리는 부활의 진리야말로 성경 속에 일관(一貫)되어 흐르는 도맥(道脈)이다. 하나님은 산 자의 하나님이고(눅 20:38) 예수도 산 자이므로(계 1:8), 성령의 일곱 등불도 산 자의 진리를 밝히는 등불이 되어야 한다(계 4:5). 그런데 일곱 교회는 〈산 기름〉이 없는 죽은 교회였고 일곱 촛대는 두 감람나무에서 기름을 공급받지 못한 〈죽은 기름〉으로 불을 밝히는 〈죽은 자의 교회〉였다. 일곱 등불은 일곱 영을 뜻하는데(계 4:5), 일곱 눈도 된다(슥 4:10). 기름은 성령을 상징하므로(요일 2:27), 일곱 등불은 성령이 밝혀주는 진리를 뜻한다. 등불은 세상의 어둠을 밝히는 진리와 사랑의 빛인데 일곱 교회가 등불을 밝힌 교회였다면 이 세상은 어둡지 않을 것이다.

그러나 세상을 보라. 왜 이렇게 어두운가? 한국을 보라, 미국을 보라,

소련을 보라. 지금 세계는 암흑의 수렁으로 나락하고 있다. 섰다 하면 교회요, 올라갔다 하면 십자가의 첨탑(尖塔)인데, 세상은 점점 어두워지고 죄악은 창궐하고 있으니 이것은 성령의 기름으로 등불을 밝힌 교회가 없기 때문이다. 세상을 밝히는 일곱 영과 세상을 궤뚫어보는 일곱 눈의 교회가 없기 때문에 종교계는 귀신과 도깨비들이 판을 치고 무당들이 굿을 하는 놀이마당과 시장으로 변했다.

예수는 너희는 세상의 등불이라고 했다(마 5:14-15). 등불은 깬 인간의 영혼을 뜻한다(잠 20:27). 성령의 기름을 받아 깬 영혼의 등불을 밝힌 산자들의 교회가 있다면 세상은 어둡지 않을 것이다.

그럼 일곱 교회에 대해 다시 생각해 보자. 좋은 의미든 나쁜 의미든 7수는 완전수로 사용된다. 일곱 인, 일곱 나팔, 일곱 대접은 완전한 재앙을 의미하는 7수로 사용되고 있다. 일곱 교회의 7수도 성교회(聖敎會)를 상징하는 완전수로 사용되지 않고 인간의 사상과 경험에 따라 제멋대로 분열되어 수많은 교파 교회로 열교화(裂敎化)할 완전수로 사용되고 있다. 어떤 신학자는 일곱 교회를 초대교회 때부터 현대 교회가 세워지는 교회사의 일곱 시대로 보았고 어떤 주석가는 일곱 교회를 세계에 세워질 성교회의 총칭으로 보기도 했는데 이것은 칠성천사와 칠성교회의 비밀을 전혀 모르고 일곱 교회를 해석한 까닭이다.

다시 재언하지만 사도들이 순교 후 예수 재림 전까지 이 땅 위에 세워진 건물교회는 예수의 몸된 성교회가 아니고 천사들이 주관하는 구약적인 교회이며 임시로 세워진 가건물(假建物) 교파 교회이다. 수많은 교파 교회로 찢겨나간 원인도 다신(多神)인 천사들이 저마다 다른 지혜로 성경을 해석하는 영감을 신학자와 사상가들에게 주입했기 때문에 열교화(裂敎化) 하였다.

한 하나님, 한 예수, 한 성신을 부르면서 어떻게 남을 이단으로 정죄하는 종교 싸움이 있을 수 있을까? 산 말씀의 문서인 성경을 보면서 어떻게 죽은 말씀인 〈교리〉를 만들어 낼 수 있을까? 교회사를 뒤져 보면 직업 종교꾼들의 사심과 욕심 때문에 교파가 갈라지고 교리를 만들게 되었지 하나님과 예수와 성신이 종교꾼들에게 영감을 주어 갈라지게 하지 않았다.

《분즉위(分卽僞), 합즉진(合卽眞)》 갈라지는 것은 거짓이요, 거짓은 마귀의 짓이다. 합하는 것은 참이요, 참은 하나가 되는 것이다. 예수는 사도들에게 하나가 될 것을 간절히 부탁했다(요 17:21-23). 그런데 분열하는 종교 싸움은 바울의 고린도 교회에서 시작되었다(고전 1:10-12). 바울파, 아볼로파, 베드로파, 예수파로 갈라져 교리의 분쟁을 하기 시작한 종교 싸움이 현대까지 면면히 계승되어 정통과 이단의 시비가 그칠 날이 없다. 지금도 교회 안에서는 분열이 계속되고 무수한 교회들이 세워지고 있다. 유대인의 종교 상인들이 예수를 죽이면서 그것을 하나님을 위한 행위로 착각한 것 같이(요 16:2) 현대의 종교꾼들도 예수를 팔아 자기 교파만 진리와 구원이 있다고 선전하고 있으니 예나 지금이나 직업 종교꾼은 다를 바 없다.

칠성천사가 세운 일곱 교회는 완전하게 분열된 세계교회를 상징하지만 이 건물교회도 성막이나 성전처럼 방편으로 허락하신 교회이기 때문에 이런 교회에 출석하는 신자들도 〈이기는 자〉가 되면 성령의 약속을 받을 수 있다. 천사(여호와)와 씨름하여 이긴 야곱처럼 천사교회인 일곱 교회 속에서 〈이긴 자〉가 아니면 참 이스라엘이 될 수 없다.

출애굽한 이스라엘 백성들은 40년 동안 자기들은 유일신 하나님께 제사드렸다고 굳게 믿고 있었다. 그러나 그들은 다신교 신자였다. 그럼 성경을 보고 이 문제를 생각해 보자.

> 그들이 송아지 모양의 우상을 만들어 희생제물을 바치고 자기들의 손으로 만든 것을 섬기면서 즐거워했던 때가 바로 이 때였읍니다. 그래서 하나님은 그들을 외면하시고 그들로 하여금 하늘의 별들을 섬기게 내버려 두셨읍니다. 이것은 예언서에 이스라엘 백성들아 너희가 40년 동안 광야에 있을 때 나에게 희생물과 제물을 바친 일이 있더냐 너희는 몰록신의 장막과 레판신의 별을 떠메고 다녔다. 그것들은 너희가 섬기려고 만든 우상이 아니더냐. 그러므로 나는 너희를 바벨론 저편으로 쫓아 버리리라고 기록된 바와 같읍니다(행 7:41-43 공동번역).

이 성구는 대단히 깊은 뜻을 숨기고 있다. 이스라엘 백성들은 모세가 전해 준 율례와 법도에 따라 하나님께 번제와 속죄제와 화목제를 드렸다고 믿는데 하나님은 그들이 하늘 군대와 별들(이것은 천사를 뜻함)에게 제사했다고 선지자의 입을 통해 꾸짖고 있다. 이스라엘 백성들은 성막과 언약궤를 메고 40년 동안 광야생활을 했다고 믿고 있었는데 실상은 성막이 아닌 몰록신 장막이었고 증거궤가 아닌 레판신의 별을 떠메고 다녔던 것이다.

『성경의 원리』 상권 「하나님론」에서 자세히 밝혔지만 여호와는 하나님이 아닌 천사이다. 구약의 마당에는 하나님, 예수, 성신이 나타날 수 없기 때문에 대신 천사를 중보로 내세워 그에게 여호와란 이름을 붙여 하나님의 대신 존재로 사역시켰는데 이스라엘 백성은 여호와를 유일하신 참 신으로 오해했고 드디어 하늘의 별을 섬기는 다신교로 자신들도 모르게 전락했다.

이와 마찬가지로 현대 광야에서 기독교를 믿고 있는 건물교회는 어떤가? 놀랍게도 이스라엘 백성 모양 기독교인들도 여호와를 유일신으로 섬기고 있다. 신약 성경에는 단 한 번도 여호와라는 이름이 나타나지 않고 예수는 하나님을 아버지라 부르면서 우리들에게도 그렇게 부르기를 가르쳤지만 기독교인은 구약의 종들 모양 아직도 여호와를 부르고 있으니 그들 자신이 〈신약의 마당에 살고 있는 구약인〉임을 자증하고 있다. 심지어 어떤 사람들은 〈여호와의 증인〉을 자랑하고 어떤 사람들은 안식일을 지키고 구약의 계명대로 음식을 가려먹어야 구원이 있다고 오각(誤覺)하고 있다. 그러므로 여호와를 부르는 기독교인들은 본질적으로 유대인과 다를 바 없는 구약의 종들이다. 유대교도, 기독교도 유일신을 믿는다고 생각했으나 천사를 믿고 있는 다신교임을 깊이 깨달아야 한다.

칠성교회의 주관자가 천사가 되는 이유가 바로 여기에 있다. 모세는 이스라엘 백성이 천사를 숭배하면서 유일신을 믿는 착각에 빠질 것을 알고 경고했다(신 4:19). 모세가 염려한대로 이스라엘은 하늘의 군대, 곧 일월성신을 섬기다가 멸망당했다(왕하 17:16, 21:3, 렘 19:13, 습 1:5).

하나님은 신약의 마당에 세워질 건물교회들도 본질상 구약의 교회와 다를 바 없이 타락할 것을 알고 있었기 때문에 칠성천사를 일곱 교회(세계교회)의 사자로 허락했던 것이다. 그러므로 교파와 교리에 따라 완전하게 분열된 세계교회는 여호와를 부르면서 다신교가 된 유대교를 전승(傳承)한 종교임을 명심해야 한다. 여호와를 부르는 구약적인 교회 안에 예수와 성령은 자리할 수 없기 때문에 예수는 교회 밖에서 방황하고 성령도 교회 밖에서 〈이긴 자〉에게 약속하고 있다.

제2장

[1절] 에베소 교회의 사자에게 편지하라 오른손에 있는 일곱 별을 붙잡고 일곱 금 촛대 사이를 거니시는 이가 이르시되

에베소는 항구 도시로서 소아시아 교역의 중심지였고 각 나라의 잡다한 인간들의 왕래가 빈번한 혼탁한 도시였다. 이 도시에는 아데미 여신을 모신 신전이 있었고(행 19:35), 마술이 성행하는 미신과 환락이 충만한 도시였다(행 19:19).

바울은 에베소 교회에서 3년이나 목회했고 그 후에는 부리스길라와 아굴라가 머물러 설교했고 아볼로가 교사로 활동한 교회였다(행 18:25). 에베소 사람들은 아데미 여신을 숭배하고 마술에 미혹된 자들이었는데 바울의 선교로 말미암아 우상과 마술을 버리는 개종자가 늘어났기 때문에 파산 지경에 이른 우상 제조업자들과 항상 충돌했다.

교역(交易)의 중심지로서 각 나라의 잡다한 인간들이 내왕하는 도시였기 때문에 에베소 교회에 출입하는 자들 중에는 정체모를 자들이 나타나 설교하면서 사도나 교사로 자칭했고, 혼음종교를 믿는 니골라당의 무리들이 교회에 잠입하여 성적(性的)으로 혼란하게 만들었다.

⑴ 요한의 첫 편지를 받는 수신자는 에베소 교회의 천사였다. 천사가 인간에게서 편지를 받는 일은 어느 종교에서도 볼 수 없는 불가사의한 사건이다. 하나님이 인간의 값어치를 얼마나 고귀하게 보았으면 요한을 시켜 천사에게 편지를 발송하게 했을까?

하나님의 형상을 닮아 지음받은 인간이 스스로의 고귀함을 깨닫지 못하고 천사의 종이 된 것이 타락이었다. 요한이 천사에게 편지할 수 있는 것은 그가 우레의 아들로서 산 자의 도맥을 이은 사도였기 때문이다.

⑵ 에베소 교회의 천사에게 보내는 편지 서두에서 예수는 〈오른 손에 일곱 별을 붙잡고 일곱 촛대 사이에 다니시는 이〉로 나타난다. 왜 이런 존재로 자기를 계시하는 것일까?

이것은 일곱 교회를 주관하는 것은 천사들이지만, 칠성천사들은 다 예수의 장중(掌中)에 있는 존재임을 인식시키기 위함이다. 아담을 타락시킨 천사는 교만하여 예수의 손에서 벗어나려 시도한 자였다. 즉 피조물이 조물주가 되려 했다. 모든 피조물은 하나님의 손에 의해 지음받은 존재이기 때문에 예수의 손 안에 들어있는 존재이다. 특히 천사들은 영적 존재이지만 하나님이 부리시는 영들이므로 그들은 예수의 장중에 있다. 칠성천사가 예수의 손 안에 있으므로 일곱 교회도 예수의 손 안에 있다. 그러나 예수는 일곱 교회 안에 계시지 않고 그 사이에서 다니시는 분이다.

[2절-3절] 내가 네 행위와 수고와 네 인내를 알고 또 악한 자들을 용납하지 아니한 것과 자칭 사도라 하되 아닌 자들을 시험하여 그의 거짓된 것을 네가 드러낸 것과 또 네가 참고 내 이름을 위하여 견디고 게으르지 아니한 것을 아노라

⑴ 에베소 교회에 보낸 편지에서 행위, 수고, 인내에 대하여 먼저 칭찬한다. 행위는 거짓 선지자들의 위선과 니골라당의 음행에 오염되지 않은 그리스도인의 고상한 덕행을 말한다(행 11:26). 이런 행위는 피땀 흘리는 신산(辛酸)한 수고와 모든 것을 견디는 백절불굴의 인내가 있어야 한다. 자칭 사도와 니골라당과 영지주의자(靈知主義者)들이 잠입한 상황 속에서 교회를 지키는 고상한 행위는 수고와 인내의 열매이다.

⑵ 악한 자란 본질적으로 악성(惡性)인 뱀의 씨들인데 니골라당처럼 혼음교리를 교회에 밀수입한 자들을 말한다. 자칭 사도는 열두 사도 반열에 들지 않은 거짓 교사인 영지주의자들을 뜻한다. 이들은 말씀이 육신이 되신 예수의 수육(受肉)을 반대한 자들이다. 왜 이런 거짓 사도들이 에베소 교회에 나타나게 되었을까? 여기에는 그럴만한 이유가 있다.

에베소 교회는 사도 바울이 3년 동안 목회한 교회였는데 바울은 육신을 쓴 예수께서 택한 사도가 아니었다. 바울은 다메섹 도상에서 영화(靈化)된 예수에 의해 택함받은 사도인데 바울의 신비 경험을 오해한 자들이 자기들도 신비 경험이 있었기 때문에 바울을 본따 사도라 자칭하게 되었다. 그러나 바울의 신비 경험은 셋째 하늘에 오른 참 경험이었고 영지주의자들의 신비 경험은 다른 영으로 말미암은 것이었다.

바울은 자기가 에베소 교회를 떠난 후 흉악한 이리들이 나타나 교회를 혼란시킬 것을 알고 있었다(행 20:29-30). 바울의 예언대로 거짓 사도들이 나타나서 온갖 이단 교리로 양들을 미혹했다.

[4절] 그러나 너를 책망할 것이 있나니 너의 처음 사랑을 버렸느니라

사랑이란 위로는 하나님을 사랑하고 아래로는 이웃을 사랑하는 형제 사랑을 뜻한다. 처음 사랑이란 하나님과 이웃을 사랑한 순수한 사랑, 때 묻지 않은 사랑, 조건이 없는 사랑을 말한다. 소녀의 첫 사랑 모양 에베소 교회 성도들도 첫 사랑의 정열로 신앙생활을 했다.

바울이 있을 동안 에베소 교회는 사랑이 넘쳤다. 복음 안에서 한 형제가 되어 서로가 의심하지 않고 화목하게 사랑했다. 그러나 거짓 사도, 니골라당, 영지주의자, 세례 요한파들의 잠입으로 말미암아 교인들은 분열되고 서로 의심하게 되었다. 누가 니골라당에 가담했을까? 누가 영지주의자들의 교리를 지지했을까? 이렇게 의심이 생기면서 순수했던 형제 사랑은 식어지고 처음 사랑에는 불순물이 혼합되게 되었다. 서로 의심하고 시험하는 일로 말미암아 사랑은 식어 냉기가 감돌고 분열과 파쟁은 필연적으로 이단을 정죄하는 교리를 만들게 되고 자동적으로 교파가 형성되게 된다.

처음 사랑이란 성령강림한 오순절 교회의 뜨거운 사랑, 유무상통하는 실천적인 사랑이다. 5절에 나오는 〈처음 행위〉는 〈처음 사랑〉을 뜻하는데 에베소 교회에도 처음에는 오순절 교회 같은 실천적인 사랑이 있었음을 알 수 있다. 실천력이 없는 〈교리화된 사랑〉은 변질된 사랑이므로 꾸짖지 않을 수 없다.

[5절] 그러므로 어디서 떨어졌는지를 생각하고 회개하여 처음 행위를 가지라. 만일 그리하지 아니하고 회개하지 아니하면 내가 네게 가서 네 촛

대를 그 자리에서 옮기리라

⑴ 뜨거웠던 실천적인 사랑인 〈처음 행위〉를 버리고 냉랭하고 굳어진 교리적 사랑으로 떨어진 원인이 무엇인지를 깨달아 뉘우쳐 회개할 것을 당부하고 있다. 〈처음 사랑인 처음 행위〉는 관념적인 사랑, 교리적인 사랑, 입으로만 떠드는 사랑이 아니고 실천적이며 조건이 없는 사랑이다(요일 3:14–18참조). 그들이 처음 사랑, 처음 행위에서 타락한 것은 니골라당 영지주의자와 같은 불순물이 섞인 때문이었다.

⑵ 촛대를 옮긴다는 뜻은 이 장소에서 저 장소로 이전한다는 말이 아니고 촛대를 아주 지워버려 교회를 없애 버리겠다는 뜻이다. 사랑을 상실한 교회는 존재 가치가 없기 때문에 있을 필요가 없다. 에베소 교회는 그 후 아주 없어져 지금은 갈대가 무성한 폐허가 되었다.

[6절] 오직 네게 이것이 있으니 네가 니골라당의 행위를 미워하는도다 나도 이것을 미워하노라

니골라당이란 어떤 무리들인가? 니골라당이란 '발람의 교훈을 좇는 무리들'인데 혼음교리를 신봉하는 자들이다(『성경의 원리』 중권 「광야의사건」 중 '발람의 사술(邪術)' 참조). 니골라는 베드로에 의해 장립된 초대교회 일곱 집사 중 한 사람이었다(행 6:5). 열두 사도 중 가룟 유다가 생기고 일곱 집사 중 니골라같은 배도자(背道者)가 생긴 것은 의미심장하다. 발람은 혼음으로 출애굽한 무리를 멸망시킨 사술자(邪術者)였는데(민 25:1–5, 31:16), 이 혼음의 도맥이 초대교회까지 침투하여 진리를 혼잡케 하였다. 니골라는 혼음의 교리를 부활시켜 초대교회에 밀수입한 장본인이었다.

고상한 아카페적 사랑은 에로스적 성애(性愛)로 타락되어 촛대를 옮길 위기에 처해 있었다. 이때 니골라당의 행위를 미워하는 깬 무리가 에베소 교회 안에 있었으므로 잘했다고 칭찬을 받게 된다. 이단 교리를 밀수입한 악한 자들 가운데서 특별히 니골라당의 행위를 미워한 무리를 칭찬한 것은 성적 사랑을 밀교화(密敎化) 한 교리는 교회를 파괴하는 으뜸가는 마력을 지녔기 때문이다. 니골라당은 에베소 교회뿐만 아니라 여러 교회에 침투했다. 고린도 교회에도 혼음의 교리가 침투하여 친모상간(親母相姦) 의 행위까지 저질렀다(고전 5:1).

[7절] 귀 있는 자는 성령이 교회들에게 하시는 말씀을 들을지어다 이기는 그에게는 내가 하나님의 낙원에 있는 생명나무의 열매를 주어 먹게 하리라

(1) 귀가 없는 자는 없다. 그러나 하나님의 말씀을 알아 듣는 귀가 있는 자는 드물다. 때문에 예수도 귀 있는 자 들으라 했다(막 4:9, 눅 8:8). 성령이 교회들에게 하는 말씀도 귀 있는 자만이 들을수 있다. 뱀은 귀가 없다. 말씀을 알아듣지 못하는 자는 뱀의 씨다.

(2) 이기는 자에게 생명나무 열매가 약속되고 있다. 이 성구는 〈귀 있는 자〉도 〈이기는 자〉도 드물 것을 암시하고 있다. 그럼 〈이기는 자〉가 무엇인가 생각해 보자. 야곱은 천사(여호와)와 씨름하여 이겼기 때문에 이스라엘(여호와와 겨루어 이긴 자)이란 이름을 얻게 되었다(창 32:28). 야곱의 개인적인 이름이 민족 전체의 이름이 된 것은 열 두 지파의 모든 사람도 〈이긴 자〉가 되라는 뜻이다. 그러므로 육적 이스라엘이 아닌 영적 참 이스라엘 선민이 되려면 천사와 씨름하여 〈이긴 자〉가 되어야 한다.

그러나 야곱 이후 천사와 씨름하여 이긴 자 누구인가? 육적 이스라엘은 천사가 전해준 율법을 받고 다 종이 되어 버렸다. 유대교 이스라엘 모양 여호와를 부르고 있는 기독교 이스라엘도 다 천사와 씨름하여 진 자들이다. 신앙의 참 승리자란 악한 영들과 씨름하여 이기는 것 뿐만 아니라(엡 6:12), 칠성천사와 씨름하여 이겨야 한다. 예수의 진리가 우리를 자유케 했는데(요 8:32), 다시 종의 멍에를 매고 칠성천사의 종이 된 자가 기독교인들이었다(갈 5:1 참조). 일곱 교회에 출석하면 다 구원받는다고 오해하면 안 된다.

일곱 교회에 나가는 자들 중에서 〈이기는 자〉만 예수와 성령의 약속을 받을 수 있다. 칠성천사가 주관하는 기독교회에 다니면서 다신교리(多神

教理)와 다신교파(多神教派)를 초극하는 자만이 〈이긴 자〉가 된다.

여호와를 하나님으로 믿는 기독교에서 출애굽한 자만 참 이스라엘이 될 수 있다. 〈이긴 자〉만 생명과를 먹을수 있다.

⑶ 낙원에 있는 생명나무 열매는 아담과 하와가 먹으려다 먹지 못한 열매이다. 그들은 천사와 씨름하여 졌기 때문에 뱀이 주는 선악과를 먹고 죽었다. 진 자는 선악과를 먹고 죽고 이긴 자는 생명과를 먹고 영생하는 것이 성경의 원리이다. 그러므로 〈이긴 자〉에게 생명과를 준다는 약속은 타락 전의 인간위치로 회복되어 영생의 존재가 된다는 뜻이다.

첫 아담에 의해 낙원에서 유린당한 인간의 가치를 마지막 아담이 회복시켜 준다는 약속은 짝이 맞는 말씀이다. 창세기의 낙원에서 사라진 생명나무가 다시 「요한계시록」에 나타나서, 이기는 자의 약속의 첫 열매로 주시는 구원 섭리의 오묘함을 깊이 깨달아야 할 것이다.

⑷ 에베소 형(型)의 현대 교회들

현대 교회의 특색은 사랑이 없어 냉랭한 것이다. 오순절 교회의 뜨거운 사랑과 신앙의 열기는 찾아볼 길 없고 공허한 사랑의 구호만 요란하다.

금송아지 우상이 예배받고 극도의 개인주의와 이기주의가 신자들을 잠식하여 냉랭한 교회, 사치한 교회, 물량주의의 교회로 되어가고 있다. 사이비 신비주의에 빠져 병고치고 방언하고 축복받는 무사(巫事)가 전염병처럼 번져가고 있다. 천막 교회에서 전세 교회로 이사했다가 나중에는 대형화 된 건물 교회들이 산업 사회의 부유층으로 등장하고 있다. 자본주의의 퇴폐한 도덕과 음란의 물결이 교인들을 오염시켜 세속화한 썩은 냄새만 풍길 뿐 그리스도의 향기는 맡아볼 수 없다. 이상한 신비 체험을 갈구하는 풍조가 만연하여 방언기도, 축복기도, 치병기도, 예언기도를 받아야 안심하는 교인들이 교회마다 넘치고 있다. 처음 사랑을 회복할 신앙운동은 일어나지 않고 헌금을 강요하는 부흥회만이 요란할 뿐이다.

하나님은 에베소형의 교회를 아주 없애버리겠다고 경고하고 있다. 그러나 이런 교회 속에서 〈이긴 자〉가 있기를 바라고 있다. 세속화의 미명 아래 갈보처럼 타락한 현대교회의 문을 닫을 자가 없는가?(말 1:10)

[8절] 서머나 교회의 사자에게 편지하라 처음이며 마지막이요 죽었다가 살아나신 이가 이르시되

서머나는 이오니아에서 가장 아름다운 도시로 〈아시아의 꽃〉으로 불려진 미도(美都)였다. 에게 해를 향해 비탈진 언덕에 제우스 신전이 있었고 로마의 여신들을 모신 사당이 여러 곳에 있었다. 서머나는 에베소에서 북쪽으로 50마일 지점에 있는 무역로의 종점이었는데 유대교의 상인들이 큰 세력을 이루고 있었다. 가난한 서머나 교회는 유대인들의 박해와 훼방을 많이 받았다. 그리고 로마의 권력과 유착한 유대인들은 악랄하게 기독교인들을 모함했다.

서머나 교회의 사자에게 보낸 편지 서두에서는 〈죽었다 살아나신 이〉가 강조된다. 예수의 고난과 부활을 강조한 것은 서머나 교회의 형제들이 많은 고난을 받고 순교의 도맥을 이어갈 교회임을 암시하고 있다.

주후 155년에 순교당한 폴리갑도 서머나 교회의 감독이었다.

[9절] 내가 네 환난과 궁핍을 알거니와 실상은 네가 부요한 자니라 자칭 유대인이라 하는 자들의 비방도 알거니와 실상은 유대인이 아니요 사탄의 회당(개역한글 : 회)이라

⑴ 서머나 교회의 환난은 예수를 믿기 때문에 당하는 환난으로 세상 사람들이 당하는 환난과는 성질이 다르다. 궁핍도 예수를 믿기 때문에 당하는 궁핍으로 정치적 경제적인 압력을 받은 물질적 가난을 뜻한다.

서머나의 상권은 유대인들이 잡고 있었는데 이들이 기독교인들에게 경제적인 제재를 가하고 로마 당국과 유착하여 정치적인 압력을 가했으므로 서머나 교인들은 정치적인 환난과 경제적으로 극빈자가 되었다. 물질적으로는 가진 것이 없는 가난한 자들이었으나 신앙은 부요한 자들이었다(고후 6:10, 약 2:5 참조). 육적으로는 소유한 것이 없으나 영적으로 부요해지는 경험은 참 믿는 자가 아니면 경험할 수 없다.

⑵ 자칭 유대인은 아브라함의 후손임을 자랑하면서 그릇된 선민의식에

젖어있는 유대교 광신자를 뜻한다.

〈혈과 육〉은 하늘나라를 유업으로 받을 수 없는 성경의 원리를 모르는 〈육적 이스라엘〉은 〈아브라함의 혈통〉을 자랑하고 모세의 율법을 암송하면서 남을 정죄하기를 좋아하는 자들이다.

예수를 죽인 대제사장과 바리새인들도 아브라함의 핏줄을 자랑했지만 실상은 마귀의 종자였다(요 8:37-47 참조). 겉으로 보면 선민이지만 속은 뱀의 씨인 유대교 광신자가 〈사탄의 회(會)〉이 된 것은 의미심장하다. 〈사탄의 회〉의 구약적인 그림자는 〈악한 자의 회중〉으로 나타난다(민 14:27, 35). 구약은 〈여호와의 회〉으로 이스라엘을 선택했으나(민 16:3, 20:4) 이것이 신약에 이어져서는 〈사탄의 회〉으로 전락되었다.

지혜천사가 타락하여 마귀가 되듯 선민들이 전락하여 〈사탄의 회〉이 되었으므로 기독교인들도 조심하여야 한다. 〈사탄의 회〉이 있는 자리에 세워진 서머나 교회는 가난하고 고난받는 작은 교회였으나 하나님께 꾸지람을 당하지 않고 있다. 이 사실을 깊이 주목해야 한다.

[10절] 너는 장차 받을 고난을 두려워하지 말라 볼지어다 마귀가 장차 너희 가운데에서 몇 사람을 옥에 던져 시험을 받게 하리니 너희가 십 일 동안 환난을 받으리라 네가 죽도록 충성하라 그리하면 내가 생명의 관을 네게 주리라

⑴ 하나님은 고난의 풀무에서(사 48:10), 서머나 교인을 정금처럼 연단하실 것을 예고하고 있다. 고난을 미리 예고하여 두려움을 없게 하는 배려는 사랑의 심정을 암시하고 있다. 예수도 이런 심정으로 말씀한 일이 있다(요 16:1-4). 두려워 말라는 위로의 말씀은 고난의 배후에서 하나님의 사랑이 같이하고 있음을 뜻한다. 왜 그런가? 사랑은 모든 두려움을 쫓아내기 때문이다(요일 4:18).

⑵ 서머나 교인들이 옥고를 당하게 된 것은 〈사탄의 회〉인 유대인의 훼방 때문이었다. 유대인들은 로마 당국자들에게 교인들을 무고하여 고난을 당하게 했다. 그들은 황제 예배를 거부하는 반국가적인 국민이며 또

예수가 부활했다고 주장하여 혹세무민한 사교(邪教)의 도당이라고 모함했다.

편지 서두에 〈죽었다가 살아나신 이〉가 강조된 것을 보면 부활신앙 때문에 서머나 교인들이 고난받게 되었음을 알 수 있다. 로마의 권력 밑에 살면서 황제예배의 거부는 곧 죽음을 의미하는데 부활을 굳게 믿는 신앙이 없으면 순교를 당할 수도 없고 옥고를 이겨낼 힘도 생기지 않는다. 일제시대 신사참배를 강요당했을 때 부활을 확신한 목사들은 순교를 당하고 옥중생활을 참고 견디어 승리했지만, 부활에 대한 굳은 신앙이 없는 목사들은 우상에게 절한 사실을 상기하면 서머나 교회가 당하는 고난의 의미를 짐작할 수 있을 것이다.

⑶ 10일 동안의 고난은 무엇을 뜻하는가?

10수는 완성수의 상징이다. 우리가 가야 할 십자가의 길도 도적 리수(道的里數)가 10리인 것 같이 부활을 믿는 성도들이 당해야 할 고난의 도적 일수(道的日數)도 10일 동안이다.

십자가의 도가 10수의 자리에 선 진리이기 때문에 완전한 도가 된다. 그러므로 10일 동안의 고난은 하루, 이틀, 사흘로 계산되는 짧은 기간을 의미하지 않고 십자가의 고난에 동참하여 온전한 고난을 당하는 기간을 상징한다. 그러므로 고난받는 상황에 따라 1개월도, 1년도, 10년도 될 수 있음을 명심해야 한다. 다니엘도 10일 동안 채식을 먹는 시험을 받았는데(단 1:8-16), 이 기간도 문자대로 10일이 아니라 채식을 해도 얼굴이 상하지 않는 완전한 시험 기간을 뜻한다.

하나님은 서머나 교인들에게 완전한 고난을 요구했기 때문에 〈죽도록 충성하라〉고 간절히 당부한다. 〈죽도록 충성〉은 곧 순교를 말한다. 완전한 고난 가운데서 순교하면 생명의 면류관을 약속 받는다(약 1:12). 생명의 면류관은 영생을 뜻한다.

[11절] 귀 있는 자는 성령이 교회들에게 하시는 말씀을 들을지어다 이기는 자는 둘째 사망의 해를 받지 아니하리라

(1) 둘째 사망은 부활이 없는 죽음, 곧 영원한 불의 형벌을 뜻한다(계 21:8). 이 둘째 사망은 멸망 받을 자들이 받는 형벌이니 불 못이다(계 19:20, 20:10).

노아 때 심판받아 물 속에 침전된 영들에게는 부활의 복음이 증거되지만(벧전 3:19-20), 불심판을 받은 소돔과 고모라의 악인들에게는 부활의 복음이 증거되지 않았다. 소돔과 고모라는 둘째 사망의 심판을 받았기 때문이다.

첫째 사망은 아담 이후 모든 사람이 경험하는 죽음인데 이 사망은 십자가의 복음으로 말미암아 부활을 약속받을 수 있는 죽음을 뜻한다.

(2) 서머나 형(型)의 현대 교회들

현대 교회 중에는 꾸중을 듣지 아니한 서머나 형의 교회는 극히 드물다. 황금 만능, 물질 만능에 오염된 교회들은 고난 받기를 싫어하며 쉽고 편하게 믿고 천당가겠다는 망상에 젖어 있다.

고난 받기를 거부하기 때문에 고난 받는 이웃을 외면하고 가난한 형제들을 업신여긴다. 경제력이 좋은 교회들은 가난한 자, 소외당한 계층과는 담을 쌓고 부자만을 우대하고 환영한다. 재력이 있으면 유능한 사람으로 인정되어 곧 장로나 집사가 되고 돈이 없으면 수십 년 교회에 다녀도 인정받지 못한다. 가난한 사람, 고난을 받는 형제들이 악의 세력과 싸우고 불의에 저항할 때 부자 교회는 외면할 뿐만 아니라 권력 당국과 야합하여 도리어 박해를 가한다.

서머나 교회는 작은 교회, 가난한 교회, 고난 받는 교회였으나 믿음이 부요한 자였기 때문에 고난과 핍박을 두려워하지 않고 순교자까지 낸 위대한 교회였다. 고난 받는 자들과 함께 하는 교회, 가난하고 소외된 자들과 아픔을 같이 하는 교회, 자유를 억압하는 악의 권력에 저항하는 순교정신이 있는 예언자적 교회가 서머나 형 교회이다.

현대 제 3세계에 속하는 나라 속에 서머나 형의 교회들이 간혹 있다. 자유를 위해 불의한 세력에 저항하고 군사독재와 싸워 피를 흘리는 교회가 후진국에 속하는 가난한 개발도상국에 몇 개 있을 뿐이다. 한국에 서머나 형의 교회가 몇 개나 있을까?

[12절-13절] 버가모 교회의 사자에게 편지하라 좌우에 날선 검을 가지신 이가 이르시되 네가 어디에 사는지를 내가 아노니 거기는 사탄의 권좌(개역한글 : 위)가 있는 데라 네가 내 이름을 굳게 잡아서 내 충성된 증인 안디바가 너희 가운데 곧 사탄이 사는 곳에서 죽임을 당할 때에도 나를 믿는 믿음을 저버리지 아니하였도다

버가모는 로마의 총독이 주재(駐在)한 도시로 아시아의 수도에 해당하는 정치와 문화의 중심지였다. 이곳에는 알렉산드리아 다음가는 도서관이 있었는데 20만권 이상의 양피 두루마리를 장서하고 있었다. 황제를 예배하는 전각과 제우스 신, 디오니소스 신, 아테나 여신의 신전도 있었다. 심지어 뱀을 숭배하는 의신(醫神) 아스클레 피우스의 신전도 있는 우상숭배의 총본산이 있었기 때문에 〈사탄의 위(位)〉가 있는 곳이라 했다.

⑴ 버가모는 사신 우상을 섬기는 아시아의 중심지였다.

이곳에는 올림프스의 주신(主神)인 제우스를 비롯하여 아테네 여신과 주신(酒神) 디오니소스(박카스)와 의학의 신 아스클레피우스 등 네 개의 신전이 있었고 황제를 예배하는 전각도 있었다. 황제 예배 때 시민들은 〈가이사는 신이다〉라고 외치면서 분향했다. 「사도행전」에 보면 헤롯왕도 신의 영광을 받다가 죽었다(행 12:21-23).

이처럼 버가모는 아시아에 있어서 우상 숭배의 총본산이므로 〈사탄의 위(位)〉가 있는 곳이 되었다. 〈사탄의 위(位)〉가 있는 자리에 세워진 교회이므로 좌우에 날선 성령의 검을 들고 싸우는 예수가 강조되지 않을 수 없다.

⑵ 안디바는 순교당한 버가모 교회의 성도인 듯 하다.

〈충성된 증인〉은 예수에게 붙여진 칭호인데(계 1:5), 이 칭호가 안디바에게도 사용된 것을 보면 그는 완전한 고난 속에서 순교당한 사람임을 알 수 있다. 예수가 하나님께 충성을 다하고 죽듯, 그는 예수께 충성을 다한 증인으로 순교했다.

[14절-15절] 그러나 네게 두어 가지 책망할 것이 있나니 거기 네게 발람의 교훈을 지키는 자들이 있도다 발람이 발락을 가르쳐 이스라엘 자손 앞에 걸림돌을 놓아 우상의 제물을 먹게 하였고 또 행음하게 하였느니라 이와 같이 네게도 니골라당의 교훈을 지키는 자들이 있도다

⑴ 발람의 교훈이란 종교적 혼음을 뜻한다(계 2:6 해석 참조).

안디바와 같은 고상한 순교자를 낸 교회에 어찌하여 발람의 교훈을 좇는 쓴 뿌리가 생겼을까? 안디바의 비참한 순교를 보고 공포에 빠진 교인들이 황제숭배와 로마의 제신(諸神)들을 숭배하는 〈타협된 신앙〉으로 변질했기 때문에 그 틈을 타서 발람의 교훈과 니골라당의 교리가 밀수입되었다. 그들은 우상의 제물도 먹고 로마의 신도 적당히 섬기는 혼합주의 신앙에 빠지게 되었다. 발람의 교훈을 좇은 이스라엘 족장들이 모압 여인들의 유혹을 받고 우상의 제물을 먹은 것처럼 버가모 교인들도 신전에 가서 우상의 제물을 함부로 먹었다.

[16절] 그러므로 회개하라 그리하지 아니하면 내가 네게 속히 가서 내 입의 검으로 그들과 싸우리라

버가모 교회도 발람의 교훈으로 오염되었으므로 말씀의 검으로 수술하지 않을 수 없다. 권력의 칼 앞에 굴복하여 황제예배와 우상의 제물을 먹는 혼합주의에 빠진 교회이므로 예수는 성령의 검으로 나타나서 싸우지 않을 수 없다. 절대 권력과 타협하고 우상과 혼합하여 더러워진 교회는 회개해야 한다.

[17절] 귀 있는 자는 성령이 교회들에게 하시는 말씀을 들을지어다 이기는 그에게는 내가 감추었던 만나를 주고 또 흰 돌을 줄 터인데 그 돌 위에 새 이름을 기록한 것이 있나니 받는 자 밖에는 그 이름을 알 사람이 없느니라

⑴ 구약의 만나는 하늘에서 내리는 이슬같은 양식이었다(출 16:11-15).

이 만나를 먹고 육적 이스라엘은 다 광야에서 멸망당했다(요 6:49).

신약의 만나는 예수 자신의 몸이었다(요 6:30-35). 인간을 위해 십자가에서 피를 흘린 예수의 살과 피가 곧 생명의 떡이요 만나였다(요 6:51-54). 예수의 이 말씀을 식인교리(食人教理)로 오해하고 많은 무리들이 물러갔다(요 6:66). 만나란, 생명의 양식이므로 예수의 보혈과 진리를 뜻한다.

그럼 〈감추었던 만나〉는 무엇인가? 성경은 영생의 말씀이 감추어진 문서이다(요 5:39). 그런데 성경은 비유와 상징으로 짜여진 문서이기 때문에 정해(正解)하기가 힘든 문서이다. 다시 말하면 성경은 〈계시된 열린 문서이면서, 은폐된 닫힌 문서〉이다. 그러므로 〈감추어진 만나〉는 성경에 기록되어 있으나 아직도 해독하지 못한 암호를 뜻한다. 성경은 구원 섭리의 청사진을 계시한 〈열린 책〉이지만 성경을 정각(正覺)하지 못하면 〈닫힌 책〉, 〈인봉된 문서〉, 〈감추어진 만나〉가 된다.

그럼 성경을 보자.

> **이렇듯이 모든 것이 너희에게 계시되었지만 그것은 밀봉된 책에 쓰여진 말씀과 같다. 글 아는 사람에게 이 책을 읽어 달라고 하면 〈책이 밀봉되었는데 어떻게 읽겠느냐〉고 할 것이다. 글 모르는 사람에게 이 책을 읽어 달라 하면 〈나는 글을 모른다〉고 할 것이다(사 29:11-12 공동번역).**

「이사야서」에 기록된 이 성구는 〈성경이 계시된 열린 문서이면서, 은폐된 닫힌 문서〉임을 분명하게 말하고 있다.

글 아는 자란 자칭 종교적인 지도자로 자처하는 신학박사, 목사 등이고, 글 모르는 자란 맹신하고 미신하는 평신도를 말한다. 글 아는 성직자들은 안다고 주일마다 설교하지만 실상은 성경을 모르는 자들이고, 글 모르는 자들은 성경을 보지도 않고 맹신하는 교인들을 말한다. 대제사장과 바리새인들은 이스라엘 백성의 머리요 눈으로 자처하면서도 성경을 바르게 풀지 못했기 때문에(마 22:29), 예수를 죽였던 것이다. 현대의 종교 지도자로 자처하는 성직자도 마찬가지가 아닐까? 버가모 교회에서 이긴 자들에게 〈감추었던 만나〉를 준다는 약속은 성경을 정각(正覺)할 지혜를 주겠다는 뜻이다.

⑵ 흰 돌은 무엇을 뜻하는가?

돌은 예수를 상징한다. 예수는 모퉁이 돌이고(사 28:16), 머릿돌이고(시 118:22), 거치는 돌이다(사 8:14). 예수는 산 돌이고(벧전 2:4), 움직이는 반석이고(고전 10:4), 뜨인 돌이다(단 2:34). 이처럼 예수는 여러 가지 돌로 다양하게 표현되었다.

하나님은 반석이다(신 32:4, 시 18:2, 합 1:12). 창조주 하나님은 모든 존재의 〈존재 근거〉가 되기 때문에 반석이 된다. 하나님이 반석이므로 예수도 반석이 된다. 흰 돌은 예수의 본성(本性) 곧 인간의 본성을 상징한다.

모세의 십계명은 검은 돌에 새겨졌다. 십계가 검은 돌에 인각(印刻)된 사실을 어떻게 알 수 있는가? 시내산에서 천사가 전해준 십계는 인간을 정죄하고 죽이는 법이기 때문이다. 십계는 타락한 인간 심성을 상징하는 검은 돌에 새겨졌기 때문에 죽게 하는 의문(儀文)의 율법이 된다.

흰 돌은 타락하지 않은 순수 무잡한 인간의 본성을 상징하기 때문에 흰 돌에는 예수의 새 이름이 새겨진다. 그러므로 흰 돌을 준다는 뜻은 인간 심성을 회복시켜 준다는 말이다.

인간은 깨끗한 본성의 터 위에 인격성전을 건설하여 하나님을 모시는 집이 되어야 한다. 여호와가 준 십계는 검은 돌에 새겨져 인간을 정죄하고 죽게 했지만, 예수가 준 사랑의 계명은 흰 돌에 새겨져 인간의 잃어버린 본성을 회복시켜 살게 한다.

⑶ 흰 돌에 새겨진 새 이름은 예수의 참 이름이다. 성경을 조사해 보면 예수의 이름이 열세 가지가 있음을 알 수 있다.

① 예수(마 1:21), ② 임마누엘(사 7:14, 마 1:23), ③ 그리스도(마 1:16), ④ 기묘(사 9:6), ⑤ 모사(사 9:6), ⑥ 전능하신 하나님(사 9:6), ⑦ 영존하신 아버지(사 9:6), ⑧ 평강의 왕(사 9:6), ⑨ 충신(계 19:11), ⑩ 진실(계 19:11), ⑪ 하나님의 말씀(계 19:13), ⑫ 만왕의 왕(계 19:16), ⑬ 만주의 주(계 19:16).

이 열세 가지 이름은 성경 속에 기록되어 계시된 이름이지만 아직 예수의 본명(本名)은 은폐된 이름으로 아무도 모르고 있다.

그 눈은 불꽃 같고 그 머리에는 많은 관들이 있고 또 이름 쓴 것 하나가

있으니 자기밖에 아는 자가 없고(계 19:12)

이 성구에서 보듯이 예수의 참 이름은 예수 자신만 알고 아무도 모르는 이름이다. 성경에 계시된 열세 가지 이름은 예수의 자(字)나 호(號)지 휘(諱)가 아니다. 우리가 현재 쓰고 있는 예수니, 임마누엘이니 하는 이름은 타락한 인간을 구원하기 위해 잠시 방편으로 주신 가명이지 본명이 아니다. 그것은 구약에서 하나님의 이름을 여호와라 부르게 한 것과 같은 이치이다. 창조주 하나님에게 무슨 이름이 있겠는가.

그러므로 〈자기 밖에 모르는 이름〉은 〈이름 없는 이름〉을 뜻한다. 본성을 회복한 흰 돌 심령들에게 〈받는 자 밖에 모르는 이름〉을 새겨 주는 날 우리들도 김모(金某) 박모(朴某)하는 죽은 이름에서 해방되어 제 본성의 이름을 깨닫게 될 것이다.

⑷ 버가모 형(型)의 현대 교회들

순수한 복음의 처녀성을 상실하고, 순결을 더럽힌 현대 교회는 버가모형의 혼잡한 교회이다. 바람난 여인의 의상처럼 유행하는 신학 사상과 이데올로기에 따라 사치하게 옷을 갈아입으면서 권력의 시녀가 되어 매춘부의 웃음을 날리고 있는 교회가 얼마나 많은가. 안디바와 같은 순교자를 낸 교회가 변질하여 권력과 타협한 교회가 되어 우상의 제물인 돈을 탐하고 있는 교회들이 대부분이다.

〈감추어진 만나〉가 아닌 황금의 만나를 포식하고 사치와 낭비, 쾌락과 허영에 들뜬 생활을 하다가 일요일이면 교회에 나와 십일조를 내고 축복을 받는 교인들을 양산(量産)해 내는 교회를 보라. 이런 교회는 선진화의 구호를 내걸고 경제성장을 외치는 후진국에서 급증하고 있다. 이런 상황 속에서 말씀의 검을 들고 썩은 교회와 싸워 이길 자 얼마나 있을까?

그러나 이기는 자는 감추어진 만나를 먹고 성경을 정각하고 진리의 운동을 일으킬 것이다.

[18절] 두아디라 교회의 사자에게 편지하라 그 눈이 불꽃같고 그 발이 빛난 주석과 같은 하나님의 아들이 이르시되

두아디라는 일곱 도시 중 가장 작은 도시로서 노동자들이 많은 공업 도시였다. 그러므로 공인조합(工人組合)이 많았는데 특히 염료조합이 유명했다.

루디아는 구라파에서 첫 신자가 된 여인이었는데 염료행상(染料行商)을 하다가 바울의 설교를 듣고 그리스도인이 되었다(행 16:12-15). 루디아는 두아디라에 살았으나 빌립보에 물감을 팔러 왔다가 사도 바울과 만나게 되었다. 짐작컨데 두아디라 교회는 루디아가 주장해서 세운 교회인 듯하다. 여인들이 세운 교회였기에 이세벨 같은 무녀(巫女)들이 나타나 교회를 어지럽게 만든다.

두아디라에는 제우스의 아들인 음악의 신 아폴로(Apollo)의 신전이 있었기 때문에 사랑의 신이며 음악의 신인 아폴로에 반한 여인들의 신앙이 성행했고, 아폴로 신전에서 신탁을 받는 무사(巫事)가 성하여 자칭 여자 선지자들이 나타나 두아디라 교회를 오염시켰다.

⑴ 두아디라 교회의 천사에게 보낸 편지에서는 ⟨그 눈이 불꽃같고 그 발이 빛난 주석 같은 하나님의 아들⟩이 강조되고 있다. 불꽃같은 눈은 은밀한 죄악을 꿰뚫어 보고 빛난 주석같은 발은 원수로 하여금 발등상이 되게 하는 심판주를 뜻한다.

이 교회에는 숨어서 은밀히 행하는 행위가 있었고 그 행위는 심판받아야 할 사건임을 암시하고 있다. 이세벨같은 자칭 여자 선지자가 나타난 교회이니 음성적인 무사(巫事)들이 행해졌다.

⟨하나님의 아들⟩이란 일곱 교회 중 이 교회에만 나타나는데 이것은 ⟨제우스의 아들⟩인 아폴로신이 두아디라에서 높이 섬겨지고 있었기 때문에 이와 대립하여 ⟨하나님의 아들⟩이 강조된다.

[19절] 내가 네 사업과 사랑과 믿음과 섬김과 인내를 아노니 네 나중 행위가 처음 것보다 많도다

⑴ 네 사업이란 경제적인 행위가 아니라 그리스도의 사업, 곧 사랑과 믿음과 섬김과 인내를 뜻한다.

〈두아디라 교회〉는 제우스의 아들을 섬기다가 개종하여 〈하나님의 아들〉을 섬기는 여자 신도들이 강성한 교회였기 때문에 사업의 여러 항목 중 사랑이 제일 먼저 강조되고 있다.

그러나 그리스도인의 사랑은 항상 믿음의 터 위에 굳게 서야 한다. 정신(正信)의 열매로서 사랑이 나타나야 하기 때문에 바울도 〈믿음, 소망, 사랑〉의 순으로 나열했다. 이성적(理性的)인 믿음과, 의지적(意志的)인 소망과, 감성적(感性的)인 사랑은 지, 정, 의(知情意)의 삼위일체적 행위를 말한다. 그러나 여성적인 사랑만 넘치는 두아디라 교회의 사랑은 이세벨과 같은 자칭 여자 선지자를 용납하고 행음하는 어리석음을 범하게 된다.

⑵ 두아디라 교회가 처음 시작할 때는 미미했으나 그리스도인의 사업인 사랑, 믿음, 섬김, 인내의 행위가 점증되었기 때문에 먼저 칭찬을 받는다.

[20절] 그러나 네게 책망할 일이 있노라 자칭 선지자라 하는 여자 이세벨을 네가 용납함이니 그가 내 종들을 가르쳐 꾀어 행음하게 하고 우상의 제물을 먹게 하는도다.

⑴ 에베소 교회는 자칭 사도, 서머나 교회는 자칭 유대인, 두아디라 교회는 자칭 여선지자 때문에 괴로움을 당한다.

하나님의 영을 받고 예언하는 사람을 선지자라 하는데 선지자는 남녀 구별 없이 존경받는 인물이었다(고전 12:28, 엡 4:11). 교회에서 선지자는 사도 다음으로 존경받았다.

하나님의 영을 받은 자가 이세벨이 될 까닭이 없다. 여선지자로 자칭하는 이세벨 형(型)의 여인은 사신(邪神)의 영을 받고 점을 치며 앞날을 예언하는 무당인데 아폴로의 신탁을 받은 여인이었을 것이다. 로마의 신들 가운데서 아폴로의 신탁이 영험했기 때문에 아폴로 신전에는 항상 많은 여인들이 출입하였다. 두아디라 교회는 여인들이 주동이 된 교회이기 때문에 이세벨 같은 무녀들을 용납하게 되었고, 자칭 선지자로 행세하는 여인들의 예언이 적중율이 높았기 때문에 판단력이 약한 여인들이 이세벨을 용납하게 된다.

이세벨은 시돈 왕의 딸로서 아합 왕의 아내가 된 요녀였는데 그녀로 말미암아 북조 이스라엘은 완전히 우상숭배로 오염되었다(왕상 16:31, 21:25, 왕하 9:7-10, 9:22). 이세벨은 바알의 선지자 450명, 아세라의 선지자 400명, 도합 850명의 거짓 선지자를 거느리고 이스라엘을 더럽힌 사악한 마녀였다.

⑵ 이세벨의 꾀임에 넘어간 여인들은 자기들만 행음한 것이 아니라 두아디라 교회의 종들까지 오염시켰다. 〈내 종들을 가르쳐 꾀어〉라는 성구는 교회를 다스리던 감독, 장로, 집사 등을 뜻하는데 그들도 여선지자의 유혹에 넘어갔다. 〈가르쳐 꾀었다〉는 성구를 보면 여선지자들의 설득력이 대단했음을 짐작할 수 있다.

[21절] 또 내가 그에게 회개할 기회를 주었으되 자기의 음행을 회개하고자 하지 아니하는도다

하나님은 이세벨 무리들에게 회개할 기회를 주었으나 그들은 음행을 회개하지 않았다. 다른 영을 받고 우상숭배자가 되면 회개할 수 없다(계 16:9, 단 5:22 참조). 성령만이 하나님의 사정을 알 수 있는데(고전 2:10-13), 우상의 영을 받은 이세벨의 무리가 어떻게 하나님의 심정을 알아 회개할 수 있겠는가.

[22절] 볼지어다 내가 그를 침상에 던질 터이요 또 그와 더불어 간음하는 자들도 만일 그의 행위를 회개하지 아니하면 큰 환난 가운데에 던지고

⑴ 니골라당의 혼음, 이세벨의 음행은 인간의 영육을 다 더럽혀 병들게 한다. 침상은 곧 병상을 의미한다. 음행하던 침상이 나중에는 병상으로 변함은 당연한 결과다.

⑵ 그와 더불어 간음한 자들이란 이세벨의 꾀임에 빠져 우상숭배에

동참한 자들이다. 이들은 처음부터 우상을 섬긴 자가 아니라 하나님께 예배드린 자들이었는데 여선지자의 예언이 적중하고 그들이 행하는 무사(巫事)가 효험이 있음을 보고 미혹되었기 때문에 나중에는 이세벨의 교훈은 무조건 받아들여 우상을 섬기고 그 제물을 먹게 되었다.

거짓 선지자들의 예언이 이루어지고 그들이 행하는 이적과 기사가 능력이 있어도 믿으면 안 된다(신 13:1-3 참조).

[23절] 또 내가 사망으로 그의 자녀를 죽이리니 모든 교회가 나는 사람의 뜻과 마음을 살피는 자인 줄 알지라 내가 너희 각 사람의 행위대로 갚아 주리라.

⑴ 음행 가운데서 태어난 더럽고 가증한 열매가 그들의 자녀이므로 죽임을 당하게 된다. 엘리야의 예언대로 아합과 이세벨의 자녀는 몰수(沒數 : 수가 많음)히 죽임을 당했다(왕상 21:29, 왕하 10:1-11). 음행 가운데서 태어난 자식들이 죽임을 당한 예를 보자. 다윗이 밧세바와 간통하여 얻은 아들도 음란의 열매이므로 죽었고(삼하 12:15-23), 고라의 가족도 다 죽임을 당했다(민 16:31-33).

하나님이 모세에게 명하여 가나안 칠족을 아낌없이 멸망시키라고 지시한 것도 그들은 함이 그 어미와 간통하여 얻은 불륜의 열매이기 때문이다(『성경의 원리』 중권 「노아가정」 참조).

⑵ 육적 음란이든 영적 행음이든 그 행위는 비밀의 장막 뒤에서 남모르게 은밀히 행해지지만, 불꽃같은 눈으로 마음을 살피는 하나님 앞에서는 어떠한 비밀도 숨길 수 없다. 이세벨의 무리들이 비밀스럽게 행음했지만 하나님은 비밀의 깊은 곳까지 다 살피고 계셨다.

⑶ 우리가 구원받은 것은 은혜와 믿음으로 된 것이지, 행위로 구원받은 것은 아니다. 그러나 율법 아래 놓인 자들은 행위에 따라 구원받기 때문에 의인은 없다. 두아디라 교인들에게 행위대로 갚아 주심은 그들이 은혜 아래서 믿음으로 구원받은 무리가 되지 못하고 천사의 종이 되어

우상숭배자로 전락되었기 때문이다.

[24절-25절] 두아디라에 남아 있어 이 교훈을 받지 아니하고 소위 사탄의 깊은 것을 알지 못하는 너희에게 말하노니 다른 짐으로 너희에게 지울 것은 없노라 다만 너희에게 있는 것을 내가 올 때까지 굳게 잡으라.

⑴ 사탄의 깊은 것이란 무엇인가?

이것은 니골라당과 이세벨이 주장하는 교훈의 이중성(二重性)을 뜻한다. 그들의 교리는 이중 언어로 짜여진 교리였다. 겉으로 보면 그들이 주장하는 교리는 성경적으로 보이지만 이면적(裏面的)으로는 혼음 교리가 감추어져 있다. 그들 내면에 깊이 은폐된 혼음 교리는 절대 표면으로 공개되지 않는 비밀인데 초신자에게는절대 가르치지 않고 자기들의 비밀 교리에 순종하는 광신자가 되면 그때 혼음 교리로 세뇌하여 음란에 동참시키는 것이 〈사탄의 깊은 것〉이었다.

두아디라 교인 중에는 사탄의 깊은 것을 알지 못하는 자들도 있었다. 이들은 니골라당과 이세벨의 외형적인 교훈에는 감염되었지만 내면적인 혼음 비밀은 아직도 모르고 있었다.

〈사탄의 깊은 것〉이란 말은 〈하나님의 깊은 것〉에 반대되는 말인데 혼음 교리를 가르치는 자들이 양들을 세뇌할 때 〈하나님의 깊은 비밀〉을 가르친다고 설득하지만 실상 그 교훈은 〈사탄의 깊은 것〉이었다. 하나님의 깊은 비밀은 성령만이 알 수 있고(고전 2:10), 사탄의 깊은 것은 마귀의 영을 받은 자만 알 수 있다.

에베소, 버가모, 두아디라 교회에 잠입한 니골라당과 이세벨의 교리는 영지주의자들의 주장도 혼합된 혼합 교리인 듯하다.

그노시스 주의자들은 인간의 고상한 영혼은 죄에 몸을 던져도 오염되지 않는다고 주장하면서 음행에 기탄없이 참가했다.

⑵ 정치가 비민주화 된 후진국일수록 많은 악법을 만들어 백성들의 어깨에 무거운 짐을 지운다. 이와 마찬가지로 종교가 저급할수록 많은 금기(禁忌)를 만들어 인간을 율법의 노예로 만든다.

유대교는 하나님의 계명은 지키지 않고 장로들의 유전(遺傳)인 탈무드의 법을 행하다가 예수께 꾸중을 들었다(마 15:1-6 참조). 예수는 율법의 짐을 가볍게 해 주었으나(마 11:28-30), 바리새인들은 무거운 짐을 양들에게 지우고 자기들은 지지 않았다(마 23:3-4). 니골라당과 이세벨의 무리도 성경에 없는 비밀교리를 만들고 금기 사항을 만들어 교인들에게 다른 짐을 지게 했다.

참 성도들은 구약적인 율법이나 금기의 짐을 벗고 해방된 자유인이다. 그러므로 우리는 예수가 명한 사랑의 계명만 굳게 잡고 있으면 된다. 너희에게 있는 것이란 사랑의 계명을 뜻한다. 사도들도 다른 짐을 지우지 않기 위해 노력했다(행 15:28).

[26절-27절] 이기는 자와 끝까지 내 일을 지키는 그에게 만국을 다스리는 권세를 주리니 그가 철장을 가지고 그들을 다스려 질그릇 깨뜨리는 것과 같이 하리라 나도 내 아버지께 받은 것이 그러하니라

(1) 예수는 만국을 심판할 철장 권세를 아버지에게서 받았다(시 2:8-9). 그러므로 예수와 연합하여 왕이 된 성도들도 같은 권세를 받을 수 있다(딤후 2:11).

모세는 나무 지팡이를 들어 애굽 군대를 심판했으나 예수는 무쇠 지팡이를 들어 세상나라를 가루로 만들 것이다. 철장 권세는 심판의 강력(强力)과 무서움을 뜻한다.

(2) 질그릇은 타락 인간의 저급한 심기(心器)를 상징한다.

인간은 본래 금그릇처럼 존귀한 존재였는데 질그릇처럼 천한 자가 되었다. 우리는 그리스도의 귀한 복음을 질그릇에 담은 자들이다(고후 4:7). 질그릇은 천하게 쓰는 그릇이고(딤후 2:20-21), 이사야도 타락된 인간을 질그릇에 비유했다(사 45:9). 다윗도 심령이 메말라 쇠약한 인간을 질그릇에 비유했다(시 22:15). 이 성구들을 종합해 보면 질그릇은 심판받아 부서져야 할 타락한 인간이다.

[28절-29절] 내가 또 그에게 새벽 별을 주리라 귀 있는 자는 성령이 교회들에게 하시는 말씀을 들을지어다

새벽 별이란 동쪽 하늘에 떠오르는 금성이 아니라 예수를 상징하는 별이다(계 22:16). 그러므로 새벽 별은 심령 속에 떠오르는 계시의 별이다(벧후 1:19). 그 마음 속에 샛별이 떠오른 자만이 성경 속에 감추어진 진리를 정각할 수 있다. 어두운 밤이 지나면 동천에 새벽 별이 빛나듯 의식(意識)의 깊은 잠에서 깨어난 각자(覺者) 만이 예수의 새벽 별을 볼 수 있다.

그렇기 때문에 예수는 우리에게 깨어 있을 것을 부탁했다(마 24:42, 25:13, 26:41, 막 14:34-38, 눅 12:37, 21:36). 예수의 도맥을 이은 사도들도 성도들이 깨어 있을 것을 부탁했다(행 20:31, 고전 16:13, 살전 5:6, 벧전 5:8).

두아디라 교회의 이긴 자들에게 새벽 별이 약속된 것은 이 교회에는 믿음이 잠든 상태에 놓인 자가 많았기 때문이다.

(1) 두아디라 형(型)의 현대 교회들

지금 무당화하고 기복 종교로 변질된 교회를 살펴보면 각종 형태의 이세벨이 있음을 알 수 있다.

여자 신도가 압도적으로 많아 교회 재정의 대부분은 여자들의 주머니 사정에 민감하게 영향받는다. 이 때문에 목회자들은 여인의 눈치를 잘 살펴야 하고 잘못 보이면 목회를 제대로 할 수 없게 된다.

감성이 예민하고 지적인 판단력이나 이성적인 비판 능력이 부족한 여인들이므로 광신자가 되기 쉽고 산기도, 부흥회, 금식 집회에 참석하여 이상한 신비 체험을 한 다음, 교회에 돌아와 방언, 신유, 예언 기도를 함부로 하고 있다. 병들면 신유 기도를 받고, 사업에 실패하면 축복 기도를 받고, 앞날이 알고 싶으면 예언 기도를 받고, 마음이 답답하면 방언 기도를 받아야 마음이 놓이는 기독교 무당들이 얼마나 많은가. 무슨 권사의 민족 제단, 무슨 집사의 은사 집회, 무슨 여전도사의 방언 기도니 하면서 무리지어 다니는 여인들을 볼 때마다 이세벨이 연상된다. 자칭 유명한 부흥사라고 소문난 종교꾼들 주위에는 현대판 이세벨형의 여선지자와 능력자들이 많이 모여 있다.

방언을 성령받은 보증으로 착각하는 부흥사와 여인들 때문에 샤마니즘화 되어 가는 교회 속에서도 소수의 깬 무리들이 마음 속에 떠오르는 새벽 별을 볼 것이다.

제3장

[1절] 사데 교회의 사자에게 편지하라 하나님의 일곱 영과 일곱 별을 가지신 이가 이르시되 내가 네 행위를 아노니 네가 살았다 하는 이름은 가졌으나 죽은 자로다

사데는 두아디라에서 남쪽으로 30마일 정도 떨어진 곳에 위치한 도시였다. AD 17년에 지진으로 폐허가 되었다가 재건되었는데 사치와 음란으로 유명한 도시였다. 지진으로 파괴된 후 로마의 황제 티베리우스의 명에 의해 재건된 다음에도 옛날처럼 여전히 사치와 음란으로 병든 도시가 되었다.

이런 환경 속에 세워진 사데 교회가 어떻게 건전하게 존립할 수 있겠는가. 더구나 사데 사람들은 놀기를 좋아하고 춤을 즐기고 악기를 잘 다루는 나약한 낙천주의자들이었는데 사치와 음란의 사회 전통 속에서 부패와 무기력한 생활 습관에 빠져 있었다. 사치와 열락을 좋아하는 자는 살았으나 죽은 자와 마찬가지다(딤전 5:6, 약 5:5). 사데 교회도 살았으나 죽어가고 있는 교회였다.

(1) 사데 교회 천사에게 보낸 편지에서는 〈일곱 영과 일곱 별을 가진 이〉가 강조되고 있다. 일곱 영은 성령을 뜻하고 일곱 별은 칠성천사로서 모든 천사 세계를 뜻하므로 예수는 모든 하늘의 권세를 가진 분으로 사데 교회에 계시된다. 성령은 진리의 영이기 때문에(요 14:17, 15:26, 16:13, 요일 2:27, 4:6, 5:7), 예수의 진리를 완전히 증거할 수 있고, 천사는 부리시는 영(히 1:14)으로 구원의 사역을 할 수 있기 때문에 〈일곱 영〉과 〈일곱 별〉을 가진 존재로 나타난다. 사데 교회는 죽은 교회였기 때문에 그 심령들을 다시 부흥시키기 위하여 예수는 성령과 천사를 주관하는 분으로 나타난다.

(2) 사데 교회는 외형적으로 보면 건물이 있고, 교리가 있고, 의식이 있고, 교인들이 있는 교회이므로 살아있는 것처럼 보였지만 내면적으로 보

면 생명력이 없는 죽은 교회였다. 경건한 모양은 있으나 경건한 능력이 없는 자 같이(딤후 3:5), 사치와 열락, 부패와 무기력 속에서 춤을 추며 음악을 즐기는 예술적이고 퇴폐적인 사데 교인들은 살았으나 죽은 자였다.

[2절] 너는 일깨어 그 남은 바 죽게 된 것을 굳건하게 하라 내 하나님 앞에 네 행위의 온전한 것을 찾지 못하였노니

(1) 사데 교회는 완전히 죽은 것이 아니라 가사(假死) 상태에 있는 교회이기 때문에 사치와 열락에서 떠나 각성하면 다시 살아날 수 있음을 암시한다. 〈그 남은 바 죽게 된 것을 굳게 하라〉는 뜻은 그 죽지 않은 부분을 굳게 잡고 깰 수 있는 근거를 삼으라는 뜻이다. 사치와 쾌락에 탐닉해도 가책을 느끼는 신앙 양심이 한 가닥 남아 있으면 그 마음을 굳게 잡고 각성할 수 있는 근거로 삼아야 한다.

(2) 사데 교회에서 하나님은 행위의 온전함을 찾지 못했다. 이 성구에서 〈온전한 행위〉란 완덕(完德)을 의미함이 아니고 보통 인간이면 행할 수 있는 도덕적 행위를 뜻한다. 사치와 일락(逸樂)으로 죽은 자들에게 어떻게 완전한 행위를 요구할 수 있겠는가. 행위가 없는 신앙은 죽은 것이다(약 2:26).

[3절] 그러므로 네가 어떻게 받았으며 어떻게 들었는지 생각하고 지켜 회개하라 만일 일깨지 아니하면 내가 도둑 같이 이르리니 어느 때에 네게 이를는지 네가 알지 못하리라

(1) 사도들은 가난과 위험과 핍박과 죽음을 무릅쓰고 복음을 전했다(고후 11:23-28). 사도들에게 복음을 듣고 믿게 된 당시의 뜨거웠던 열심과 영적 체험과 사랑의 기쁨을 상기하여 회개하라는 뜻이다.

(2) 도적같이 임하겠다는 경고는 일곱 교회 중 사데 교회만 받았다. 깨어있지 않으면 멸망이 갑자기 임하는 법이다. 믿으면서도 일락에 빠진 자

들에게 도적같이 임하심은 다시 회개하고 구원받을 기회가 없는 징벌을 뜻한다. 심판의 날은 예기치 못할 때 돌연히 온다. 사치와 열락의 도시 폼페이가 베수비어스 화산의 폭발로 순식간에 멸망하듯 사데도 지진으로 망한 예가 있는 도시였다.

도적같이 오신다는 경고는 신앙이 잠든 상태에 있는 사람들에게 항상 하시는 말씀이다(마 24:43, 살전 5:2, 벧후 3:10, 계 16:15).

[4절] 그러나 사데에 그 옷을 더럽히지 아니한 자 몇 명이 네게 있어 흰 옷을 입고 나와 함께 다니리니 그들은 합당한 자인 연고라

사치와 부패와 열락으로 다 죽은 교회 속에도 적은 무리인 몇 명은 오염되지 않고 검소하고 경건한 신앙 생활을 했다. 옷이란, 올바른 행실을 뜻하는데(계 19:8), 흰 옷은 보혈에 속죄된 깨끗한 옷을 말한다(계 6:11, 7:9). 성도들의 옷은 육체적인 음란으로 더럽혀지면 안 된다(유 1:23).

[5절-6절] 이기는 자는 이와 같이 흰 옷을 입을 것이요 내가 그 이름을 생명책에서 결코 지우지 아니하고 그 이름을 내 아버지 앞과 그의 천사들 앞에서 시인하리라 귀 있는 자는 성령이 교회들에게 하시는 말씀을 들을지어다

⑴ 하나님도 흰 옷을 입었고(단 7:9), 예수도 흰 옷을 입었고(막 9:3), 천사들도 흰 옷을 입은 존재들이다(마 28:3, 계 19:14). 영적 존재들이 입는 옷은 직조된 천으로 만든 옷이 아니고 빛으로 직조된 완전 성결한 옷이다. 하나님도, 예수도, 천사도 다 흰 옷 입은 존재들이니 구원받은 성도들도 흰 옷을 입는다(계 7:9, 19:8, 22:14).

⑵ 생명책에 기록된 자만 구원받는다(단 12:1, 계 21:27). 악한 자의 이름은 생명책에서 도말되며(시 69:28), 생명책에 기록되지 못한 자들은 불 못에 던져진다(계 20:15). 악인의 이름은 흙에 기록된다(렘 17:13).

⑶ 예수를 주로 시인하고 믿고 따르면 예수도 우리를 하나님 앞에서 시인해 주신다(마 10:32-33, 눅 12:8-9). 그러나 예수를 주라 시인하고 믿고 따르면서도 행위가 없는 종교꾼들은 부인 당한다(마 7:21).

⑷ 사데 형(型)의 현대 교회들

퇴보하는 교회, 죽어 가고 있는 현대 교회는 모두 사데 형의 교회이다. 다른 종교와 마찬가지로 기독교도 이제 낡은 종교이므로 죽어가고 있는 교회를 갱생시킬 능력이 없다.

늙은 창녀가 천박한 웃음을 팔기 위해 짙은 화장을 하듯이 물질주의와 세속주의에 오염된 현대 교회들은 온갖 장식으로 치장하고 화려한 의식과 신학적 교리를 선전하고 사이비 신비주의를 팔아 대형화하고 있지만 신앙의 순결성과 내적 생명력을 상실한지는 이미 오래다.

교인들의 사치와 나약한 정신은 권력 앞에서는 무기력하고 돈 앞에서는 맥을 못추고 〈편안하게 믿고 천당 가겠다〉는 신앙 풍조가 유행가처럼 번져가고 있다. 사치하고 치부한 교회들은 세계 제일의 초대형 건물과 세계 제일의 헌금과 세계 제일의 교인수를 자랑하고 선전하지만 실상은 죽은 교회이다. 그러나 이런 죽은 교회 안에도 그 옷을 더럽히지 않은 자들이 있다. 일곱 교회 속에는 적은 무리이지만 반드시 〈이긴 자〉가 있음을 명심해야 한다.

[7절] 빌라델비아 교회의 사자에게 편지하라 거룩하고 진실하사 다윗의 열쇠를 가지신 이 곧 열면 닫을 사람이 없고 닫으면 열 사람이 없는 그가 이르시되

빌라델비아는 사데에서 동남쪽으로 28마일쯤 떨어진 위치에 세워진 도시로서 일곱 도시 중 연륜이 가장 얕은 도시였다. 해로와 육로가 발달한 교통의 요충지였기 때문에 선교하기에 편리한 도시였다.

이슬람 교도들이 소아시아를 휩쓸 때도 빌라델비아 교회는 굳건히 신앙을 지켰고 신앙의 기치를 날렸다. 「요한계시록」에 등장하는 일곱 교회 중 꾸중을 듣고 나무람을 당한 다섯 교회는 다 망해 그 자리가 폐허가 되었지만, 지금까지 남아 있는 교회는 서머나와 빌라델비아 교회임을 생각하면 우리는 깊은 교훈을 얻어야 한다.

⑴ 빌라델비아 천사에게 보낸 편지 서두에는 〈거룩하고 진실하사 다윗의 열쇠를 가지신 이〉가 강조되고 있다. 왜 거룩과 진실한 이, 다윗의 열쇠를 가진 이가 강조될까? 이것은 빌라델비아 교인들이 거룩하고 진실하게 살 것을 바라는 하나님의 심정이 암시되어 있다.

하나님은 거룩한 존재이다(레 11:45, 19:2). 예수도 거룩한 자이다(막 1:24, 6:69). 이 때문에 성도들에게도 거룩할 것을 요구하신다. 하나님은 참된 존재이다(롬 3:4). 예수도 참된 자이다(요 1:14, 14:6, 요일 5:20, 계 19:11). 이 때문에 성도들에게도 참될 것을 요구하신다.

성성(聖性)과 완덕(完德)은 인간 실존의 궁극적인 목표이다. 그러므로 예수도 우리에게 하나님의 온전하심 같이 온전하라 했다(마 5:48).

⑵ 다윗의 열쇠는 무슨 열쇠인가?

이 성구는 「이사야」 22장 22절에서 인용되었는데 하나님의 나라를 열고 닫을 〈진리의 나라 열쇠〉를 뜻한다. 이사야나 에스겔이 예언한 다윗이란 죽은 다윗 같은 세속적인 왕권을 가진 자가 아니라 진리의 참 목자를 말한다(겔 34:23-24).

예수는 빌라도를 향해 자기는 진리의 왕임을 선언했다(요 18:36-37). 말씀이 이루어진 하늘나라는 진리로 다스리는 영원한 나라다.

하나님의 말씀은 〈은폐되고 계시된 진리〉인 동시에 〈계시되고 은폐된 진리〉이므로 진리의 왕이 소유한 열쇠가 아니면 열고 닫을 수 없다. 〈은폐되고 인봉된 말씀〉을 열 수 있고 〈계시되고 개봉된 말씀〉을 닫을 수 있는 열쇠를 예수는 베드로에게 허락해 주었다(마 16:19).

[8절] 볼지어다 내가 네 앞에 열린 문을 두었으되 능히 닫을 사람이 없으리라 내가 네 행위를 아노니 네가 작은 능력을 가지고서도 내 말을 지키며 내 이름을 배반하지 아니하였도다

⑴ 열린 문이란 하늘에 들어가는 문이다.

그러나 아직 땅 위에 하늘나라가 건설되지 않고 또 완전구원 받은 성도들이 아직 없는 입장이고 보니 이 문은 〈계시의 문〉으로 해석하는 것이 옳다. 사도 요한도 〈열린 문〉을 통해 〈예수 그리스도의 계시〉를 받았다(계 4:1). 깨고 깨어 신부 준비를 한 자에게는 문은 열려 있지만 잠든 자에게는 닫힌 문이다(마 25:10 참조).

빌라델비아 교회는 일곱 교회 중 교인들의 수가 가장 적고 또 가난한 교회였으나 성성(聖性)과 완덕(完德)을 목적한 성도들이 있는 교회이므로 하늘의 문을 열어두지 않을 수 없다.

⑵ 적은 능력이란 정신적, 영적 능력이 부족하다는 말이 아니라 교인의 수가 적고 가난한 자들이므로 사회적으로 영향력이 없다는 뜻이다.

빌라델비아에 살고 있던 유대인들은 막강한 경제력으로 사회적인 지위도 높았고 권력자들과 유착하여 성도들을 박해했기 때문에 9절에 이들을 〈사탄의 회, 곧 자칭 유대인〉이라고 표현하고 있다. 유대인에 비하면 빌라델비아 교인들의 정치적, 경제적, 사회적 능력은 미약했다. 그러나 정신적, 도덕적, 종교적 능력은 갖고 있었기 때문에 하나님은 거룩함과 진실함을 요구했다.

[9절] 보라 사탄의 회당(개역한글 : 회) 곧 자칭 유대인이라 하나 그렇지 아니하고 거짓말 하는 자들 중에서 몇을 네게 주어 그들로 와서 네 발 앞에 절하게 하고 내가 너를 사랑하는 줄을 알게 하리라

⑴ 사탄의 회 – 2장 9절 풀이 참조.

⑵ 교인들을 박해하던 유대교 광신자 몇 명이 무슨 연고로 굴복하여 절하게 되었을까? 이것은 그들이 기독교로 개종했거나 갑자기 겸손해졌다는 뜻이 아니다. 유대교 광신자들이 스스로 와서 절할 까닭이 없다. 그들이 절한 것은 하나님이 억지로 시켜서 한 강권 굴복이었을 것이다. 굴복한 몇 명은 하나님의 징계를 받아 병에 걸렸거나 경제적 타격을 받

았기 때문에 기독교인들을 핍박한 자신의 과격한 행동을 뉘우치는 정도였을 것이다.

이 성구의 마지막 말씀 〈내가 너를 사랑하는 줄 알게 하리라〉한 것을 보면, 유대인들이 몇 명 본보기로 징계 받은 사실을 짐작할 수 있다.

[10절] 네가 나의 인내의 말씀을 지켰은즉 내가 또한 너를 지켜 시험의 때를 면하게 하리니 이는 장차 온 세상에 임하여 땅에 거하는 자들을 시험할 때라

⑴ 십자가에 죽으시기까지 참으셨기 때문에 예수의 도는 〈인내의 말씀〉이 된다. 성도들은 고난 가운데서 이 말씀을 사수(死守) 해야 한다(히 12:1-2). 십자가를 증거할 때 핍박, 궁핍, 고난, 시험이 있어도 모든 것을 참아야 한다(히 10:36 참조).

⑵ 〈인내의 말씀〉을 고난을 받으면서 지켰기 때문에 그 상급으로 예수는 빌라델비아 교회를 지켜주고 시험의 때를 면케 해 준다고 약속했다. 그들은 이미 마귀의 시험, 사탄의 회당(會)의 핍박을 인내로 넘어섰기 때문이다. 그들은 말세에 있을 시험의 때를 선험적으로 체험하여 고난과 인내의 양(量)을 채웠다.

[11절] 내가 속히 오리니 네가 가진 것을 굳게 잡아 아무도 네 면류관을 빼앗지 못하게 하라

⑴ 고난을 참고 죽음을 두려워하지 않는 참된 성도들은 항상 재림을 고대하는 종말론적인 시간 속에서 깬 자의 생활을 한다. 칭찬받은 빌라델비아 교인들도 각성된 생활을 했기 때문에 〈속히 임하리라〉고 약속했다.

⑵ 네가 가진 것을 굳게 잡아 – 2장 25절 해석 참조.

⑶ 경주장에서 최후까지 힘써 달리는 자의 끈기와 노력이 없이는 생명

의 면류관을 얻을 수 없다(고전 9:24, 히 12:1-2 참조). 칭찬을 듣고 자만하거나 게으르면 더 빨리 달려가는 자에게 면류관을 빼앗길 것이다. 성도들이 달려가야 할 고난의 도정(道程)은 단거리 경주가 아닌 장거리 마라톤임을 명심해야 한다.

[12절-13절] 이기는 자는 내 하나님 성전에 기둥이 되게 하리니 그가 결코 다시 나가지 아니하리라 내가 하나님의 이름과 하나님의 성 곧 하늘에서 내 하나님께로부터 내려오는 새 예루살렘의 이름과 나의 새 이름을 그이 위에 기록하리라 귀 있는 자는 성령이 교회들에게 하시는 말씀을 들을지어다

(1) 하나님 성전의 기둥

솔로몬은 성전을 지을 때 레바논에서 벌목한 백향목을 사용했다(왕상 5:1-12 참조). 히람이 보낸 백향목으로 솔로몬은 성소와 지성소를 단장하는 널판과 기둥으로 사용했고, 궁전을 지을 때도 백향목으로 기둥을 세웠다(왕상 6:15-22, 7:1-8 참조).

키가 크고 높은 레바논의 백향목은 지혜천사를 상징하는 나무였다(겔 31:3, 31:10 참조). 지혜천사는 하나님 성전의 기둥이었는데 그가 교만하여 성전에서 나간 존재가 되었다. 제 위치를 떠났다(유 1:6).

그러나 구원받은 성도가 기둥이 될 때 그들은 새 성전에서 나가는 일이 없을 것이다. 어찌하여 성도들은 타락하지 않는 기둥이 될 수 있는가? 그들의 이마에는 삼위신의 이름이 새겨졌기 때문이다(계 14:1). 하나님의 이름과 예수의 새 이름과 신부(성령)인 새 예루살렘의 새 이름이 각인(刻印) 된 존재들이므로 다시 타락할 수 없다.

(2) 하나님의 이름, 예수의 새 이름, 새 예루살렘의 이름,

예수의 이름도 새 이름이고, 신부인 예루살렘도 새 이름인데, 왜 하나님의 이름은 새 이름이라는 말이 없는가?

유대교는 하나님의 이름을 여호와로 착각했고, 기독교도 하나님의 이름을 여호와로 오해하고 있다. 하나님은 이름이 없는 존재이므로 낡은

이름과 새 이름이 있을 까닭이 없다. 그러나 예수의 이름과 예루살렘의 이름은 타락한 인간들의 입에 회자(膾炙) 됨으로써 더럽혀진 이름이 되었기 때문에 새 이름이 있게 된다.

아무나 부를 수 없고 받는 자 밖에는 알 수 없는 새 이름은 영원히 더럽혀지지 않을 비명(秘名)을 뜻한다(계 2:17 해석참조).

⑶ 빌라델비아 형(型)의 현대 교회들

일곱 교회 중 다섯 교회는 책망 받고 지금은 그 자리가 폐허로 변했지만 가난한 서머나 교회와 작은 빌라델비아 교회만 지금까지 남아 있다.

대재벌의 기업 모양 초 대형화를 자랑하는 건물교회는 나중에는 다 버림받아 폐허가 될 것이다. 지금 교회는 주식회사로 변질되고 있고 바겐세일의 백화점 모양 부자들과 텅빈 인간들이 차서 넘치고 있다.

가난한 서머나 교회 모양 불우한 이웃과 함께하며 고통받는 자들과 아픔을 나누는 교회가 몇 개나 될까? 교인 수는 적지만 빌라델비아 교회는 거룩하고 진실한 생활을 하는 사람들이 있는 산 교회였다. 교회는 작을수록 좋다. 성경에서 볼 수 있는 최대 단위의 교회는 120명이 모인 오순절 교회였다(행 1:15).

⑷ 3명에서부터 120명까지의 교회가 성경이 우리에게 제시하고 있는 이상적인 교회임을 깊이 깨달아야 한다. 120명이 넘으면 한 목자가 개개인을 인격적으로 교제할 수 없고 그들의 길흉사도 함께할 수 없기 때문에 교회를 조직화하게 되고 교리화하게 된다. 조직화되고 교리화되면 그 교회는 생명을 상실하고 인간을 교리의 주형(鑄型)에 찍어 내고 조직으로 관리하여 얽어 놓으려 한다.

지금 대형 건물을 짓기 위해 온갖 명목으로 건축 헌금을 강요하는 교회들은 본질적으로 비성경적인 상업교회(商業敎會)요 주식회사 교회이다. 3명에서 120명까지 모이는 공동체는 사랑으로 연합한 가족적인 교회이기 때문에 화려한 건물을 지을 필요가 없다.

오순절 교회도 마가 요한의 다락방이었다. 서머나 교회와 빌라델비아 교회를 귀감삼아 인격적인 사랑의 공동체를 이룬 자만이 칭찬받을 것이다.

[14절] 라오디게아 교회의 사자에게 편지하라 아멘이시요 충성되고 참된 증인이시요 하나님의 창조의 근본이신 이가 이르시되

라오디게아는 빌라델비아 동남쪽 브르기아 지방에 세워진 부유한 상공업 도시였다. 에베소로부터 동방으로 수리아에 이르는 중요한 무역로의 요충지였기 때문에 금융업이 성했고 큰 은행들이 많은 도시였다. 또 이 도시는 유명한 검은 양털의 집산지였기 때문에 양모로 짠 고급 모직의 생산지였고 제약업도 발달했는데 특히 안약이 유명했다.

이처럼 상공업이 발달한 도시에 세워진 라오디게아 교회는 차지도 않고 덥지도 않은 교회였다. 경제적으로 부자인 교인들은 영적으로는 빈곤한 자였고 고급 모직 옷을 입고 다녔으나 실상은 벌거벗은 자들이었다.

⑴ 라오디게아 교회의 천사에게 보낸 편지 서두에는 〈아멘이시요 충성되고 참된 증인이시요 하나님의 창조의 근본이신 이〉가 강조되고 있다. 이것은 라오디게아 교인들이 확신(아멘)에 찬 믿음이 없고 충성된 증거도 하지 못하는 미지근한 자들이므로 다시 창조해야 할 인간들임을 암시하고 있다.

⑵ 아멘은 히브리어로 〈진실〉을 뜻한다.

〈진실이라는 말씀〉이 인격화한 사람이 곧 예수였기 때문에 그는 참된 증인, 충성된 증인이 된다. 예수는 하나님의 말씀과 약속을 다 성취시킨 〈아멘의 하나님〉이었다(사 65:16 참조). 그러므로 우리가 기도할 때 예수의 이름으로 기도하고 〈아멘〉해야 한다(요 14:13, 15:7).

⑶ 창조의 근본이신 이 – 이것은 만물이 그에게서 시작되었다는 뜻이다. 만물은 예수로부터 비롯되었고 그는 창조의 근본이며 다른 모든 피조물보다 먼저 나신 자다(요 1:3, 골 1:16, 히 1:2).

[15절] 내가 네 행위를 아노니 네가 차지도 아니하고 뜨겁지도 아니하도다 네가 차든지 뜨겁든지 하기를 원하노라

찬 것은 냉담한 불신앙을 뜻하고 더운 것은 신앙의 정열로 사랑을 실천하는 그리스도인의 열기를 뜻한다.

라오디게아 교인들은 불신앙의 이방인도 아니고 그렇다고 예수를 열렬하게 믿는 신앙인도 아닌 얼치기들이었다. 그들은 신앙을 부유한 자들의 취미 정도로, 교회를 사교장 정도로 생각하는 메스꺼운 자들이었다. 기독교가 새 종교로 등장하고 있으니 유행하는 옷을 걸치듯, 호기심으로 교회에 나오는 부르조아적 태도를 가지고 있었다. 그렇기 때문에 한 발로는 상업주의에 오염된 세상을 밟고 한 발로는 교회를 밟고 선 기회주의 자들이었고 편하고 적당하게 믿는 〈타협된 신앙〉을 소유한 자들이었다.

믿는 것도 아니고 안 믿는 것도 아닌 무사안일주의에 빠져 미지근한 자들이었기 때문에 하나님은 강력한 말씀으로 결단을 촉구하고 있다.

[16절] 네가 이같이 미지근하여 뜨겁지도 아니하고 차지도 아니하니 내 입에서 너를 토하여 버리리라

신앙의 결단이 없는 미지근한 자들은 구토(嘔吐)스러운 존재이다. 되지 못하면서 된 줄로 생각하면 스스로 속이는 것인데(갈 6:3), 미지근한 자들은 자신을 속이고 하나님을 만홀히 여기는 자들이다.

돈과 하나님을 겸해 섬기고 세상과 교회를 동시에 사랑한 라오디게아 교인들은 하나님이 보시기에 역겨운 자들이었다. 먹기에 역(逆)한 음식은 토해 낸다. 이와 마찬가지로 라오디게아 교인들도 하나님이 잡수실 수 없는 메스꺼운 존재들이기 때문에 토해 내겠다고 했다.

[17절] 네가 말하기를 나는 부자라 부요하여 부족한 것이 없다 하나 네 곤고한 것과 가련한 것과 가난한 것과 눈 먼 것과 벌거벗은 것을 알지 못하는도다

⑴ 물질적으로 부요하여 부족한 것이 없는 자들이었으나 신앙은 빈곤하고 정신적으로는 텅 빈 가련한 자들이었다. 이들의 영적 빈곤은 한심한 상태에 놓여 있었다. 부(富)에 안주하여 신앙을 문화인의 취미 정도로 생각하고 주일이나 교회에 출석하여 헌금을 많이 하면 천당간다고 착각하는 자들의 정신적인 빈곤은 동서고금을 막론하고 다를 바 없다.

물질적으로 부요하면 영적으로 텅 빈 인간이 되고 영적으로 부요하면 경제적으로 가난한 현상은 하나님과 돈을 겸해 섬길 수 없기 때문이다(마 6:24).

⑵ 외식과 교만으로 뭉친 바리새인들은 열심으로 하나님을 믿었으나 예수를 몰라 본 눈뜬 소경이었다(요 9:39–41). 형식적으로 신앙생활을 하고 교회 의식이나 참여하는 것으로 만족한 라오디게아 교인도 영적으로 개안(開眼) 못한 소경이었다. 물질을 보는 육신 눈은 날카로왔으나 진리를 보는 마음의 눈은 소경이었다(엡 1:18).

⑶ 벌거벗은 상태는 신앙의 열매인 선행이 없는 것을 뜻한다. 성도의 옳은 행실은 옷이다(계 19:8). 또 성도들이 입을 옷은 의의 옷이다(시 132:9, 사 61:10). 교리와 의식(儀式) 의 화려한 옷을 입은 자들은 실상 벗은 자들이다(계 16:15, 마 22:11–13 참조).

[18절] 내가 너를 권하노니 내게서 불로 연단한 금을 사서 부요하게 하고 흰 옷을 사서 입어 벌거벗은 수치를 보이지 않게 하고 안약을 사서 눈에 발라 보게 하라

⑴ 불로 연단한 금은 불순물이 제거된 순금을 말하는데, 이것은 순수무잡한 신앙을 말한다(벧전 1:7).

십자가의 길은 고난과 핍박과 죽음의 길이므로 인내와 용기로 극복하여 승리하면 그 믿음은 정금처럼 연단되어 영적으로 부요한 자가 된다.

⑵ 흰 옷은 성결한 예복인데 성도들의 옳은 행실을 뜻한다(계 3:4,

19:8). 행위가 없어 벌거벗은 자들이 되었으므로 의로운 행위를 하는 것이 흰 옷을 사는 것이다.

예수가 명한 〈사랑의 계명〉을 지키는 것이 곧 옷이다.

(3) 마음의 눈을 밝게 하는 안약은 성령의 고침을 뜻한다.

예수가 소경을 눈뜨게 할 때 바른 안약은 침이었다(막 8:22-25). 타액을 진흙에 이겨 소경의 눈에 바른 것은(요 9:6), 재창조를 뜻한다. 인간은 흙으로 지음 받은 존재요 하나님은 토기장이므로(사 64:8), 예수도 인간 창조의 소재인 진흙과 생기의 요소인 침을 혼합하여 눈먼 소경을 개안시켰다.

(4) 연단한 금, 흰 옷, 안약도 사라고 했는데 이것은 돈을 주고 사는 매매 행위가 아니라 값 없이 주는 은혜요 선물이다(사 55:1).

[19절] 무릇 내가 사랑하는 자를 책망하여 징계하노니 그러므로 네가 열심을 내라 회개하라

(1) 이 성구에 나오는 사랑은 〈필리아의 사랑〉 곧 따스한 애정의 형제 사랑이다.

빌라델비아 교회는 영적수준이 높아 〈아카페의 사랑〉을 받고 칭찬 받았으나(9절), 메스꺼운 라오디게아 교인들에게는 〈필리야의 사랑〉이 적당했다. 고상한 〈아카페의 사랑〉도 아니고 성적인 〈에로스의 사랑〉도 아닌 우호적인 형제애인 〈필리아의 사랑〉을 베푸시는 하나님의 심정이 눈물겹도록 고맙다. 토해내고 싶도록 역겨운 자들인데도 하나님은 〈필리아의 사랑〉을 베풀어 그들이 회개할 것을 권고하고 있다. 하나님은 사랑하는 자들을 책망한다(히 12:6-12, 잠 3:12).

(2) 미지근한 자들이므로 열심을 내어 회개할 것을 촉구하고 있다. 처음에는 차든지, 더웁든지 양자택일의 결단을 요구했으나 진정 하나님은 열심을 내어 회개할 것을 바란다.

[20절] 볼지어다 내가 문 밖에 서서 두드리노니 누구든지 내 음성을 듣고 문을 열면 내가 그에게로 들어가 그와 더불어 먹고 그는 나와 더불어 먹으리라

⑴ 내가 문 밖에서 두드리노니 – 일곱 교회 사이에서 방황하는 예수는 오늘도 교회 밖에서 문을 두드리고 있다. 교회문과 마음의 문을 잠그고 그들은 여호와를 부르면서 예배를 보고 있다. 지금도 교회문 밖에서 문을 두드리면서 열어 줄 것을 기다리는 예수를 영접하여 예배 보아야 한다.

⑵ 예수의 음성은 그에게 속한 자들만 알아 듣는다(요 10:1–4 참조).

예수가 문 밖에서 문을 두드리는데 그의 음성을 알아듣지 못하는 이유는 이들이 천사에게 속했기 때문이다.

⑶ 예수의 음성을 알아듣고 그를 영접하면 한 식탁에서 먹을 수 있다.

하늘나라는 예수를 모시고 진리의 떡과 포도주를 먹고 마시는 곳이다. 예수를 관념적으로 또는 교리적으로 영접해서는 안 된다. 교회의 문을 열고 예수를 영접하는 구체적인 방법은 무엇인가? 예수가 주릴 때 먹을 것을 주고, 목마를 때에 마시게 하고, 나그네 되었을 때 영접하고, 벗었을 때 옷을 입히고, 병들었을 때 돌아보고, 옥에 갇혔을 때 위로하는 것이 예수를 영접하는 행위인데, 이것은 곧 고난받고 억눌림을 당하는 가난한 이웃을 사랑하는 것이다(마 25:31–46 참조).

고난받는 이웃을 영접하고, 가난한 자를 돌봐주고, 병든 자들을 위로하고, 옥에 갇힌 자와 아픔을 함께하는 것이 예수를 영접하는 구체적이고 실존적인 방법임을 깊이 인식하여 실천해야 한다. 이렇게 예수를 영접하지 않은 자는 버림을 당할 것이다.

[21절–22절] 이기는 그에게는 내가 내 보좌에 함께 앉게 하여 주기를 내가 이기고 아버지 보좌에 함께 앉은 것과 같이 하리라 귀 있는 자는 성령이 교회들에게 하시는 말씀을 들을지어다

이기는 자는 예수와 함께 동석(同席)할 보좌가 약속된다. 얼마나 복된 약속인가.

메시야 왕국이 도래하면 첫째 부활에 참여한 성도들은 예수와 더불어 제사장이 되어 다스릴 것이다. 예수가 앉을 보좌는 제정일치(祭政一致)의 보좌이다. 그 보좌에 첫째 부활한 성도들도 함께 앉아 왕 같은 제사장의 권한으로 다스릴 것이다(계 20:4-6, 벧전 2:9 참조).

⑴ 라오디게아 형(型)의 현대 교회들

현대에 세워진 대부분의 교회는 라오디게아 형의 교회이다. 형식적인 교리와 의식만 있을 뿐 속은 텅 빈 사치한 교회들이 대부분이다. 물질적인 부요 속에 안주하여 무사안일한 태도로 미지근한 신앙생활을 하면서 일요일이면 패션모델처럼 유행하는 옷을 화려하게 차려 입고, 새로 구입한 자가용을 타고 교회에 출석하여 헌금을 하고, 목사의 축복 기도를 받고, 값진 외식(外食)을 즐긴 후 드라이브 하면서 천당가는 환상에 젖은 교인들을 양산(量産)해 내고 있는 교회가 현대의 교회이다. 이런 교회의 눈에는 가난한 자, 병든 자, 소외당한 자, 고난 받는 이웃이 보이질 않는다.

현대인은 경제적으로 윤택하고 부요하지만, 정신적으로는 텅 빈 허깨비들이고 화려하게 옷은 입고 있지만 도덕적으로는 벌거벗은 위선자들이다. 일상의 늪에 빠져 실존적인 물음이나 문제 제기도 없이 기계적으로 교회에 출석하여 소속감이나 확인하는 정도의 신앙으로 만족하고 있다. 〈보다 편하게 하나님을 믿자〉는 신앙 태도 때문에 고난의 십자가는 교회의 상표(商標)로 의미가 있을 뿐이다.

그러나 이런 교회 속에서도 이기고 나오는 적은 무리가 있을 것이다.

⑵ 일곱 교회의 편지를 통해 우리는 무엇을 깨닫는가?

첫째, 사도 이후 이 땅 위에 세워진 건물 교회는 칠성천사가 주관하는 구약 교회라는 사실을 대각(大覺)해야 한다. 기독교가 하나님의 이름을 여호와로 부르는 사실이 유대교를 전승한 구약적인 종교임을 자증(自證)하고 있다. 예수는 교회 밖에서 문을 두드리고 성령은 교회 밖에서 말씀하고 있는 사실을 깊이 인식해야 한다. 편지의 수신인이 천사임을 깨닫고 기독교를 믿는 자가 아니고 예수를 믿는 자가 되어야 한다.

둘째, 칠성교회에서 〈이긴 자〉만이 약속을 받고 있는 사실을 정각(正覺) 해야 한다. 야곱은 천사(여호와)와 씨름하여 이겼기 때문에 이스라엘이 되었는데 이 도비(道秘)를 깨달아 칠성천사를 이기고 기독교를 초극하는 자만이 참 이스라엘이 된다. 예수 안에 있는 자들은 세상을 능히 이길 수 있음을 성경은 역설하고 있다(롬 8:37, 요일 4:4, 5:4-5). 이긴 자만 약속을 받는다. 천사를 초극하고 구약적 기독교를 초월한 고귀한 존재만이 첫째 부활에 참여할 수 있다.

세째, 일곱 교회 중 칭찬받는 교회는 서머나와 빌라델비아 두 교회뿐이다. 가난하고 작은 두 교회만 칭찬을 받고 현대까지 남아 있을 뿐 다섯 교회는 꾸중을 듣고 지금은 그 자리가 폐허로 변했다.

예수가 이 땅에 오신 목적은 가난한 자에게 복음을 전하고, 눌린 자를 자유케 하고, 눈먼 자를 다시 보게 하고, 포로된 자를 자유케 하기 위해서 왔다(눅 4:18-19, 사 61:1-2).

예수의 도맥을 이어받은 서머나와 빌라델비아 교회는 가난한 자와 함께하고, 병든 자, 소외된 자, 눌린 자와 고통을 같이한 교회이다.

두세 사람이 일심(一心)이 된 미니 교회와 120명의 사랑의 공동체가 된 오순절 교회가 참 교회임을 깨달아 초대형 건물을 짓고 화려하게 꾸미는 교회는 무너질 교회임을 명심해야 한다.

제4장

[1절] 이 일 후에 내가 보니 하늘에 열린 문이 있는데 내가 들은 바 처음에 내게 말하던 나팔 소리 같은 그 음성이 이르되 이리로 올라오라 이 후에 마땅히 일어날 일들을 내가 네게 보이리라 하시더라

4장부터는 새로운 차원에서 계시가 전개된다.

일곱 교회의 편지를 받을 때 요한은 몸과 마음이 분리되지 않은 상태에서 계시를 받았다. 그러나 4장부터 전개되는 계시를 받기 위해 요한은 하늘로 올라간다. 바울이 셋째 하늘에 올라가 계시를 받을 때 〈몸 밖에 있었는지 몸 안에 있었는지 모르는 상태〉 속에서 받았다(고후 12:1-4). 다시 말하면 탈혼(脫魂) 상태의 황홀경(恍惚境) 속에서 계시 받았던 것이다. 바울과 마찬가지로 요한도 동일한 영적 경험을 하고 있다.

⑴ 이 일 후에 내가 보니 - 일곱 교회에 보내는 편지를 계시받은 후에 전개되는 새 계시의 마당을 뜻한다. 일곱 교회에 보내는 편지는 평면적인 땅의 차원에서 받았지만 4장 1장부터는 입체적인 하늘의 차원에 올라가 받는 계시이다.

⑵ 하늘에 열린 문 - 이 문은 하나님의 비밀을 열어 보이는 〈계시의 문〉을 뜻한다. 스데반이 본 열린 하늘도(행 7:56), 베드로가 본 열린 하늘도(행 10:11), 하나님의 비밀을 열어 보여주는 계시의 하늘이었다.

⑶ 이리로 올라오라 - 평면적인 계시에서 입체적인 계시에로의 전환을 뜻한다. 바울이 셋째 하늘에 올라가 〈예수 그리스도의 비밀〉을 계시받은 것처럼 요한이 올라간 하늘도 셋째 하늘이었을 것이다.

셋째 하늘, 곧 낙원은 하나님의 비밀을 깨달을 수 있는 하늘이다. 이 때문에 시조 아담도 낙원에서 생명나무 열매를 따먹는 비밀을 계시받기 위해 구도하다가 타락했던 것이다. 아담이 올라간 하늘이 낙원인 셋째 하늘이므로 타락한 인간은 셋째 하늘 이상의 하늘에는 올라갈 수 없다.

셋째 하늘은 〈계시의 하늘〉이기 때문에 바울도 그곳에 올라가 〈말할 수 없는 말〉을 듣고 십자가의 도비(道秘)를 깨달았던 것이다.

[2절-3절] 내가 곧 성령에 감동되었더니 보라 하늘에 보좌를 베풀었고 그 보좌 위에 앉으신 이가 있는데 앉으신 이의 모양이 벽옥과 홍보석 같고 또 무지개가 있어 보좌에 둘렸는데 그 모양이 녹보석 같더라

(1) 성령에 감동하였더니 – 이것은 요한이 탈혼이나 입신 상태의 황홀경에서 계시받고 있음을 뜻한다.

(2) 보좌에 앉으신 이 – 이 분은 하나님을 뜻한다.

하나님을 본 자는 아무도 없다(요 1:18). 구약의 하나님은 천사(여호와)였는데 모세는 여호와의 등만 보았을 뿐 얼굴을 보지 못했다(출 33:20-23). 이사야도 여호와를 본 듯 말했으나 스랍의 날개로 그 얼굴을 가리운 존재를 보았다(사 6:1-5).

요한이 본 하나님의 모습은 색채로 추상화되고 있다. 하나님의 모양이 홍보석 같고 벽옥 같다고 했다. 벽옥은 투명한 하늘색, 홍보석은 붉은색인데, 하늘색과 붉은 색은 태극(太極)을 의미한다. 보좌에 앉으신 이의 모양이 태극으로 추상화되어 계시되고 있다.

태초에 인간을 창조할 때 하나님의 형상대로 남자와 여자를 창조했다(창 1:26).

(3) 보좌를 옹위한 무지개, 이것은 천사 세계 전체를 7색(七色)으로 추상화한 것이다(『성경의 원리』 중권 「노아의 포도주 사건」 중 '무지개' 참조).

일곱 색으로 완전 조화된 무지개는 천사 세계의 만덕(萬德)과 만선(萬善)의 조화와 통일을 말한다. 그런데 이 무지개가 녹색으로 보이는 것은 녹색은 생명계를 상징하는 색깔이므로 모든 천사들의 살아있는 생명력을 뜻한다. 하나님은 생명을 창조한 존재이므로 그를 옹위한 무지개 전체가 녹색으로 보인 것은 피조된 생명계를 천사 세계가 대표하고 있음을 말한다.

에덴동산에서 아담이 구도할 때 그곳에는 각종 나무(각종 천사)와 선악나무(지혜천사)와 생명나무(예수) 가 있었는데 나무의 색깔은 다 초록색이다. 천사 = 나무 = 녹색이다. 이렇게 연상(聯想)해 보면 무지개로 추상화한 천사 세계가 녹색으로 보이는 뜻이 명확하게 이해될 것이다.

[4절] 또 보좌에 둘려 이십사 보좌들이 있고 그 보좌들 위에 이십사 장로들이 흰 옷을 입고 머리에 금관을 쓰고 앉았더라

24장로, 이들은 누구인가? 어떤 존재이기에 보좌에 앉아 금면류관을 쓰고 있는가? 하나님처럼 보좌에 앉아 있고 금면류관을 머리에 쓰고 있는 것을 보면 이들은 천사보다 뛰어난 신적존재(神的存在)들임을 알 수 있다.

5장 8절에 보면 24장로들이 향이 가득한 금대접을 가지고 성도들의 기도를 하나님 앞에 상달하는 것을 보면 24장로는 제사장임을 알 수 있다. 그럼 24장로는 어떤 계통의 제사장들인가? 이들은 레위 지파 아론 계통의 제사장은 아니다. 구약의 제사장들이 하늘의 보좌에 앉아 있을 수 없다. 그러나 하늘의 식양(式樣)을 본따 성막과 제사장을 만든 구약이므로 구약의 제사장 계통도 24반열이 있었다(대상 24:7-18 참조).

그러나 혈맥을 따라난 레위 계통의 제사장들은 영원한 제사장이 될 수 없으므로 예수는 멜기세덱의 반차를 따라 영원한 대제사장이 되었다(히 5:10, 6:20, 7:11-15). 멜기세덱은 하늘의 영원한 대제사장이므로 24장로는 멜기세덱 반차의 제사장임을 알 수 있다.

방위(方位)에 24방위가 있고 절기(節氣)에 24절기가 있고 시간에 24시가 있듯, 24장로는 하나님을 옹위한 인격공간(人格空間)과 인격시간(人格時間)의 다양성과 조화성과 통일성을 상징하는 평화의 제사장들이다.

흰 옷은 완전한 성결을 의미하고 금면류관은 영광으로 빛나는 왕관을 뜻한다. 그러므로 24장로는 청정(清淨)한 왕 같은 제사장들이다.

[5절] 보좌로부터 번개와 음성과 우렛소리(개역한글 : 뇌성)가 보좌 앞에 켠 등불 일곱이 있으니 이는 하나님의 일곱 영이라

⑴ 구약의 모세는 시내산에서 십계를 받을 때 번개와 뇌성 가운데서 여호와의 음성을 들었다(출 19:16).

번개와 뇌성은 하나님의 위엄, 능력, 심판의 상징이다(시 29:3-11). 또 번개와 뇌성은 의식(意識)이 잠든 존재를 깨우치는 말씀을 뜻한다. 무기물인 잠든 바위로부터 인간의 잠든 의식에 이르기까지 전 생명권을 깨우쳐 살아 움직이는 생명이 되게 한 것이 번개와 우레였다. 다시 말하면 잠든 바위를 깨우쳐 원생동물(原生動物)이 되게 하고, 나아가 어류, 양서류, 파충류, 조류, 포유류에 이르게 하고, 포유류의 맨 윗가지에 잠든 의식을 깨우쳐 인간을 창조한 말씀의 원동력, 곧 에너지가 하나님 보좌로부터 나오는 번개와 뇌성이었다. 번개와 뇌성이 울리지 않으면 전 생명계는 깨어날 수 없다.

하나님은 말씀인데(요 1:1) 이 말씀은 생명을 창조하고 진화시키는 무한한 에너지이기 때문에 번개와 뇌성으로 상징화 된다. 죽은 자를 일으키고 소경을 눈뜨게 하고 문둥병을 깨끗하게 하신 예수의 말씀은 번개와 우레의 말씀이었다.

사도 요한이 우레의 아들이 된 것은 말씀의 도맥을 이어받은 것을 암시한다(막 3:17). 요한이 오메가의 말씀인 계시록을 기록하게 된 것도 그가 말씀의 도맥을 이어받은 사도이기 때문이었다.

⑵ 일곱 등불 = 일곱 영

구약의 지성소에도 일곱 등불이 있었는데 이것은 천상(天上)의 일곱 등불을 모방하여 만들었다(출 25:31-40 참조). 일곱 등불은 일곱 영인데 이것은 성령의 완전함을 상징한다. 일곱 등불은 일곱 눈으로도 나타나는데(슥 4:10), 이것은 어둠을 뚫어보는 성령의 전지성(全智性)을 말한다.

[6절] 보좌 앞에 수정과 같은 유리 바다가 있고 보좌 가운데와 보좌 주위에 네 생물이 있는데 앞뒤에 눈들이 가득하더라

⑴ 보좌 앞에 있는 수정같은 유리 바다.

이 세상 사람들은 더러운 물, 곧 음녀의 바다에 세워졌다(계 17:15). 멸망할 세상 나라의 권세는 천사들에게 경배하고 얻은 것이다.

마귀는 세상 나라를 다스리는 권세를 하나님께로부터 잠시 동안 넘겨받았기 때문에 광야에서 예수를 시험할 때 자기에게 경배하면 만국을 다스리는 권세를 주겠다고 호언했던 것이다.

창조의 둘째 날에 윗물과 아랫물로 갈라졌는데(창 1:7), 윗물은 정천(淨天), 곧 타락하지 않은 천사 세계를 상징하고, 아랫물은 예천(穢天), 곧 타락한 천사 세계를 상징한다. 그러므로 음녀의 바다는 타락한 천사들의 더러운 물을 말한다. 세상나라는 더러운 물 위에 떠있는 나라들이다.

그러나 왕중왕의 보좌는 수정같이 맑은 유리 바다 위에 있다. 유리 바다는 정천(淨天), 곧 깨끗한 천사들의 나라를 의미한다.

하늘 구조는 단층(單層)이 아니고 여러 층의 하늘이 있는데 각 하늘에 거하는 천사들은 권세와 직급이 다르다(『성경의 원리』 상권 「천사론」 참조).

수정같이 맑은 유리 바다 위에 보좌를 베푸신 하나님은 모든 성결한 존재 위에 자리하신 거룩한 존재이다.

⑵ 네 생물 – 네 생물은 네 영물인데 하나님을 제일 가깝게 모시는 근위천사(近衛天使)를 말한다.

이사야와 에스겔도 네 생물을 보았다(사 6:2). 이사야는 네 생물을 스랍이라 했고 에스겔은 그룹이라 했다(겔 10:20). 그룹천사는 지성소를 덮는 영화로운 존재였다(출 25:20, 왕상 8:7). 루시퍼는 그룹천사였는데 타락했다(겔 28:14).

그룹 혹은 스랍 천사는 천사 세계에서 가장 높은 천사이기 때문에 하나님을 모시는 근위 천사가 되었다. 에스겔은 그룹천사를 하나님이 타고 다니시는 불수레로 보았다(겔 1:4-28). 그룹천사는 앞뒤에 눈이 가득한 존재였다. 이것은 네 영물이 자지 않고 부단히 깨어있는 존재임을 뜻한다. 네 영물은 돌이키지 않고 번개처럼 빠르고 곧게 행하는 존재인데(겔 1:9, 14), 앞의 눈은 전방(前方)의 시간, 뒤의 눈은 과거의 시간을 꿰뚫어보고 있음을 뜻한다.

하나님은 영원한 현재의 시간 속에서 수레 위에 앉아 계시는 존재이지만, 지나온 과거와 닥쳐 올 미래도 〈시간의 수레〉 위에 앉아 살피고 계심을 알 수 있다. 상미존(尙未存) 의 시간, 오고 있는 시간의 전방을 향해 번개같이 곧게 행하는 하나님의 수레는 바퀴 속에 눈이 가득한 〈시간의 수레〉임을 잊지 말자.

[7절] 그 첫째 생물은 사자 같고 그 둘째 생물은 송아지 같고 그 셋째 생물은 얼굴이 사람 같고 그 넷째 생물은 날아가는 독수리 같은데

사자 같고 소 같고 사람 얼굴 같고 독수리 같은 네 생물은 문자 그대로 짐승을 뜻하지 않는다. 하나님도 영, 예수도 영, 성령도 영, 그리고 24장로와 천사들도 다 영적 존재들인데 짐승 모양의 저급한 존재들이 어떻게 하늘나라에 실재(實在)할 수 있겠는가.

속죄의 제물인 예수를 양으로 표상(表象)한 것처럼 소, 사자, 사람 얼굴 같은 생물과 독수리도 네 근위 천사의 영적 특성을 상징적으로 나타낸 말들이다. 사자는 능력을, 소는 덕성을, 사람같은 얼굴은 지혜를, 독수리는 비상(飛翔)을 표상한다.

[8절] 네 생물은 각각 여섯 날개를 가졌고 그 안과 주위에는 눈들이 가득하더라 그들이 밤낮 쉬지 않고 이르기를 거룩하다 거룩하다 거룩하다 주 하나님 곧 전능하신 이여 전에도 계셨고 이제도 계시고 장차 오실 이시라 하고

⑴ 한 생물이 여섯 날개가 있으니 네 생물의 날개를 합하면 24날개가 된다. 이것은 24장로가 멜기세덱 반차의 다양성과 변화성을 완전하게 나타내듯 네 생물의 24날개는 하나님을 옹위하여 은폐시키는 그룹의 사명을 나타낸다.

각 생물은 두 날개로 얼굴을 은폐시키는데 이것은 하나님 형상(形像)의 무형성(無形性)을 뜻하고, 두 날개로 발을 가리는데 이것은 하나님이 행하시는 선행의 무적성(無跡性)을 뜻한다.

그리고 두 날개로 나는 것은 위없는(無上) 하나님의 비상성(飛翔性)을 뜻한다(사 6:1–3 참조).

⑵ 네 생물은 밤낮 쉬지 않고 거룩한 하나님을 찬송한다.

〈거룩하다〉를 세 번 되풀이 하는 이유는 삼위신을 찬양하기 위함이다. 모세는 반석을 두 번 쳤기 때문에 하나님의 거룩성을 증거 못한 죄로 가나안 복지에 들어가지 못했다(민 20:10-13).

네 근위 천사가 하나님의 영원성을 찬양하기 위해 〈전에도 계셨고〉, 〈이제도 계시고〉, 〈장차 오실 자〉라 하면서 시간의 순서를 과거, 현재, 미래 순으로 이해한 것은 그들이 피조물이기 때문이다. 피조물이 인식하는 시간은 과거, 현재, 미래로 흘러간다.

그러나 창조주의 시간은 영원한 현재뿐이다.

[9절] 그 생물들이 보좌에 앉으사 세세토록 살아 계시는 이에게 영광과 존귀와 감사를 돌릴 때에

하나님은 빛이시므로 영광 받기에 합당하다(요일 1:5).

하나님은 거룩하시므로 존귀를 받기에 합당하다(레 11:45, 19:2).

감사는 피조물이 하나님께 드리는 마음이요, 노래요, 기도이다.

[10절-11절] 이십사 장로들이 보좌에 앉으신 이 앞에 엎드려 세세토록 살아 계시는 이에게 경배하고 자기의 관을 보좌 앞에 드리며 이르되 우리 주 하나님이여 영광과 존귀와 권능을 받으시는 것이 합당하오니 주께서 만물을 지으신지라 만물이 주의 뜻대로 있었고 또 지으심을 받았나이다 하더라

⑴ 네 영물의 찬송이 있는 가운데 24장로의 찬송이 시작된다.

24장로는 하나님의 영광, 존귀, 능력을 찬양하고 면류관을 벗어 보좌 앞에 던진다. 왜 면류관을 벗어 보좌 앞에 던지는가?

24장로들이 쓴 면류관은 왕 같은 제사장의 표시인데 이 면류관을 벗어 보좌 앞에 던지는 이유는 어린 양이 하늘의 대 제사장으로 등장했기 때문이다.

5장 8절-10절을 보면 24장로가 예수 앞에 엎드려 경배하면서 나라와 제사장이 된 예수를 찬양하고 있는데 이것은 24장로가 예수 앞에 겸손하게 굴복하고 있음을 보여주고 있다.

⑵ 만물이 주의 뜻대로 있었다는 말은 하나님이 원하셨기 때문에 만물이 존재한다는 뜻이다. 만유 안에 있는 모든 존재는 하나님이 원했기 때문에 존재하는 것이지 우연히 생겼거나 자기들이 원했기 때문에 있는 것이 아니다.

제5장

[1절] 내가 보매 보좌에 앉으신 이의 오른손에 두루마리가 있으니 안팎으로 썼고 일곱 인으로 봉하였더라

⑴ 왜 오른손에 책이 있는가?

오른손은 창조의 손이요 율법을 기록한 손이며(신 33:2), 강하고 능력있는 손이며(시 89:13), 축복을 주는 손이다(창 48:14). 그러므로 심판의 책도 하나님의 오른손에 있다. 이 책은 두루마리를 뜻한다.

⑵ 안팎으로 기록된 것은 심판과 재앙의 비밀이 빠짐없이 자세하게 기록되었기 때문이다(겔 2:9-10참조). 악인들을 심판할 내용을 자세하게 기록하자면 안팎으로 재앙과 애가와 애곡을 기록하지 않을 수 없다.

⑶ 일곱 인으로 인봉함은 그 어느 누구도 뗄 수 없게 완봉(完封)했다는 말이다. 천기(天機)를 누설하지 못하게 하기 위해 일곱 인으로 완전히 봉했다.

[2절-3절] 또 보매 힘있는 천사가 큰 음성으로 외치기를 누가 그 두루마리를 펴며 그 인을 떼기에 합당하냐 하나 하늘 위에나 땅 위에나 땅 아래에 능히 그 두루마리를 펴거나 보거나 할 자가 없더라

⑴ 힘있는 천사는 그 음성이 하늘과 땅을 울릴 대성(大聲)을 발할 수 있는 천사를 말한다.

그는 우레와 같은 큰 소리로 하늘과 땅을 향해 인을 떼고 책을 펼 사람을 찾고 있다. 그러나 합당한 자는 천상천하 아무 곳에도 없다.

⑵ 하늘 위는 천사들의 세계, 땅 위는 모든 생물들이 사는 지구, 그리고 땅 아래는 죽은 자들의 명부(冥府)를 뜻한다.

삼계(三界) 아무 곳에도 인을 뗄 자가 없다.

[4절] 그 두루마리(개역한글 : 책)를 펴거나 보거나 하기에 합당한 자가 보이지 아니하기로 내가 크게 울었더니

크게 울었다는 뜻은 대성통곡을 말한다. 그는 왜 통곡했을까?

첫째, 그가 크게 운 것은 삼계에 충만한 존재 가운데서 책을 펼 자가 한 사람도 없다는 허무감과 적막감 때문에 대성통곡했다. 인을 떼기에 부적격자인 모든 존재가 죄인인 듯 생각되어 삼계가 텅 빈 집처럼 허망하게 느껴져 몸부림치며 울었다.

둘째, 책을 떼지 못하면 구원과 심판의 프로그램이 성취되지 않고 중지될까 걱정되어 크게 울었다. 두루마리 책에 기록된 내용은 심판받을 자들에게는 사형선고요 재앙의 무서움이 기록된 책이지만, 구원받을 성도들에게는 해원(解寃)의 소식이요 희망의 말씀이기 때문에 만약 이 책이 개봉(開封)되지 못하면 성도들은 어떻게 될 것인가 걱정해서 울었다.

[5절] 장로 중의 한 사람이 내게 말하되 울지 말라 유대 지파의 사자 다윗의 뿌리가 이겼으니 그 두루마리와 그 일곱 인을 떼시리라 하더라

⑴ 장로 중 하나, 곧 24장로를 대표한 장로를 말한다.

24반열을 따라 이스라엘에는 많은 제사장이 있었으나 대표격으로 아론을 말하듯 요한에게 인을 뗄 존재를 소개한 장로는 수석장로였다. 예수는 멜기세덱의 반차를 따라 대제사장이 되었으므로 일곱 인을 뗄 자를 소개할 때 수석장로가 나선 것은 이치에 합당하다.

⑵ 유다 지파의 사자, 이것은 「창세기」 49장 9절에서 인용된 것인데 메시야를 말한다. 사자는 이긴 자의 표상인데 마귀와 싸워 이긴 예수의 도적(道的) 용기를 뜻한다.

⑶ 다윗의 뿌리, 이것은 「이사야」 11장 1절과 11장 10절을 염두에 두고 인용한 말씀인데 다윗은 그리스도의 왕권을 상징하는 존재이다.

[6절] 내가 또 보니 보좌와 네 생물과 장로들 사이에 한 어린 양이 서 있는데 일찍이 죽임을 당한 것 같더라 그에게 일곱 뿔과 일곱 눈이 있으니 이 눈들은 온 땅에 보내심을 받은 하나님의 일곱 영이더라

⑴ 네 생물과 24장로들은 하나님을 모시고 옹위한 근위 존재들인데 이들 가운데 예수가 선 것은 예수가 가장 중심적인 위치에 자리한 것을 뜻한다.

⑵ 어린 양, 곧 유월절에 잡은 희생물인데(출 12:1-5), 예수는 인류의 죄를 대속한 속죄양이 되었기 때문에 어린 양으로 표상된다.

어린 양은 1년 된 양으로 발정(發情)하지 않은 양, 즉 성적으로 흠이 없는 깨끗한 양을 말한다. 예수는 숫총각의 순결한 몸으로 십자가에 달려 보혈을 쏟은 어린 양이었다.

⑶ 일찍 죽임을 당함이라 함은 천수(天壽)를 누리지 못하고 요절(夭折)한 죽음을 뜻한다.

아담의 육신은 930세나 장수했으나 그의 속사람 생령(生靈)은 선악과를 따먹은 즉시 죽었는데 그 때 아담의 나이는 33세였다. 아담의 허깨비 같은 육신은 930세까지 천수(天壽)를 누렸지만 그의 영은 30대 젊은 시절에 이미 요절(夭折)했던 것이다.

예수가 십자가에 달릴 때 33세였는데 이것은 아담이 33세에 죽었기 때문이다. 첫 아담은 오실 자의 표상이므로(롬 5:14), 마지막 아담인 예수의 죽은 나이는 곧 아담의 죽은 나이임을 알 수 있다. 930세의 천수에 비하면 33세의 나이는 일찍 죽임을 당한 요절이 아닐 수 없다.

⑷ 일곱 뿔 일곱 눈 – 뿔은 권세나 능력의 상징이므로 일곱 뿔은 완전무결한 권세와 능력을 뜻한다.

일곱 눈은 일곱 등불인데(슥 3:9, 4:10), 어둠을 밝히는 일곱 등은 일곱 영인 성령을 뜻한다(계 4:5).

[7절-8절] 그 어린 양이 나아와서 보좌에 앉으신 이의 오른손에서 두루마리를 취하시니라 그 두루마리를 취하시매 네 생물과 이십사 장로들이 그 어린 양 앞에 엎드려 각각 거문고와 향이 가득한 금 대접을 가졌으니 이 향은 성도의 기도들이라

(1) 거문고를 현악기로 생각하면 큰 오해이다.

영적 존재들이 인간이 사용하는 현악기를 탄주한다고 생각하면 이는 믿음이 유치원 단계에 있는 맹신자(盲信者)의 상상력이다. 하늘에 있는 영적 존재들이 탄주하는 거문고는 말씀의 거문고다. 인간의 마음을 감동시키는 것을 심금(心琴)을 울린다고 한다. 인간의 마음은 거문고 줄이기 때문이다.

성인(聖人)의 말씀을 모은 책을 경(經)이라 하는데(『성경』, 『불경』, 『사서삼경』, 『도덕경』, 『베다경』, 『코란경』, 『아베스타경』 등등), 경(經)은 인간의 마음 속에 맨 올이며 씨줄이다. 성인의 말씀은 인간의 마음에 맨 거문고 줄을 울리는 음악이었기 때문에 그들의 말씀이 인간을 회개시키고 개조했던 것이다. 시내산에서 모세가 받은 십계도 구약인의 마음 속에 맨 거문고 줄이었다. 예수의 말씀도 심금을 울리는 거문고였고 석가, 노자, 공자 그 밖에 다른 성인의 말씀도 다 심금을 탄주(彈奏)하는 악기였다.

그러므로 네 영물과 24장로들이 하나님 앞에서 연주한 거문고도 유형(有形)한 악기가 아닌 심금(心琴)이었다.

(2) 향이 가득한 금대접 - 이것은 향로를 말한다.

향로는 제사장들이 성전에서 분향하는 제기(祭器)였다. 24장로들이 소유한 향로는 성도들의 기도를 분향하는 제사장의 향로였다. 성도들이 드리는 기도는 24장로의 향로 속에서 분향되어 하나님께로 올라감을 알아야 한다.

거문고는 마음에 맨 씨줄, 향기는 마음의 냄새니(고후 2:15-16), 하나님은 마음 안에 거하사 인간의 거문고 소리를 듣고 또 마음의 냄새도 흠향하시는 존재임을 깨달아야 한다.

[9절-10절] 그들이 새 노래를 불러 이르되 두루마리를 가지시고 그 인봉을 떼기에 합당하시도다 일찍이 죽임을 당하사 각 족속과 방언과 백성과 나라 가운데에서 사람들을 피로 사서 하나님께 드리시고 그들로 우리 하나님 앞에서 나라와 제사장들을 삼으셨으니 그들이 땅에서 왕 노릇 하리로다 하더라

(1) 예수 이전에 온 성인들과 천사들이 인간에게 가르친 노래는 다 구약적인 낡은 노래였다. 낡은 노래로 인을 뗄 어린 양을 찬송할 수 없다.

새 노래는 예수의 피로 말미암아 구원받을 자만이 알아들을 수 있는 노래다. 예수의 이름을 받은 자 밖에는 모르는 것처럼 새 노래도 구약적인 낡은 심령들은 알아들을 수 없는 노래이다.

(2) 각 족속과 방언과 백성과 나라는 음녀의 바다이다(계 17:15).

죄악으로 오염된 더러운 바다 고해(苦海)에서 구원받은 자는 복음의 그물에 낚인 자요(마 4:19, 13:47-48 참조), 십자가의 피로 구속받은 자다. 피는 곧 생명, 예수는 자신의 전 생명을 던져 성도들을 구원했다. 우리의 구원은 예수의 피값으로 산 구원이기 때문에 십자가의 도는 은혜가 된다.

(3) 음녀의 바다에서 구원받은 성도들은 새 하늘과 새 땅이 열리면 왕 같은 제사장이 되어 다스릴 것이다(계 20:4-6).

나라와 제사장은 제정일치(祭政一致)가 된 메시야 왕국을 뜻하는데 이 나라가 건설될 천지(天地)는 세상 임금들이 다스려 더럽혀진 천지가 아니라 새로 개벽될 신천 신지이다.

[11절] 내가 또 보고 들으매 보좌와 생물들과 장로들을 둘러 선 많은 천사의 음성이 있으니 그 수가 만만이요 천천이라

(1) 만만이요, 천천이라 함은 무수하게 많은 천사들을 뜻한다.

「히브리」 12장 22절에도 천만 천사가 나오고 「유다」 14절에도 수만의 거룩한 자들이 나오는데 이 성구들도 다 천사의 수가 많음을 표시하고 있다(시 68:11, 단 7:10).

하나님의 보좌를 네 영물과 24장로가 옹위하고 천만 천사들은 24장로들을 옹위하고 있다. 하늘나라는 동심원(同心圓)이다. 하나님과 예수는 원심(圓心)에 자리한 중심 존재이고 네 생물과 24장로와 천만 천사들이 무수한 동그라미를 그리고 있다.

(2) 많은 천사의 음성은 장엄한 합창이요, 교향악이다.

개성이 다르고, 얼굴이 다르고, 지혜가 다르고, 품계가 다르고, 사명이 다른 천사들이지만 하나님을 찬양할 때는 조화된 합창, 통일된 교향악처럼 한없이 장엄하다.

하나님이 천지를 창조할 때 창조 작업을 참관하던 천사들이 기뻐서 합창했다(욥 38:7). 12절에 나오는 큰 음성도 장엄한 천사들의 합창과 교향악을 뜻한다.

[12절] 큰 음성으로 이르되 죽임을 당하신 어린 양은 능력과 부와 지혜와 힘과 존귀와 영광과 찬송을 받으시기에 합당하도다 하더라

〈능력, 부, 지혜, 힘, 존귀, 영광, 찬송〉 이러한 칠언찬송(七言讚頌)은 천상 세계에서 영적 존재들이 드리는 예배의 완전성을 말한다.

〈능력, 부, 지혜, 힘〉 이 네 가지는 4수인 땅의 인간을 구원하기 위해 베푸신 하나님과 어린 양의 덕성을 찬송하는 언어이고, 〈존귀, 영광, 찬송〉 이 세 가지는 3수인 삼위신의 성성(聖性)을 예배하는 언어이다.

[13절-14절] 내가 또 들으니 하늘 위에와 땅 위에와 땅 아래와 바다 위에와 또 그 가운데 모든 피조물이 이르되 보좌에 앉으신 이와 어린 양에게 찬송과 존귀와 영광과 권능을 세세토록 돌릴지어다 하니 네 생물이 이르되 아멘 하고 장로들은 엎드려 경배하더라

(1) 천사들의 칠언예배(七言禮拜)에 화답하여 모든 만물은 사언(四言) 예

배를 드린다.

〈존귀, 영광, 찬송〉 이 세 마디는 삼위신을 찬미하는 언어인데, 이 삼언(三言) 찬송에 능력을 넣어 사언예배를 만물이 드린 것은 그들이 하나님의 능력으로 창조되고 구원받았기 때문이다.

⑵ 천사들의 칠언찬송과 만물의 사언찬송에 화답하여 네 영물은 아멘하고, 24장로는 경배한다.

네 영물이 아멘 한 것은 천사와 만물이 드리는 예배가 진실했기 때문이다. 24장로가 경배한 것은 하나님과 어린 양이 진실한 예배를 받기에 합당한 존재이기 때문이다.

여기서부터 어린 양은 하나님과 함께 진실하고 완전한 예배를 받을 실수 있는 대상이 되었다. 예수는 모든 이름 위에 뛰어난 자이므로 만유가 드리는 예배를 받기에 합당한 존재이다(빌 2:9-11).

제6장

[1절-2절] 내가 보매 어린 양이 일곱 인 중의 하나를 떼시는데 그 때에 내가 들으니 네 생물 중의 하나가 우렛소리 같이 말하되 오라 하기로 이에 내가 보니 흰 말이 있는데 그 탄 자가 활을 가졌고 면류관을 받고 나아가서 이기고 또 이기려고 하더라

어린 양이 드디어 인을 떼기 시작한다. 이제부터 타락한 죄악 역사가 심판을 받고 멸망하는 장엄한 드라마가 전개된다. 요한계시록을 보면 인류 역사는 심판사임이 드러난다. 타락한 인류의 죄악사는 마귀가 자기의 뜻을 실천하기 위하여 각 시대마다 각종 사상과 주의를 실험한 역사이기 때문에 마땅히 심판 받아야 할 역사이다.

그럼 이제부터 일곱 인을 뗄 때 나타나는 장면을 풀이해 보자.

⑴ 우레같이 말하는 네 생물 중, 하나는 4장 7절에 나오는 네 생물의 순서로 보아 첫째 생물인 사자의 소리다.

사자의 부르짖는 소리는 우레와 같이 들리기 때문에 백수의 왕이 된다. 예수를 유다 지파의 사자라고 하는데 사자는 백수의 왕이기 때문에 만왕의 왕을 상징한다. 백마를 탄 자가 〈이기고 또 이기려고〉 한 것을 보면 승리자의 상징인 사자가 불러낸 것이 분명하다.

⑵ 흰 말을 타고 나오는 자는 무엇을 뜻하는가?

흰 말, 붉은 말, 검은 말, 청황색 말의 암호를 해독하자면 먼저 말(馬)이 무엇을 표상하는 동물인가를 알아야 한다. 「스가랴」 6장 4절에 보면 말은 바람을 뜻한다. 그런데 바람은 천사를 뜻하고 있다(시 104:4, 히 1:7).

그러므로 흰 말은 흰 바람이고, 흰 바람은 흰 말을 탄 천사임을 알 수 있다. 바람은 세상에 불어 닥칠 풍조(風潮)를 의미하는데 어떤 사상과 주의와 이데올로기의 암호이다. 말과 바람으로 암호화 된 네 천사는 네 바람을 타고 와서 타락한 세상나라와 인간을 들뜨게 한다.

그러므로 바람 부는 시대와 풍향(風向)에 따라 인간들이 흔드는 이데올로기의 깃발이 다를 것이다.

⑶ 흰 말은 흰 바람, 흰 풍조는 백색 사상과 이데올로기를 말한다. 백색 사상이란 백인들에게서 시작되는 자본주의의 바람이다. 「요한계시록」 19장 11절-12절에 보면 흰 말은 만왕의 왕이 탄 말이다. 그런데 어찌하여 자본주의의 백색 이데올로기가 흰 말로 나타나는가?

자본주의 사상이 뿌리내린 토양은 기독교였다. 프로테스탄트의 윤리는 자본주의를 꽃피게 했고, 기독교를 믿는 서양 사람들의 정신과 마음을 들뜨게 한 회오리바람이었다. 부(富)를 축적하기 위해 자본주의의 이데올로기는 막강한 힘으로 아시아와 아프리카와 중남미를 휩쓸면서 선교사를 앞잡이로 세워 식민지 쟁탈전을 전개했다.

자본주의 권력과 유착한 기독교는 식민지 침략 전쟁의 앞잡이가 되기 위하여 각 교파와 교리의 보따리를 싸들고 동분서주했다. 선교사들은 예수 그리스도의 복음을 땅 끝까지 전하기 위하여 각 나라로 파송되었다고 주장하지만 결과적으로는 식민지 침략 전쟁의 앞잡이가 된 사실을 부인치 못할 것이다. 백색 자본주의는 식민지를 쟁탈하는 전쟁을 시작하여 〈이기고 또 이기려고〉 발버둥을 쳤다.

그러므로 자본주의를 상징하는 흰 말은 사이비 백마이다. 백색 자본주의의 바람은 예수의 이름을 도용(盜用)한 기독교를 앞장세웠기 때문에 흰 말로 나타나게 된다. 흰 말로 교묘하게 위장한 기독교는 예수의 이름으로 온 세상을 복음화 한다고 외치고 다녔으나 자본주의 권력과 야합하여 그 시녀(侍女)가 되었고 드디어 창녀로 전락했다.

자본주의는 지금 자유 민주주의의 깃발을 날리면서 〈이기고 또 이기려고〉 몸부림치고 있다.

⑷ 흰 말을 탄 자가 가진 활은 무엇인가?

활은 먼 곳에 있는 표적을 명중시키는 무기이다. 서구에서 꽃핀 기독교 자본주의는 세계 지도를 놓고 식민지를 분할할 때 아득하게 먼 곳에 있는 아시아, 아프리카, 중남미에 진출했기 때문에 이것은 활을 당겨 먼데 표적을 명중시키는 이치와 같다.

이 때문에 흰 말 탄 자가 활을 가지고 이기고 또 이기려고 한다. 또 흰 말 탄자는 면류관을 썼는데 이 면류관은 경기장에서 승리자에게 주는 면류관을 뜻한다.

서구 자본주의 열강들이 식민지를 만들기 위해 세계 곳곳으로 경쟁하듯 진출했지만 식민지 쟁탈전에서 이기고 또 이기려고 한 자는 영국이었다. 영국은 〈크라운〉 면류관을 쓴 나라이다.

자본주의의 백색 이데올로기가 세계를 풍미하여 〈이기고 또 이기려고〉 발악하지만 승리하지 못한다. 백색 자본주의의 사생아를 낳은 〈기독교라는 이름의 창녀〉의 자궁에서 또 다른 사생아가 탄생되기 위해서 진통하고 있었다. 그 사생아의 이름은 공산주의, 카를 마르크스의 이데올로기가 세상을 풍미한다.

[3절-4절] 둘째 인을 떼실 때에 내가 들으니 둘째 생물이 말하되 오라 하니 이에 다른 붉은 말이 나오더라 그 탄 자가 허락을 받아 땅에서 화평을 제하여 버리며 서로 죽이게 하고 또 큰 칼을 받았더라

⑴ 둘째 생물이 불러내는 말은 붉은 말이다. 둘째 생물은 소를 뜻하는데 소가 불러낸 붉은 말은 적색 공산주의의 이데올로기를 뜻한다.

공산주의는 인간의 자유를 말살하고 인민을 소처럼 일만 시키는 거대한 노예 국가를 만들었다. 지금 붉은 혁명의 바람이 아시아와 아프리카와 중남미를 풍미하고 있다.

자본주의와 공산주의는 기독교의 썩은 자궁이 낳은 두 사생아이다. 자본주의는 자유는 있으나 평등은 없고, 공산주의는 평등은 있으나 자유가 없는 병신들이다.

마르크스 레닌주의는 성경의 진리를 훔쳐 천년왕국 모양 공산주의 유토피아 사상으로 굶주리고 억압받는 무산 계층을 유혹한 거짓 종교였다. 변증법적 유물론과 계급투쟁의 사관(史觀)으로 방대하고 치밀한 교리를 만들어 자본주의에 염증을 느낀 인민을 세뇌하여 폭력혁명의 큰 칼을 들고 세계를 붉게 물들이고 있다. 붉은 광신자들은 철저한 무신론자들이고 그들은 기독교의 신을 무자비하게 학살하고 그 자리에 당(黨)이라는 이름의 우상을 대신 세워놓았다. 잘못된 기독교의 유일신관(唯一神觀)과 잘못된 마르크스 레닌주의의 유일사상(唯一思想)은 성경을 잘못 이해한 사이비 종교에서 만들어 낸 교리임을 대각해야 한다.

평등이란 미명하에 사유재산을 빼앗아 인간을 빵의 노예로 만든 공산주의는 거대한 집단 노예의 수용소 군도이다. 계급없는 사회를 만들자는 혁명구호를 내걸고 부르조아 계급을 무참하게 숙청한 공산주의는 새로운 당계급이 지배하는 경직된 관료주의 사회가 되었다.

(2) 붉은 말을 탄 자가 허락을 받아 화평을 제한다는 것은 무엇을 의미하는가? 누구에게 무엇을 허락받았는가?

하나님은 마귀의 참소를 받지 않기 위하여 마귀가 제 뜻, 제 계획을 실천해 보는 기간으로 6천 년을 허락했다. 그러므로 아담의 타락에서부터 시작된 인류의 죄악사는 마귀가 하나님의 허락을 받아 제가 계획한 사상과 이데올로기를 실천해 보는 기간이다. 마귀는 자기가 구상한 사상대로 하면 이 땅 위에 지상천국을 건설할 수 있다고 생각하여 하나님을 반역한 존재였다.

지혜천사 루시퍼는 하나님이 없는 지상천국을 건설하여 자기가 머리가 되려고 시도한 자이므로, 그에게 일정한 기간을 허락해서 마귀의 이데올로기를 실험해 볼 수 있는 기회를 주어야 한다. 마귀는 각 나라 각 시대를 통해 온갖 사상과 주의를 실험해 보면서 인류 역사를 전개시켜 나왔다. 모든 형태의 이데올로기를 실천해 보았으나 이 땅에 천국은 건설되지 않았다.

마귀는 온갖 지혜를 짜내 호언장담 하면서 제시한 카드가 마르크스주의 사상이었다. 10월 혁명 이후 볼셰비키 당은 정권을 잡고 마르크스의 이론을 실천해 보았으나 지상천국은 도래하지 않고 반대로 비밀경찰이 인민을 감시하는 집단수용소를 만들어낸 것이 공산주의였다.

타락한 인간의 마지막 사상으로 등장한 공산주의도 이미 실험이 끝난 실패한 사상이다. 그러나 마귀는 마르크스에게 붉은 영감을 주어 창출(創出)해 낸 공산주의 이데올로기가 실패한 작품임을 자인하지 않고 오늘도 폭력 혁명을 각 나라로 밀수출하여 세계를 피로 물들이고 있다.

[5절] 셋째 인을 떼실 때에 내가 들으니 셋째 생물이 말하되 오라 하기로 내가 보니 검은 말이 나오는데 그 탄 자가 손에 저울을 가졌더라

⑴ 셋째 생물이 불러내는 말은 검은 말이다.

셋째 생물은 사람 모양의 영물인데 그가 불러내는 검은 말은 무엇을 뜻하는가? 검은 말은 검은 바람, 곧 검은 사상을 의미한다.

제3세계인 아시아, 아프리카, 중남미 제국(諸國)들은 대부분 후진국으로 식민지 통치를 받은 나라들이다. 검은 색은 문명하지 못한 낙후된 후진국을 상징하는 색깔이다. 아프리카를 검은 대륙이라 하지 않는가.

제3세계는 민족주의의 검은 바람이 한창 불고 있다. 후진 개발국들은 대부분 자본주의와 군국주의의 식민지가 되었다가 제2차 세계대전이 끝난 후 우후죽순격으로 독립된 나라들이다. 정치적으로는 독립한 듯 하지만 경제적으로는 아직도 선진국의 경제적인 식민지에서 벗어나지 못하고 있다. 민족 자본이 전무한 후진국들은 경제적 빈곤에서 벗어나지 못하고 기술 축적이 없어 빠른 속도로 변모해 가는 선진국의 첨단산업 기술을 따라잡을 수 없다. 그 뿐인가, 인구는 증가하고 식량 부족으로 아사자가 속출하고 대부분의 국민들이 영양실조 상태에 있다.

제3세계는 비동맹 중립 노선을 표방하고 있으나 자본주의와 공산주의의 도전을 받고 있는 정치적인 혼란이 그칠 날이 없다. 혁명과 군사 쿠데타의 악순환, 독재와 강압 정치는 인권을 유린하고 언론을 탄압하고 지식인을 무력하게 만들고 저소득 계층을 무시하고 있다. 부익부 빈익빈으로 치닫는 경제, 가진 자와 못가진 자의 계층 심화, 전통 가치의 붕괴와 도덕적 타락은 제3세계에서 공통적으로 볼 수 있는 사회 현상이다.

정권을 잡은 독재자들은 자본주의와 공산주의 사이에서 곡예사 모양 줄타기를 하고 강대국을 순방하면서 매춘부 모양 웃음을 팔고 있다. 민족주의 검은 바람이 부는 제3세계는 후진 개발도상 국가로서 한결같이 자본주의와 공산주의의 도전을 받고 고민하고 있다.

⑵ 검은 말을 탄 자는 저울을 가지고 나온다. 저울은 쌀, 밀, 보리 등을 계량하는 도량형기인데 이것은 경제력의 상징이다.

후진국 경제는 인구폭발로 인한 식량부족을 해결하지 못해 고민하고 있다. 나라의 재정상태는 가난한데 경제력의 대부분은 식량을 수입하는 데 지출된다.

저울은 흉년과 기근의 상징이다(겔 4:10참조). 저울로 백성들의 먹을 양식을 달아주고 배급한다. 저울은 국가가 간섭하는 계획 경제와 통제를 뜻하기도 한다.

제3세계 후진국의 경제는 표면적으로는 자유경제 시장경제를 표방하고 있으나 내용적으로는 국가가 간섭하고 통제하는 계획 경제이다. 지금 아시아와 아프리카 대륙에서는 하루에도 수 천, 수 만명의 아사자가 속출하고 있지만 서방의 곡물 메이저들은 잉여 농산물을 팔아 돈벌기에 혈안이 되고 있다.

[6절] 내가 네 생물 사이로부터 나는 듯한 음성을 들으니 이르되 한 데나리온에 밀 한 되요 한 데나리온에 보리 석 되로다 또 감람유와 포도주는 해치지 말라 하더라

⑴ 데나리온은 로마 시대의 화폐 단위인데 한 데나리온은 노동자의 하루 품값이었다. 한 데나리온으로 밀은 한 되, 보리는 석 되를 살 수 있으니 그 살림이 얼마나 궁하고 고달프겠는가.

제3세계의 가난한 민중들은 대부분 저임금 고물가의 악성 인플레이션에 시달리면서 생활 아닌 생존을 하고 있다. 그러나 군부와 정상배와 신흥 재벌과 관리들은 호화롭고 사치하고 방탕한 생활을 하고 있다. 온갖 정치적인 부패와 무능과 부조리한 병리현상 속에서 정권을 잡은 자들은 너털웃음을 웃고 침묵을 강요당한 민중은 분노하고 있다.

⑵ 그러나 썩고 병든 가난한 제3세계 후진국가들 속에 감람유와 포도주가 있다. 이것은 무엇을 뜻하는가? 감람유는 성전에서 등불을 밝히는 기름이다.

감람나무는 성도들의 옳은 행실을 의미한다(렘 11:26). 포도주는 속죄의 보혈을 상징하는 술이다(마 26:28). 또 성령을 받은 자를 새 술에 취했다고 했다(행 2:1–13 참조). 감람유와 포도주는 진리의 등불을 밝히는 자와, 정의를 위해 죽어가고 있는 순교자를 암시하고 있다.

그럼 다시 성경을 분석해 보자.

> ※ 그러자 〈하루 품삯으로 고작 밀 한 되, 아니면 보리는 석 되를 살 뿐이다. 올리브기름이나 포도주는 아예 생각하지도 말아라〉하는 소리가 들려 왔읍니다(계 6:6 공동번역).

이렇게 번역된 문맥(文脈)을 보면 하루에 한 데나리온을 버는 저임금 노동자들은 감람유나 포도주는 사먹을 수 없는 비싼 식품이 된다. 그러나 감람유와 포도주는 먹는 식품이면서 진리의 등불을 밝히고 희생의 피를 흘리는 순교자를 상징하고 있음을 깨달아야 한다. 정치적 부패와 경제적 가난 속에 신음하는 제3세계에 참된 진리의 수호자가 있다는 사실은 놀라운 암시를 주고 있다.

자본주의의 풍요 속에서 황금 우상을 예배하는 백색 기독교인들과 공산주의의 통제 속에서 무신론 우상을 섬기는 마르크스교도들 속에서는 참 신앙자를 발견하기 힘들다. 비록 물질적으로 가난하고 과학적으로는 뒤떨어졌지만 정신적 유산은 풍부한 나라들이다.

모든 종교는 아시아에서 발생했다. 유대교, 조로아스타교, 힌두교, 불교, 도교, 유교, 이슬람교는 아시아에서 꽃핀 종교였다. 헤브라이즘과 헬레니즘을 혼합하여 만들어낸 기독교는 복음의 진리를 잘못 해석한 사이비 종교인데, 이 토양에서 자본주의와 공산주의의 이데올로기가 탄생하여 끝내 세계를 혼란 속에 빠뜨리고 있다.

그러므로 기독교인과 예수를 믿는 사람을 혼동해서는 안 되며, 기독교의 교리와 복음의 진리를 혼동해서는 안 된다. 기독교란, 예수의 복음을 변질시킨 구약형의 종교임을 잊어서는 안 된다.

기독교는 칠성천사의 교회이지 예수의 몸 된 교회가 아님을 대각해야 한다. 깊이 생각해 보라. 예수가 이 땅 위에 오신 목적이 기독교를 만들기 위해서 왔겠는가. 예수를 기독교의 교주(敎主)가 되기 위해서 왔다고 생각하는가. 우리는 성숙한 역사의 성인(成人 - 誠人 - 聖人)이 되어서 예수의 도리를 높이 고양(高揚)해야 한다. 예수는 온 인류를 위해 오신 〈하나님 그 자체〉였는데 어찌 기독교라는 이름의 열교(裂敎)의 교주 노릇을 하겠는가.

기독교는 본질상 구약형의 건물교회이므로 불교, 유교, 도교, 힌두교, 이슬람교와 같이 동일선상(同一線上)에 위치한 계율종교이다. 유일신을 제일 잘 믿는다고 광신하던 유대교가 초림 예수에 의해 버림받고 저주받은 종교가 된 것처럼, 자본주위와 공산주의의 사생아를 낳은 기독교도 재림 예수에 의해 버림받을 것이다. 그러므로 성성(惺惺)하게 참 깬 자라면 하나님과 예수와 성령을 믿어야지 기독교를 믿는 신자가 되어서는 안 된다.

가난하고 작은 서머나 교회와 빌라델비아 교회가 칭찬을 받듯, 비록 물질적으로 가난하고 경제적으로 후진국이지만 제3세계 국가 속에 하나님이 바라시는 감람유와 포도주가 있으니 이 얼마나 기쁜 소식인가. 교리화한 이데올로기가 아닌 순수한 예수의 진리를 지킬 감람유와 포도주는 아무나 다칠 수 없고 돈으로 살 수도 없는 존재이다. 그들의 신앙은 온갖 가난과 부패와 독재와 부조리 속에서도 굴복하지 않고 고난의 풀무 속에서 정금처럼 순수해질 것이다. 기독교가 아닌 예수를 믿고 교리가 아닌 복음의 진리를 실천하는 〈이긴 자〉만이 예수의 십자가를 믿는 자들이다.

기독교 자본주의는 오른편 강도의 십자가를 믿는 우익종교(右翼宗敎)이고 마르크스 공산주의는 왼편 강도의 십자가를 믿는 좌익종교(左翼宗敎)임을 깨달아야 한다. 골고다에서 고난받은 예수의 십자가는 가운데 자리한 중도(中道)의 십자가였다(요 19:18, 마 27:38 참조).

지금 검은 바람이 부는 제3세계에는 선진 자본주의의 경제 침략과 공산주의의 정치 혁명이 밀수입되고 있지만, 이 두 가지 악한 이데올로기를 극복하고 예수의 복음을 고양할 진리가 이곳에서 꽃필 것이다.

지금 세계는 삼분(三分)되었다. 흰 바람, 붉은 바람, 검은 바람이 풍미하여 천하는 세 갈래로 정립(鼎立)되었다. 바벨론 성은 이 세상 모든 나라들의 상징인데 「요한계시록」 16장 19절에 보면 음녀의 성이 세 갈래로 갈라져 멸망당함을 알 수 있다. 끝날 세계는 백색 자본주의와 적색 공산주의와 흑색 민족주의로 정립되어 싸우다가 도적같이 오시는 만왕의 왕에 의해 심판받을 것이다.

깬 자들이여, 역사를 깊이 꿰뚫어 보라.

[7절-8절] 넷째 인을 떼실 때에 내가 넷째 생물의 음성을 들으니 말하되 오라 하기로 내가 보매 청황색 말이 나오는데 그 탄 자의 이름은 사망이니 음부가 그 뒤를 따르더라 그들이 땅 사분의 일의 권세를 얻어 검과 흉년과 사망과 땅의 짐승들로써 죽이더라

⑴ 넷째 생물이 불러내는 말은 청황색 바람이다. 넷째 생물은 독수리인데 주검이 있는 곳에는 독수리가 모인다(마 24:28, 눅 17:37). 청황색은 악인들이 죽은 시체의 빛깔이다. 창백한 공포가 깃든 으시시한 빛깔이다. 흰색, 붉은색, 검은색 바람이 불어 피비린내 나는 전쟁을 하고 있으니 그 뒤를 좇아 사망의 바람이 불지 않을 수 없다.

자본주의와 공산주의의 대립은 피바다를 이루어 제3차 세계대전 후의 세계는 독수리가 모이는 큰 상가(喪家)가 될 것이다. 독수리는 고기를 먹는 육식조(肉食鳥)이므로 사망의 바람인 청황색 말을 불러낸다.

사망은 죽음을 의미하고 음부는 죽은 자들이 가는 땅 밑 세계인데 죽은 자를 삼키기 위해 사망이 뒤를 따른다.

⑵ 검, 흉년, 사망, 땅의 짐승은 인간을 죽음으로 이끄는 재앙들을 상징하고 구약에는 여러 번 이런 말들이 사용되었다(렘 15:2-3, 겔 14:21, 5:17, 레 26:22-26).

검은 적색 폭력 혁명으로 회평을 제거하고 세상을 피바다로 만든 공산주의의 상징으로, 흉년은 제3세계의 기근과 빈곤으로, 땅의 짐승은 돈으로 인간을 타락시킨 자본주의의 상징으로 해석해도 무방하다. 백색, 적색, 흑색으로 삼분(三分)된 이 땅에 죽음의 바람이 부는 날, 세계 인구의

4분의 1은 죽임을 당할 것이다.

말세에는 세계 도처에서 지진과 기근과 온역이 있고, 민족과 민족이 이데올로기의 싸움 때문에 망할 것이다(눅 21:10-11). 깬 자는 세계지도를 앞에 놓고 요한계시록을 정각정해(正覺正解) 해야 한다.

[9절] 다섯째 인을 떼실 때에 내가 보니 하나님의 말씀과 그들이 가진 증거로 말미암아 죽임을 당한 영혼들이 제단 아래에 있어

하나님의 말씀과 예수를 증거하다가 죽은 순교자의 영혼은 제단 아래서 해원의 날을 기다리고 있다. 그들은 피뿌린 제물이었기 때문에 제단 아래 있게 된다. 구약의 희생 제물의 피도 제단 아래 붓는 것이 규례였다(레 4:7, 17:11, 빌 2:17, 딤후 4:6). 이 때문에 피흘린 순교자의 영혼도 제단 아래 있게 된다.

[10절] 큰 소리로 불러 이르되 거룩하고 참되신 대주재여 땅에 거하는 자들을 심판하여 우리 피를 갚아 주지 아니하시기를 어느 때까지 하시려 하나이까 하니

⑴ 거룩하고 참되신 주재 - 3장 7절 해석 참조.

⑵ 땅에 거하는 자들이란, 지구에 살고 있는 인류 전체를 말함이 아니고 하나님을 거역하는 가인과 같은 악인들을 뜻한다. 땅에 배를 붙이고 사는 뱀의 씨들을 말한다(빌 3:19 참조).

최초의 살인자는 가인이었고 아벨은 최초의 순교자였는데 어느 시대에나 가인형의 인간들이 아벨형의 인간을 죽여 순교자가 되게 했다. 아벨을 죽인 자는 타인이 아닌 형, 가인이었고, 예수를 죽인 자들도 이방인이 아닌 동족인 대제사장과 바리새인이었다.

중세 종교 재판에서 화형당한 많은 순교자와 오늘날 종교전쟁 속에서 죽어가고 있는 순교자들도 구약형 종교를 광신하는 자들에 의해 자행되고 있다.

⑶ 죄 없이 피뿌린 순교자들이므로 그들은 한을 안고 죽었다. 그렇기 때문에 하나님께 해원해 줄 것을 호소한다. 하나님은 억울한 자의 원한을 신원하시는 분이다(신 10:18, 욥 36:6, 시 140:12, 사 49:4, 단 7:22, 눅 18:7).

[11절] 각각 그들에게 흰 두루마기를 주시며 이르시되 아직 잠시 동안 쉬되 그들의 동무 종들과 형제들도 자기처럼 죽임을 당하여 그 수가 차기까지 하라 하시더라

⑴ 흰 두루마기는 예수가 흘린 속죄의 피에 빨아 성결하게 된 예복을 말한다(계 22:14). 예복을 입은 자 아니면 어린 양의 혼인 잔치에 참석할 수 없다(마 22:11-13). 하나님의 말씀과 예수의 증거 때문에 피흘린 순교자들이므로 보혈로 성결하게 된 예복을 주는 것이 당연하다.

⑵ 잠시 쉬는 것은 영원한 안식이 아닌 일시적인 휴식을 의미한다. 제단 밑에서 잠시 쉬는 안식은 부활 때까지 대기하는 상태의 휴식을 뜻한다(단 12:13 참조). 영원한 안식은 완성을 본 자가 아니면 누릴 수 없다(히 4:9).

⑶ 하나님은 수(數)를 예정하신 분이다(『성경의 원리』 상권 「예정론」 참조).
순교자의 수도 이미 예정되어 있는데 밧모섬에서 요한이 계시받을 때까지 죽은 순교자의 수는 예정된 수에 미달된 상태에 있었다. 각 나라 각 민족에 따라 말세까지 순교당할 수가 아직 남아 있었기 때문에 〈그 수가 차기까지 기다리라〉고 당부한다. 순교자의 예정된 수는 하나님 밖에는 알 자 없다. 이 순교자의 수가 찰 때는 세상의 죄악이 관영하여 심판할 수 있는 도수가 찬 때를 말한다.

[12절-13절] 내가 보니 여섯째 인을 떼실 때에 큰 지진이 나며 해가 검은 털로 짠 상복 같이 검어지고 달은 온통 피 같이 되며 하늘의 별들이 무화과나무가 대풍에 흔들려 설익은 열매가 떨어지는 것 같이 땅에 떨어지며

⑴ 여섯째 인을 뗄 때 땅에 큰 지진이 일어난다. 이 지진은 어떤 지진인가? 지진이라면 우리들은 땅 밑에 있는 용암이 분출되어 지각을 변동시키는 지구 물리학적인 지진을 상상한다. 이런 지진은 지금 세계 도처에서 자주 일어나 많은 인명과 재산 피해를 주고 있다.

지각과 지표를 변형시키는 지진도 지진이지만 성경에서 말하는 지진은 보다 정신적인 지진, 영적인 지진을 말하고 있다. 낡은 도덕과 가치 체계를 무너뜨리는 지진을 말한다.

백색 자본주의와 적색 공산주의와 흑색 제3세계는 자기들이 믿는 이데올로기의 교리에 따라 도덕과 윤리의 가치체계를 세웠고, 정치와 이념의 사상체계를 세웠고, 생산과 분배의 경제 체계를 세워 인민을 다스려 왔다.

마귀에게서 주권을 넘겨받은 세상나라의 통치자들과 군왕들은 자기들이 만든 권력 구조가 만세 반석 위에 세워졌다고 착각하고 있다. 이 낡은 사상과 이념과 도덕과 권력과 경제를 밑바닥으로부터 흔들어 모든 구조물을 무너뜨리는 큰 지진이 일어날 것이다.

낡은 하늘과 낡은 땅을 청산하고 새 하늘과 새 땅을 열 〈개벽의 지진〉은 반드시 일어날 것이다. 지구 물리학적인 지진과 더불어 정신 혁명, 심령 개조의 심진(心震)이 일어날 것이다.

지진은 종말의 예표로 성경에 자주 사용되었다(사 2:19, 29:6, 학 2:6, 마 27:51).

⑵ 세상나라의 존재 기반과 가치 체계를 근저로부터 뒤흔들어 무너뜨리는 지진 때문에 모든 권세를 상징하는 해, 달, 별들도 가천(假天)에서 떨어질 것이다.

해가 총담같이 검어짐은 무엇을 의미하는가? 총담은 머리털로 굵게 짠 상복같은 것인데 「이사야」 50장 3절에 나오는 하늘을 덮은 굵은 베가 바로 그것이다. 여기에 나오는 태양은 저 궁창에 빛나는 태양이 아니라 권력의 태양을 뜻한다. 만국기를 보면 대부분 해와 달과 별로 국가를 상징하고 있다.

몇 가지 예를 들어보자.

일본의 일장기(日章旗), 중화민국의 청천백일기(靑天白日旗) 등은 태양이다. 아랍 세계의 여러 나라들은 초승달인 신월기(新月旗)이다. 공산 국가들은 대부분 붉은 별이고 미국은 성조기(星條旗)이다. 소련은 망치와 낫으로 국기를 그리지만 국장(國章)은 큰 붉은 별로 되어 있다. 이스라엘의 국기는 육각형으로 된 〈다윗의 별〉이다.

이처럼 세상 나라들은 하늘의 권세인 해, 달, 별로 국기를 만들었는데 지진이 날 때 이런 권세들이 흔들리지 않을 수 없다. 절대 권력을 잡은 독재자도 태양으로 자처했다. 소련의 스탈린도 인류의 태양으로 우상시 되었고, 모택동은 중공의 태양으로, 김일성은 북한의 태양으로 우상시 되었다. 이런 태양은 다 총담같이 검어질 것이다.

⑶ 달은 왜 피같이 변하는가?

타락한 인간들은 다같이 월경하는 여인이 낳은 육신의 자식들이다. 월경은 여인들이 달과 교감(交感)하여 이루어지는 피의 조수현상(潮水現象)인데 육신으로 태어난 자식들은 천사가 전해준 율법종교를 믿게 된다.

상징으로 볼 때 암체(暗體)인 달은 피조물인 천사를 뜻하고, 해는 발광체이므로 빛의 근원인 하나님을 뜻한다. 달은 태양빛을 받아 밤에 빛나기 때문에 하나님을 대신하는 구약 종교를 상징한다.

이스마엘은 월경하는 하갈이 낳은 육신의 자녀였다. 그러나 이삭은 사라가 경수가 끊어진 후 사라가 낳은 언약의 자식이다. 성경의 원리에서 자세하게 해명한 바 있거니와, 성경 속에는 언약의 자식으로 이루어지는 영맥(靈脈)과 육신의 자식으로 이루어진 혈맥(血脈)이 있다.

혈맥을 따라난 육신의 자식은 종의 자식이므로 천사가 전해준 구약종교를 믿게 되어 하나님을 여호와라 부른다. 그러나 하나님의 자녀는 영맥을 따라 성령으로 거듭난 빛의 아들이므로 하나님을 아버지라 부른다.

「요한계시록」 12장 1절에 나오는 〈해를 옷 입은 여자〉가 인간을 다시 낳아줄 영모(靈母)인데 그녀는 발 밑에 달을 밟고 서 있다. 달을 밟고 선 것은 그녀가 달과 월경의 차원을 초월한 존재임을 뜻한다.

이상하게도 이스마엘의 후손인 아랍 세계의 국기들을 보면 대부분 초승달로 되어 있다. 달이 피같이 변하는 것은 타락한 인간들은 달의 자식임을 나타내기 위해 혈월(血月)이 된다. 다시 말하면 각종 종교와 이데올로기를 믿는 인간들의 정신적 뿌리가 구약 종교였음을 깨닫게 하기 위해 달이 피로 변색한다.

기독교가 하나님을 믿는다고 주장하면서 여호와를 부르는 것은 그들의 정신적 뿌리와 영적 근본이 천사임을 자증하고 있는데 끝날 달이 피로 변할 때가 되어야 자기들이 교리화하여 믿던 신관(神觀)이 잘못된 진리였음을 자각하게 될 것이다.

(4) 떨어지는 별은 무엇을 의미하는가? 낙성(落星)은 세상 권력의 별들이다. 미국은 성조기, 소련은 붉은 별이다. 또 세상 나라 권력을 지켜주는 군대의 장군들도 별들인데 이런 별도 다 떨어질 것이다.

그 뿐인가? 텅빈 현대인들의 우상으로 군림하는 배우나 탈렌트들도 다 별들인데 이런 별들도 떨어질 것이다. 국가의 별, 장군의 별, 배우의 별들이 떨어질 때 선 무화과 열매처럼 떨어진다. 왜 그들이 선 무화과 열매처럼 떨어지는가?

하나님은 무화과의 첫 열매를 기뻐한다(호 9:10, 미 7:1-2). 그런데 세상 나라 가천(假天)에서 빛나던 별들은 심판 때까지 익지 않은 선 과실이었으니 하나님이 잡수실 수 없는 존재들이므로 떨어지게 된다.

※ 이 날까지 「요한계시록」을 해석하는 신학자들은 천체인 해가 총담 같이 되고, 달이 피같이 변하고, 별들이 떨어진다고 믿었다. 광대한 우주 속에서 좁쌀알보다 작은 지구, 이 지구 속에 거하는 타락 인간을 심판하는데 우주 전체를 파괴하는 어리석은 일을 하나님이 하시겠는가?

이와 같은 사고방식은 코페르니쿠스 이전에 천동설(天動說)을 믿던 미신적인 사고방식에서 한 발자국도 진보 못한 망견(妄見)이다. 헬리 혜성의 꼬리 부분만 살짝 지구에 스쳐가도 지구 전체가 멸망하게 되는데 천체가 지구에 떨어진다면 이 우주의 질서는 어떻게 되겠는가? 「요한계시록」에 나오는 해, 달, 별들은 가천(假天)에 빛나는 세상 나라 권세와 인간들임을 깨달아야 한다.

[14절] 하늘은 두루마리(개역한글 : 책)가 말리는 것 같이 떠나가고 각 산과 섬이 제 자리에서 옮겨지매

⑴ 종이축처럼 말리는 하늘은 낡은 종교의 하늘을 뜻한다.

가천(假天)에서 세상 권력과 종교의 해, 달, 별들이 빛났기 때문에 이런 하늘은 하나님의 심판 앞에서 사라지지 않을 수 없다. 지난 날 구약적인 종교는 두루마리에 기록된 종교였기 때문에 낡은 종교가 믿던 낡은 하늘은 두루마리처럼 말려 사라지게 된다.

낡은 천지는 없어지지만 하나님의 말씀과 새 천지는 영원히 없어지지 않는다(시 102:26, 막 13:31, 벧후 3:10, 계 21:1).

⑵ 각 산과 섬은 음녀의 바다에 떠 있는 세상 나라를 말한다.

모든 권력과 우상의 일월성신(日月星辰)이 떨어지는데 각 산과 섬이 어떻게 제 자리에 있을수 있겠는가? 지진으로 인해 다 바다 속으로 가라앉아 멸망될 것이다.

[15절-17절] 땅의 임금들과 왕족들과 장군들과 부자들과 강한 자들과 모든 종과 자유인이 굴과 산들의 바위 틈에 숨어 산들과 바위에게 말하되 우리 위에 떨어져 보좌에 앉으신 이의 얼굴에서와 그 어린 양의 진노에서 우리를 가리라 그들의 진노의 큰 날이 이르렀으니 누가 능히 서리요 하더라

⑴ 임금, 왕족, 장군, 부자, 강한 자, 종, 자유인 – 이 일곱 계층의 인간은 심판받을 모든 자를 뜻하고 있다.

임금, 왕족, 장군, 부자, 강한 자는 권력을 잡은 지배자 계급과 그들에게 붙어 부귀영화를 누린 자들이고 종과 자유인은 피지배 계층을 말한다. 일곱 계층이 5대 2의 비율로 표현된 것은 세상 나라가 약육강식의 악한 나라들이었음을 암시한다.

⑵ 아담은 타락 후 나무 사이에 숨어 하나님의 낯을 피했지만, 심판받을 세상 나라 인간들은 굴과 산 바위 틈에 숨어 하나님의 낯을 피한다.

심판의 두려움에 떠는 이 같은 장면은 여러 번 성경에 예언되었다(사

2:10, 호 10:8, 눅 23:30). 굴과 바위 틈의 생활은 원시인의 주거 생활을 뜻하는데 심판받을 자들은 물질적으로는 문명인이었지만 영적으로 보면 그들은 우상을 섬긴 야만인이요, 미개인이었으므로 굴과 바위 틈에 숨는다.

⑶ 형상(形像)이 없는 하나님의 얼굴은 빛 그 자체이므로 어둠 속에서 죄를 짓던 악인들은 쳐다볼 수 없다.

어린 양의 진노는 죄인을 위해 보혈을 흘린 십자가를 믿지 않는 자들이 당할 형벌이므로 극도로 맹렬하지 않을 수 없다. 누가 능히 그 앞에 설 수 있겠는가. 세상 나라 권력자들은 후안무치한 인간들이지만 감히 어린 양의 분노 앞에는 설 자가 있을 수 없다.

제7장

[1절] 이 일 후에 내가 네 천사가 땅 네 모퉁이에 선 것을 보니 땅의 사방의 바람을 붙잡아 바람으로 하여금 땅에나 바다에나 각종 나무에 불지 못하게 하더라

여섯째 인을 떼고 일곱째 인을 떼기 전 사이에 7장의 계시가 막간극(幕間劇)처럼 전개된다. 7장에 전개되는 장면은 여섯째 인을 떼는 계시의 연장도 아니고, 일곱째 인을 뗄 계시의 서막(序幕)도 아니다.

그럼 왜 여섯째 인을 떼고 일곱째 인을 떼는 중간에 7장의 계시가 전개되는가? 이것은 성도들에게 소망과 인내와 용기를 주기 위함이다. 일곱째 인, 일곱 나팔, 일곱 대접의 재앙을 앞에 둔 성도들이 낙심하고 절망할까 걱정하여 7장의 계시를 보여준다.

환난과 심판의 불 속에서 성도들이 구원받는 7장의 계시는 「요한계시록」 21장과 22장과 연결되는 계시이다. 환난과 고통 속에서 시련받는 성도들을 위로하고 격려하기 위해 21장, 22장에서 전개될 계시를 미리 앞당겨 보여주는 배려는 심판자의 사랑이 깊게 나타난 것이다. 그러므로 7장의 장면을 보면서 참 성도는 환난과 고난이 닥쳐와도 낙심하지 말고 용기있게 심판의 불 속을 통과하여 〈이긴 자〉가 되어야 한다.

⑴ 4수는 땅 수인데 네 천사가 동서남북 사방에 서서 바람을 붙잡아 왜 불지 못하게 하는가?

이것은 성도들에게 인치는 작업을 하기 위해서이다. 네 바람은 사상과 이데올로기의 바람을 뜻하는데 인침 받을 성도들은 바람결에 들뜨지도 않고 놀아나지도 않고 진리를 지킨 자들이므로 바람이 불지 않는 무풍차원(無風次元)에서 인침을 받게 된다.

여기서 우리는 한 가지 물음을 제기하고 또 해답을 얻고 넘어가야 한다. 세상 나라에 살면서 썩은 정치와 낡은 종교에서 교리화한 이데올로기의 영향을 받지 않고 살 자가 과연 몇 명이나 될까 하는 문제이다.

보통 평신도들은 그 시대의 국가 권력에 굴복하고 종교적 이데올로기를 맹신하지만 순교자들은 다르다. 순교자들은 자기가 살던 시대에 정의를 구현하기 위해 악의 권력과 싸워 저항한 자들이고, 썩은 종교 세력을 꾸짖다가 죽임을 당한 자들이기 때문이다. 이데올로기의 바람에 오염되지 않고 그 바람결에 춤추지 않았던 자들이다.

각 시대마다 부는 바람에 들뜨지 않고 어릿광대의 춤도 추지 않고 꼭두각시 노릇도 하지 않고 오직 예수의 증거와 하나님의 말씀을 위해 순교한 자들이므로 이들은 바람이 불지 않는 마당에서 인 치게 되는 것이다. 그러므로 인 맞은 자의 수는 14만 4천으로 그 수가 예정되어 있지만 〈흰 옷을 입은 무리〉의 수는 예정되지 않는다(『성경의 원리』 상권 「예정론」 참조).

⑵ 이 성구에 나오는 땅은 인간 뱀들이 사는 불신앙의 마당을 뜻한다(빌 3:19). 바다는 세상 나라들이고(단 7:2), 각종 나무는 각양각색의 사람을 말한다(사 10:18-19, 겔 31:3-18).

[2절-3절] 또 보매 다른 천사가 살아 계신 하나님의 인을 가지고 해 돋는 데로부터 올라와서 땅과 바다를 해롭게 할 권세를 받은 네 천사를 향하여 큰 소리로 외쳐 이르되 우리가 우리 하나님의 종들의 이마에 인치기까지 땅이나 바다나 나무들을 해하지 말라 하더라

⑴ 살아계신 하나님의 인 – 이 인은 산 자들의 이마에 치기 때문에 살아계신 하나님의 인이라 한다.

하나님은 죽은 자의 하나님이 아니고 산 자의 하나님이기 때문에 산 자만 인을 맞을 수 있다. 예수는 하나님의 인친 자이다(요 6:27). 하나님의 인은 자기 백성을 안다는 뜻이다(딤후 2:19).

하나님이 끝날 산 자, 곧 이긴 자들 이마에 인 치심은 그들을 자기 소유의 백성임을 확인하기 위하여 환난과 불심판 가운데서 구원하기 위함이다. 유월절의 어린 양을 잡아 그 피를 문설주에 바르면 살육의 불칼을 든 천사들이 그 집안에 있는 사람들을 살해하지 않고 유월하듯, 그 이마에 하나님의 인을 맞은 성도들은 아무도 해하지 못한다.

⑵ 해 돋는 곳은 빛과 생명의 방위(方位)이다.

하나님은 빛과 생명이기 때문에 인을 가진 자가 동방으로부터 올라온다.

⑶ 왜 이마에 인을 치는가?

구약에서는 율법을 이마에 붙였다(신 6:8, 11:18). 이마에 인치는 뜻은 그들이 예수가 명한 새 계명을 지킨 자들이기 때문이다. 새 계명은 사랑이다(요일 2:7–11). 하나님의 이름은 사랑이니(요 17:26), 인에 새겨진 이름도 사랑이므로 사랑의 계명을 지킨 자들에게만 인치게 된다.

[4절] 내가 인침을 받은 자의 수를 들으니 이스라엘 자손의 각 지파 중에서 인침을 받은 자들이 십사만 사천이니

⑴ 이 성구에 나오는 이스라엘 자손의 각 지파란 누구인가? 이스라엘이란 야곱의 혈통을 따라 난 열두 지파로 생각하면 큰 오해이다. 혈과 육은 하늘나라로 갈 수 없다(고전 15:50). 육으로 난 것은 무익하기 때문이다(요 6:63).

그럼 참 이스라엘은 기독교도인가? 기독교도들은 자기들이라고 당당하게 주장할 것이다. 그러나 일곱 교회로 표상되는 기독교도 칠성천사가 주관하는 구약형의 종교이기 때문에 기독교인이 참 이스라엘이 될 수 없다. 천사와 씨름하여 이긴 자가 아니면 이스라엘이 될 수 없다. 처음에는 천사의 교회인 기독교를 믿다가 나중에는 스스로 대각하여 기독교를 초극한 자만이 참 이스라엘이 될 수 있다.

일곱 교회에서 〈이긴 자〉에게만 예수와 성령은 무엇 무엇 주겠다고 약속한 사실을 상기하면 참 이스라엘이 누구인가 깨달을 수 있다.

그러므로 참 이스라엘의 열두 지파가 될 사람은 유대인도 아니고, 기독교인도 아닌 〈이긴 자〉들이다. 인 맞은 14만 4천은 9절에 나오는 〈흰 옷을 입은 큰 무리〉와는 구별된다. 상징수(象徵數)이든 실수(實數)이든 14만 4천은 〈예정한 수〉이고, 〈흰 옷 입은 큰 무리〉는 〈예정하지 않은 수〉이다.

다시 말하면 인류역사 이래 14만 4천 명만 진짜 하나님과 예수를 믿은 자들이기 때문에 계시록 14장 4절에 〈어린 양이 어디로 인도하든지 따라가는 자며 사람 가운데에서 구속함을 받아 처음 익은 열매로 하나님과 어린 양에게 속한 자들이니〉라고 14만 4천 명의 신앙 족보를 밝히고 있다.

14만 4천은 인간들 속에서 처음 익은 장자(長子)들이고, 〈흰 옷을 입은 큰 무리〉는 다른 종교(기독교, 유대교, 불교, 유교, 도교, 힌두교, 이슬람교 등등)에서 수렴된 차자(次子)들이다.

그러므로 14만 4천은 장자이고, 〈장자는 하나님과 예수께 속한 자〉들이다. 장자는 하나님의 소유이다(출 13:1-2, 12, 13, 15, 22:29, 34:19, 레 27:26, 민 3:13, 8:16-17, 18:15, 신 15:19). 때문에 장자의 구원과 차자의 구원은 질적인 차이가 있다. 장자는 첫째 부활에 참여하여 왕 같은 제사장이 되어 다스리는 자들이 되고, 차자는 둘째 부활에 참여하여 다스림을 받는 자들이 된다.

⑵ 14만 4천은 어떤 수령(數靈)인가?

14만 4천은 12지파에서 선택된 수이므로 먼저 12수의 뜻을 해독해야 한다. 모세가 광야에 나와서 성막 교회를 세울 때, 동서남북 사방에 3지파씩 나누어 진을 치게 했다. 「요한계시록」 21장 12절-14절에 보면, 하늘에 있는 성전도 동서남북 사방에 3지파씩 이름이 기록되어 있다.

4수는 동서남북을 나타내는 땅 수이고, 3수는 하늘 수(성부, 성자, 성신)의 상징이다. 그러므로 하늘 수 3과 땅 수 4가 곱해진(3×4 = 12) 12수는 신인합발(神人合發)한 임마누엘수(數)를 뜻한다. 3+4 = 7 은 천지합덕(天地合德)한 완전수의 상징이므로 12수와 7수는 영적으로 보면 같은 의미를 가진 수임을 알 수 있다.

10수는 완성수(完成數)이므로 귀일수(歸一數)인데 하나님을 표상하는 수다. 성부도 10수, 성자도 10수, 성신도 10수이다. 12수에 10수를 세 번 곱하면 1만 2천이 된다. 그러므로 1만 2천 명은 한 지파에서 선택된 장자의 충만한 수를 뜻한다.

한 지파에 1만 2천 명씩 12지파이므로 14만 4천은 참 이스라엘의 충만한 수임을 알 수 있다. 충만한 수란, 하나님이 만세 전에 예정하신 수이다.

(3) 그런데 예수와 더불어 진리의 머리조직이 될 14만 4천 명을 인칠 때, 왜 구약적인 12지파의 이름이 등장하는가? 그것은 예수 재림 때까지 존재할 모든 종교와 교회가 천사가 주관하는 구약형의 것이기 때문에, 구약에 나오는 열두 지파의 이름을 방편(方便)으로 사용하게 된다.

[5절-8절] 유다 지파 중에 인침을 받은 자가 일만 이천이요 르우벤 지파 중에 일만 이천이요 갓 지파 중에 일만 이천이요 아셀 지파 중에 일만 이천이요 납달리 지파 중에 일만 이천이요 므낫세 지파 중에 일만 이천이요 시므온 지파 중에 일만 이천이요 레위 지파 중에 일만 이천이요 잇사갈 지파 중에 일만 이천이요 스불론 지파 중에 일만 이천이요 요셉 지파 중에 일만 이천이요 베냐민 지파 중에 인침을 받은 자가 일만 이천이라

여기에 기록된 12지파의 이름을 보면 단 지파와 에브라임 지파가 없다. 왜 두 지파의 이름이 사라지는가?

단 지파는 뱀의 길로 빠진 사탄의 지파로 전락되었기 때문에 사라진 지파가 되었다(창 49:16-17, 렘 8:16-17 참조). 가룟 유다가 열두 제자의 반열에서 사라진 것처럼 단 지파도 열두 지파에서 사라져 버렸다.

에브라임 지파는 북쪽 열한 지파를 대표한 지파인데 여로보암 이래 우상숭배에 가장 앞장선 지파이므로 버림받았다. 사사 기드온과 입다가 미디안과 암몬 족속과 싸울 때 에브라임 지파를 참여시키지 않았는데 이 지파가 교만한 우상숭배에 떨어진 까닭에 싸움에서 제거되었다(삿 8장, 12장 참조).

[9절-10절] 이 일 후에 내가 보니 각 나라와 족속과 백성과 방언에서 아무도 능히 셀 수 없는 큰 무리가 나와 흰 옷을 입고 손에 종려 가지를 들고 보좌 앞과 어린 양 앞에 서서 큰 소리로 외쳐 이르되 구원하심이 보좌에 앉으신 우리 하나님과 어린 양에게 있도다 하니

⑴ 각 나라와 족속과 백성과 방언에서 구원 받은 큰 무리는 어떤 사람들인가? 이 사람들을 기독교인으로만 생각하면 큰 착각이요 오해이다.

각 나라와 족속과 백성과 방언은 모든 종교에서 구원받은 선한 사람을 총칭하고 있다. 기독교, 불교, 유교, 도교, 힌두교, 이슬람교 그 밖에 여러 종교에서 구원받은 모든 선한 사람들이 각 나라와 족속과 백성과 방언에서 건짐받은 사람들이다.

독선적이며 호전적인 기독교인들은 자기들만 구원받는다는 착각 속에 빠져 있다. 그들은 다음 성구를 전가의 보도처럼 휘두르면서 다른 종교를 믿는 선한 이웃들은 다 지옥간다고 함부로 정죄하고 있다.

※ 예수께서 이르시되 내가 곧 길이요 진리요 생명이니 나로 말미암지 않고는 아버지께로 올 자가 없느니라(요 14:6).

다른 이로써는 구원을 받을 수 없나니 천하 사람 중에 구원을 받을 만한 다른 이름을 우리에게 주신 일이 없음이라 하였더라(행 4:12).

위에 인용한 두 성구는 기독교 광신자들이 이교도를 정죄할 때 가장 잘 쓰는 성구들이다. 그들은 예수를 기독교의 교주로 만들고 자기들의 교리 속에 유폐시킨 자들이다.

예수는 기독교의 교주로 이 세상에 오신 분이 아니고 하나님의 독생자로 모든 인류를 위해 온 사람이다. 예수가 오기 전 각 나라와 족속과 백성과 방언 가운데 전파된 모든 종교는 하나님을 대신하여 천사가 증거한 구약적 종교였다.

그러므로 모든 종교는 계율종교로서 인간의 도덕적 윤리적 행위에 절대적인 규범이 된 종교였다. 그러므로 모든 종교의 선한 사람들도 다 구원을 받게 된다. 기독교, 불교, 유교, 도교, 힌두교, 이슬람교 기타 많은 종교에서 구원받은 자들은 둘째 부활을 통해 하늘나라에서 차자가 될 사람들이다.

그러므로 이들의 이마에는 하나님과 예수의 인이 찍히지 않는다. 첫째 부활에 참여할 14만 4천 명만이 장자들이 되어 머리가 될 자들이기 때문에 그들의 이마에는 하나님과 예수의 인이 찍힌다.

기독교인들은 하나님과 예수의 이름을 함부로 불렀고 다른 종교를 믿는 사람들은 예수의 이름을 직접적으로 부르지는 않았지만 그들이 높은 도덕적, 윤리적 생활을 한 것은 〈하나님과 예수의 계명인 사랑〉을 실천한 행위가 되므로 간접적으로 예수의 이름을 시인하고 부른 것이 된다.

모든 종교를 믿는 선한 사람들은 다 우리들의 이웃이다. 이웃을 사랑하자.

⑵ 큰 무리는 흰 옷을 입고 있다. 흰 옷은 행위를 나타내는 성결한 옷이요 예복이므로 계명을 지키는 자들이 입는 옷이다.

이들이 입은 옷은 어린 양의 피에 표백된 옷인데 십자가에서 흘린 보혈은 기독교인들만 위해 흘린 피가 아니고 만민을 위해 흘린 피였기 때문에 모든 사람들의 옷을 깨끗하게 할 수 있다.

⑶ 종려나무 가지를 손에 들고 흔드는 것은 구원받은 기쁨을 표시하는 행위이다.

예수가 예루살렘에 입성할 때 무리들은 왕을 맞이하는 기쁨을 나타내기 위해 종려가지를 흔들었다(요 12:13). 음녀의 바다에서 구원받은 기쁨이 얼마나 크겠는가. 그러므로 종려가지를 흔들어 보좌에 앉으신 이와 어린 양에게 구원을 감사하고 있다.

⑷ 아무나 셀 수 없는 수는 무수히 많은 수를 의미하는 것으로 오해하면 안 된다.

그 수를 능히 셀 수 없다고 표현한 것은 차자의 구원을 얻은 이 무리의 수가 장자의 구원을 얻은 14만 4천처럼 예정되지 않았기 때문이다. 수가 예정되지 않았는데 인간이 그 수를 어찌 셀 수 있겠는가.

[11절-12절] 모든 천사가 보좌와 장로들과 네 생물의 주위에 서 있다가 보좌 앞에 엎드려 얼굴을 대고 하나님께 경배하여 이르되 아멘 찬송과 영광과 지혜와 감사와 존귀와 권능과 힘이 우리 하나님께 세세토록 있을지어다 아멘 하더라

⑴ 보좌 앞에 엎드려 얼굴을 댄 경배는 〈완전한 절〉을 뜻한다. 천사들은 땅에서 구원받은 무리들의 찬송에 화답하여 하나님께 경배드리고 있는데 이것은 천지간에 있는 피조물들이 교향하는 예배이다.

⑵ 5장 12절에 나오는 천사 예배가 칠언 찬송으로 된 완전 예배인 것처럼 여기서도 찬송, 영광, 지혜, 감사, 존귀, 능력, 힘의 칠언 찬송의 예배를 드리고 있는데 이것이 진실한 예배이므로 〈아멘〉하고 있다.

[13절-14절] 장로 중 하나가 응답하여 나에게 이르되 이 흰 옷 입은 자들이 누구며 또 어디서 왔느냐 내가 말하기를 내 주여 당신이 아시나이다 하니 그가 나에게 이르되 이는 큰 환난에서 나오는 자들인데 어린 양의 피에 그 옷을 씻어 희게 하였느니라

⑴ 사도 요한은 산 자의 도맥을 이어받은 우레의 아들이었으므로 14만 4천 명의 구원은 직감적으로 이해할 수 있었는데 인을 맞지 않은 〈흰 옷을 입은 큰 무리〉의 구원은 이해할 수 없었다. 요한의 심중(心中)에서 순간적으로 일으킨 의문에 대하여 24장로 중의 하나가 응답한다.

그런데 장로의 응답이 요한이 마음 속에 품고 있던 의문을 알고 그 문제를 다시 요한에게 질문하고 있으니 재미있는 교수법이다. 요한은 장로의 물음에 대해 솔직하게 모른다고 대답한다.

⑵ 〈내 주여, 당신이 알리이다〉는 요한이 자신의 무지를 고백함과 동시에 장로를 높이고 존경하는 말이다.

⑶ 장로는 그들이 환난 가운데서 나온 자들인데 어린 양의 피에 표백되어 구원받은 무리라고 알려 준다. 큰 환난에서 나온 자들이란, 일곱인, 일곱 나팔, 일곱 대접의 삼중 심판을 통과한 자들을 말한다.

불심판을 통과하지 않으면 구원을 받을 수 없다(고전 3:15).

구원받은 자는 고난의 풀무 속에서 정금같이 연단된 존재이므로(사 48:10), 오빌의 순금보다 희소가치가 있는 존재이다(사 13:12).

[15절] 그러므로 그들이 하나님의 보좌 앞에 있고 또 그의 성전에서 밤낮 하나님을 섬기매 보좌에 앉으신 이가 그들 위에 장막을 치시리니

(1) 그의 성전에서 하나님을 섬긴다는 뜻은 어떤 유형적인 건물 속에서 예배 본다는 말이 아니다. 이것은 인간마다 예수와 완전 일치된 상태를 말한다.

참 성전은 예수의 몸이므로(요 2:21), 인간은 예수 안에 거하고 예수는 인간 안에 거하는 임마누엘 성전이 참 예배할 곳이다. 「요한복음」 14장 1절-3절에 보면 예수는 아버지께 가서 우리가 거할 처소를 마련하면 다시 와서 우리를 그 집에 영접하겠다고 약속했다. 존재가 거할 영원한 집은 말씀이다.

하나님의 말씀과 예수의 진리만이 우리가 거할 참 집이다. 하나님과 인간이 하나가 된 성전! 이것이 새 날의 교회이다.

(2) 밤낮으로 섬김은 그 성전 안에 진리의 빛이 항상 있기 때문이다(요 8:12, 11:9-10 참조).

빛 그 자체이신 하나님에게 밤과 낮의 명암과 상대적 차별이 있을 수 없다.

(3) 그들 위에 장막을 친다 - 이것은 말씀이 인간 개개인 속에 완전히 육화(肉化)되어 사람마다 진리의 화신(化身)이 되는 것을 뜻한다.

하나님의 말씀은 존재들이 거할 집이므로, 새 날에 부활한 우리들은 성령으로 거듭난 몸이므로 예수처럼 도성인신(道成人身)한 자가 된다. 그 때 인간의 장막은 영원히 무너지지 않는다. 타락한 인간의 말씀으로 지은 종교, 철학, 사상, 경제, 과학, 예술, 정치, 문화의 장막들은 우리가 임시로 살아갈 집인데 이것들은 다 무너질 무상한 집들이다.

지금 우리들이 쓰고 있는 말씀은 다 빈말이다. 관념적인 유희의 말씀, 사변적인 궤변의 말씀, 변증법적 모순의 말씀, 상대적인 대립의 말씀, 이상과 현실이 괴리된 말씀, 아집과 독선으로 교리화한 죽은 말씀들이다.

이런 허언(虛言)의 집 속에 인간이 어떻게 영원히 거할 수 있겠는가. 땅 위에 지은 이런 장막들이 무너지면 하나님께서 지은 영원한 장막이 있는 것을 사도 바울은 알고 있었다(고후 5:1).

하늘에 있는 새 예루살렘이 땅 위에 내려올 때 이 장막 안에서 우리는 영원한 존재로 태어날 것이다.

[16절-17절] 그들이 다시는 주리지도 아니하며 목마르지도 아니하고 해나 아무 뜨거운 기운에 상하지도 아니하리니 이는 보좌 가운데에 계신 어린 양이 그들의 목자가 되사 생명수 샘으로 인도하시고 하나님께서 그들의 눈에서 모든 눈물을 씻어 주실 것임이라

⑴ 이 성구는 이스라엘 민족이 살던 지리적인 악조건을 염두에 두고 기록한 말씀이다. 그들이 출애굽하여 광야에 나왔을 때 굶주리고 목말랐기 때문에 만나를 내리고 반석에서 물을 마시게 하였다. 뜨거운 사막에서 해를 가리우기 위해 구름 기둥을 세웠다.

그러나 현대에 살고 있는 우리들의 정신적, 영적 상황도 광야의 조건과 하등 다를 바가 없다. 물질적으로 풍요하고 과학적으로 발달한 현대인의 정신은 황무지나 다름이 없다.

라오디게아 교회처럼 현대인은 잘 입고 잘 먹고 잘 놀고 있지만 실상은 굶주리고 헐벗고 병든 거지들이다. 낡은 종교와 이데올로기에 식상(食傷)한 현대인은 참 말씀이 없어 주리고 목말라 하고 있다(암 8:11-13 참조).

위대한 종교적 구호도 치밀하게 체계화된 사상의 선전도 진리에 허기지고 갈증에 시달리는 현대인의 심령을 해갈할 수 없다. 예수의 진리만이 주린 배를 채워주고 목마름을 해갈시켜 주는 생명수가 될 것이다. 이런 날이 오면 부활한 사람들은 떡으로 살지 않고 말씀으로 살 것이다.

⑵ 사막에 사는 사람들은 작열하는 태양을 싫어했다.

열사(熱沙)의 광야에서 생활하는 유목민들은 달뜨는 밤에 축제를 즐겼다. 오늘날 사막 국가들의 국기가 대부분 초승달을 그린 까닭도 그들이 사막의 살인적인 해를 싫어했기 때문이다. 현대 광야에 뜬 살인적인 인공태양은 원자탄의 섬광이다. 인류를 전멸시킬 살인적인 태양이 작열해도 택한 백성은 상함받지 않을 것이다.

(3) 어린 양은 우리들의 선한 목자이다(요 10:1–16, 21:15–17).

참 목자는 우리를 푸른 초장과 잔잔한 생명수 강으로 인도한다(시 23:1–2). 하나님은 생수의 근원이므로(렘 2:13), 어린 양을 통해 우리는 근원적인 진리를 먹고 마실 것이다.

(4) 모든 눈에서 씻기는 눈물은 희로애락의 감정에서 흘리는 흘리는 눈물이 아니고 죽음이 두려워 흘린 허무의 눈물이다(계 21:4).

제8장

[1절-2절] 일곱째 인을 떼실 때에 하늘이 반 시간쯤 고요하더니 내가 보매 하나님 앞에 일곱 천사가 서 있어 일곱 나팔을 받았더라

⑴ 하늘이 왜 반 시간쯤 고요했을까?

이 고요는 폭풍 전의 정적같은 것으로 장차 전개될 심판에 대한 두려운 침묵을 뜻한다. 태풍의 눈 같은 고요다.

⑵ 여기에 나오는 일곱 천사는 일곱 교회의 천사가 아닌 다른 천사들이다. 하나님을 대신하여 심판의 나팔을 불 두려운 천사들이다.

⑶ 나팔은 전쟁을 선언하는 군기이고(수 6:3-5), 어떤 위기가 닥쳐올 때 경고하는 악기이며(욜 2:1), 하나님의 두려움을 나타내는 신기(神器)이다(출 19:16).

아무튼 나팔은 전쟁과 위기와 심판과 멸망을 예고하고 경고하는 악기이다. 그러나 재림을 기대하는 성도들에게는 희망과 위로와 용기를 주는 나팔이다(마 24:31, 살전 4:16, 고전 15:52).

[3절-4절] 또 다른 천사가 와서 제단 곁에 서서 금 향로를 가지고 많은 향을 받았으니 이는 모든 성도의 기도와 합하여 보좌 앞 금 제단에 드리고자 함이라 향연이 성도의 기도와 함께 천사의 손으로부터 하나님 앞으로 올라가는지라

⑴ 금향로를 가진 이 천사는 나팔부는 일곱 천사가 아닌 다른 천사이다. 천사들은 맡은 바 직분과 사명이 다르다. 가브리엘은 소식을 전하는 천사, 미가엘은 전쟁을 수행하는 천사, 라파엘 천사는 기도를 상달하는 천사이다(에녹 18:5, 90:21, 토비도 12:11-15 참조).

성도들의 기도를 받아 향과 함께 올리는 천사는 라파엘 천사일 것이다.

⑵ 우리가 하나님께 드리는 기도는 향로를 가진 천사의 분향과 합하여 상달된다. 예수의 이름으로 〈아멘〉하는 기도가 왜 직접 하나님께 상달되지 못하고 천사의 금향로를 거쳐야 하는가?

우리가 받은 구원은 보증구원이지 완전구원이 아니다(고후 1:22, 엡 1:13-14). 우리는 아직 양자이지 친자(親子)가 아니다(롬 8:15). 그러므로 성도들은 부활하여 변화받기 전까지는 항상 죄 지으면서 기도하고 기도하면서 죄짓는 생활을 반복하고 있다.

우리의 기도는 죄와 허위와 욕심과 사심의 냄새가 섞인 기도이므로 금향로의 향기로 중화시켜 하나님께 올라가게 한다.

⑶ 보좌 앞 금단 – 출 30:1-8 참조

[5절] 천사가 향로를 가지고 제단의 불을 담아다가 땅에 쏟으매 우레(개역한글 : 뇌성)와 음성과 번개와 지진이 나더라

⑴ 성도들의 기도를 분향하던 향로가 심판받을 악인들에게는 재앙의 불을 쏟는 화로로 변한다.

제단 밑에 있던 순교자들의 부르짖는 기도가 해원을 요구하는 기도이듯, 성도들이 드리는 기도의 내용도 괴로움을 호소하는 소리들이므로 심판의 불을 땅에 쏟는다.

나팔소리가 악인들에게는 두려운 절망의 소리지만 성도들에게는 희망의 소리이듯, 향로도 성도들에게는 기도를 분향하는 그릇이지만 악인들에게는 재앙의 불을 쏟아 붓는 그릇이 된다.

⑵ 뇌성(雷聲), 음성, 번개, 지진은 하나님의 두려움과 진노를 나타낼 때 사용되는 말씀이다.

4수인 땅의 인간을 심판하기 때문에 뇌성, 음성, 번개, 지진의 네 말씀이 사용된다.

[6절] 일곱 나팔을 가진 일곱 천사가 나팔 불기를 준비하더라

성도들의 기도에 응답하여 심판의 시기가 도래했음을 안 일곱 천사들은 재앙의 불을 쏟는 나팔을 불기 위한 준비 태세가 완료되었다.

[7절] 첫째 천사가 나팔을 부니 피 섞인 우박과 불이 나와서 땅에 쏟아지매 땅의 삼분의 일이 타 버리고 수목의 삼분의 일도 타 버리고 각종 푸른 풀도 타 버렸더라

⑴ 피 섞인 우박.

우박은 농산물을 망치는 천재(天災)다(출 9:23-25). 자연적인 농작물을 망칠 때는 물리적인 우박으로 하지만 인간 농작물을 심판할 때는 피 섞인 우박이 떨어진다.

심전농사(心田農事)를 잘못 지은 악인들은 월경하는 여인들이 낳은 더러운 존재들이므로 피 섞인 우박이 떨어진다. 또 인간을 죽일 살인 우박이므로 피 섞인 우박이라 한다.

의인의 피를 흘린 자들이니 피 섞인 우박으로 강타함은 당연하다.

⑵ 땅이 흰 바람, 붉은 바람, 검은 바람으로 세 조각 나듯 재앙도 삼분되어 하나씩 내리기 때문에 3분의 1이 된다.

땅은 뱀의 씨들이 기어 다니는 악한 마당인데(빌 3:19), 피 섞인 우박이 내리면 3분의 1이 망한다.

수목은 악한 권력자의 상징인데(겔 31:3, 단 4:20-22), 이들도 3분의 1이 천벌을 받아 망한다.

각종 풀은 덧없이 죽어갈 인간의 육체를 상징하는데(사 40:6-8), 특히 풀은 민초(民草) 곧 심판 받을 악인들을 말한다.

[8절-9절] 둘째 천사가 나팔을 부니 불 붙는 큰 산과 같은 것이 바다에 던져지매 바다의 삼분의 일이 피가 되고 바다 가운데 생명 가진 피조물들의 삼분의 일이 죽고 배들의 삼분의 일이 깨지더라

⑴ 불 붙는 큰 산이란 무엇을 의미하는가?

「열왕기하」 23장 13절에 보면 멸망의 산이 나오는데 「예레미아」 51장 25절에 보면 멸망산이 곧 불탄 산임을 알 수 있다.

솔로몬은 늙어서 많은 후궁들의 유혹에 빠져 아스다롯과 그모스와 밀곰을 섬기는 만신(萬神)의 전당을 세웠는데 예루살렘 성전 건너편 산에 있었다. 하나님은 요시야 왕 같은 임금을 일으켜 멸망산에 세운 신당(神堂)을 헐고 예레미야의 입을 통해 멸망산이 불탄 산이 될 것을 예고했다.

그러므로 불 붙는 큰 산 같은 것이란 곧 만신의 전당이 있던 더러운 산을 뜻하는데 불로 심판받아 없어질 산이므로 멸망산 또는 불 붙는 산이라 했다. 이것은 우상의 총본산이 불타서 멸망할 것을 의미한다. 불 붙는 큰 산 같은 것이 바다에 던져진 것은 음녀의 바다인 세상나라가 우상 숭배로 더럽혀졌음을 뜻한다.

⑵ 바다는 음녀의 앉은 물, 곧 만국의 상징인데(계 17:15), 특히 경제적으로 부요한 자본주의 나라를 뜻한다(렘 51:13).

우상의 총본산이 멸망할 때 세상 나라도 삼분의 일이 멸망당할 것이다.

⑶ 우상 숭배자들이 벌 받을 때 생명을 가진 피조물도 벌 받는다(습 1:3 참조). 속담에 〈모진 놈 옆에 있다 벼락 맞는다〉라는 말과 같이 악인들 주위에 있던 피조물도 화를 입게 된다. 그렇기 때문에 만물은 탄식하면서 하나님의 뭇 아들이 나타나기를 기다리는 것이다(롬 8:19-20).

배의 삼분의 일은 무역하던 상선과 유조선과 군함을 말한다.

[10절-11절] 셋째 천사가 나팔을 부니 횃불 같이 타는 큰 별이 하늘에서 떨어져 강들의 삼분의 일과 여러 물샘에 떨어지니 이 별 이름은 쓴 쑥이라 물의 삼분의 일이 쓴 쑥이 되매 그 물이 쓴 물이 되므로 많은 사람이 죽더라

⑴ 지구에서 보면 가장 크게 빛나는 별은 금성이다. 금성은 「이사야」

14장 12절에 나오는 계명성으로 타락한 천사를 상징한다.

횃불같이 타는 큰 별은 강물을 쑥이 되게 할 독성(毒星)으로 횃불같이 타는 것을 보면 적성(赤星)임을 알 수 있다.

가천(假天)에서 크게 빛나면서 인간을 미혹하던 별이 낙성(落星)이 되어 강과 물샘을 오염시킨다.

(2) 이 별은 왜 강과 물샘에 떨어지는가?

강과 물샘은 인간이 마시는 식수이다. 생수의 근원은 하나님인데(렘 2:13), 진리의 식수를 오염시켜 종교 공해를 일으키기 위해 강과 물샘에 떨어진다. 현대인은 쑥물과 같은 종교의 폐수를 마시고 죽어가고 있다. 산업공해, 농약공해의 폐수를 마시고 있는 현대인들은 종교 공해의 독수를 마시고 서서히 죽어가고 있는 만성병 환자들이다. 그 원인은 횃불같이 타는 쑥별이 하늘에서 떨어졌기 때문이다.

말세는 식수가 없는 시대가 될 것을 아모스는 예언했다(암 8:11-13). 출애굽한 이스라엘 민족이 광야에 나와 갈증에 시달릴 때 처음 발견한 샘이 마라의 우물이었는데 먹을 수 없는 독수였다. 이 때 모세는 하나님이 명한 한 나무로 쓴 물을 달게 만들어 원망하는 무리를 해갈시켰다(출 15:23-25). 그 때 모세가 발견한 나뭇잎은 물을 소성(蘇醒)시키는 생명나무 잎사귀를 상징하는 잎이었다(계 22:2 참조).

현대 광야에서 종교 공해의 폐수를 해독시켜 진리의 감로수(甘露水)를 만들 자가 누구인가?

생수의 근원을 찾고 진리의 뿌리를 찾는 신앙의 혁명이 일어나야 한다. 다른 영, 다른 예수, 다른 복음의 쓴 물이 탁류가 되어 흘러가는 역사의 강가에서 생명나무의 잎사귀를 던져 생수의 진리를 소생시켜야 한다.

우상 숭배하는 패역한 무리를 향해 쑥물을 먹이고 독수를 마시게 하겠다고 경고했다(렘 9:15).

[12절] 넷째 천사가 나팔을 부니 해 삼분의 일과 달 삼분의 일과 별들의 삼분의 일이 타격을 받아 그 삼분의 일이 어두워지니 낮 삼분의 일은 비추임이 없고 밤도 그러하더라

여기서 나오는 해, 달, 별도 6장 12절-13절에서 풀이한 바와 같이 천체의 일월성신이 아닌 세상 나라 권력들의 상징이다.

넷째 나팔이 울릴 때 권력의 성좌(星佐)들은 3분의 1이 타침을 당해 빛을 잃을 것이다(사 13:9-10참조).

[13절] 내가 또 보고 들으니 공중에 날아가는 독수리가 큰 소리로 이르되 땅에 사는 자들에게 화, 화, 화가 있으리니 이는 세 천사들이 불어야 할 나팔 소리가 남아 있음이로다 하더라

독수리는 고기를 먹는 육식조로서 성경에서는 시체를 뜯어먹는 가증한 새로 등장한다(신 28:49, 렘 48:40, 겔 17:3, 호 8:1, 합 1:8). 땅 수를 상징하는 네 나팔의 심판이 끝나면 나머지 세 나팔의 재앙을 예고하기 위해 공중에 독수리가 날아가면서 3화(三禍)가 남아 있음을 외친다.

독수리가 3화를 강조한 것은 닥쳐올 세 가지 화가 엄중하고 극심하기 때문이다. 주검이 있는 곳에 독수리가 모이는데(마 24:28), 심판이 끝나면 가증한 새들의 잔치가 있을 것이다(계 19:17-18).

※ 미국의 국조가 흰머리수리인데 미국 자본주의도 사람 고기를 먹는 독수리의 나라임을 깨달으라. 히틀러의 나치즘의 상징도 독수리였다.

제9장

[1절] 다섯째 천사가 나팔을 불매 내가 보니 하늘에서 땅에 떨어진 별 하나가 있는데 그가 무저갱의 열쇠를 받았더라

⑴ 이 별은 다섯째 나팔을 불 때 떨어진 별이 아니고 그 전에 이미 땅에 떨어진 별이다. 그런데 다섯째 나팔을 불 때 이 별의 정체가 드러난다. 「욥기」 38장 7절에 보면 하늘에는 여러 개의 새벽 별이 있는데 이것은 하늘 구조가 여러 층으로 되어 있기 때문이다.

마귀로 전락한 지혜천사는 셋째 하늘에 떠오른 새벽 별이었는데 아담은 그 별을 예수의 새벽 별로 오각(誤覺)한 것이 타락이었다.

땅에 떨어진 이 별은 루시퍼가 아닌 다른 별이다. 그러나 땅에 떨어진 것을 보면 타락한 천사가 틀림이 없는데 무저갱의 열쇠를 받은 것을 보면 고급 천사임을 짐작할 수 있다.

타락한 천사들은 스스로 잘났다고 분쟁하는 교만한 자들이므로 (마 12:26-27), 하나님은 이 악령들의 분쟁을 역이용하여 악으로 악을 심판하게 한다.

⑵ 무저갱이란 악한 영들을 가두는 감옥인데(눅 8:31, 계 11:7, 20:1), 무간지옥(無間地獄) 같은 끝없는 심연, 밑 빠진 우물같은 수직갱(垂直坑)을 뜻한다. 그 곳은 황량한 혼돈과 꺼지지 않는 유황불이 타고 있다. 이 무저갱은 뚜껑으로 봉해졌는데 열쇠를 받은 타락한 천사가 무저갱의 뚜껑을 열어 악령들을 해방하여 세상나라를 해하게 한다.

악한 자의 손을 빌어 악한 자를 망하게 하는 것이 심판의 전법(戰法)이다.

[2절] 그가 무저갱을 여니 그 구멍에서 큰 화덕의 연기 같은 연기가 올라오매 해와 공기가 그 구멍의 연기로 말미암아 어두워지며

유황불로 소돔 고모라를 멸망시킬 때 피어오른 연기는 옹기점 연기같았다. 현대적인 술어로 표현하면 버섯구름 같은 죽음의 연기를 뜻한다.

지금 초강대국들이 지하 갱에서 비밀리에 행하고 있는 원폭 실험도 무저갱에서 올라오는 연기의 일종이다. 원자탄의 섬광으로 해가 어두워지고 방사선과 낙진으로 공기가 오염된 지옥의 문전에서 현대인은 살고 있다.

이 성구에서 말하는 무저갱의 연기는 악령을 상징하는 영적 연기이지만 우리는 물질적 죽음의 연기인 원자구름 밑에서 살아가는 수인(囚人)같은 존재이다.

핵 실험을 지하 갱에서 행하고 있는 사실은 과학적 의미에서 볼 때 무저갱의 연기와 다를 바 없다.

[3절] 또 황충이 연기 가운데로부터 땅 위에 나오매 그들이 땅에 있는 전갈의 권세와 같은 권세를 받았더라

⑴ 황충은 메뚜기의 일종인데 연기 가운데서 나오는 것을 보면 군대같은 악령들의 집단임을 알 수 있다.

말세에는 수없이 많은 악령들이 연기처럼 사람의 심령 속에 들어가 인간들을 병들게 한다. 악령인 황충의 군대는 사람들의 심령 속에 잠입하여 악한 사상을 심어 무신론자, 배교자, 사이비 신자가 되게 한다. 특히 군대 속에 들어가 인간을 명령에 절대 복종시키는 비인간적인 기계로 만들어 버리고 절대 권력의 노예와 주구로 전락시킨다.

황충은 사막 지대에서 번식하여 농경 지대에 침입하는 해충인데 인간 심령도 사막처럼 메말라질 때 악령들의 집이 되고 안식처가 되어 푸른 생명을 갉아 먹힐 것이다.

⑵ 전갈의 권세는 인간을 죽이지 않고 괴롭히는 권세다. 전갈에 쏘이면 죽지 않고 며칠 동안 괴로움에 시달린다.

[4절] 그들에게 이르시되 땅의 풀이나 푸른 것이나 각종 수목은 해하지 말고 오직 이마에 하나님의 인침을 받지 아니한 사람들만 해하라 하시더라

풀, 푸른 것, 각종 수목은 8장 7절에서 해를 받지 않고 살아남은 3분의 2의 인간들을 뜻한다.

풀은 민중의 상징이요(사 40:6), 푸른 것, 각종 수목은 인간과 권력자들의 상징이다(겔 20:46-48, 눅 23:31). 인 맞은 자의 수는 14만 4천 명뿐 나머지 각 나라와 족속과 방언과 백성 속에서 구원받은 〈흰 옷 입은 무리〉가 풀과 푸른 것과 각종 수목 속에 섞여있기 때문에 해하지 말라 했다.

인 맞은 자도 아니고 풀과 푸른 것과 각종 수목에도 들지 못한 인간들은 쓰레기 같은 자들이므로 황충과 전갈의 해를 받을 것이다.

[5절] 그러나 그들을 죽이지는 못하게 하시고 다섯 달 동안 괴롭게만 하게 하시는데 그 괴롭게 함은 전갈이 사람을 쏠 때에 괴롭게 함과 같더라

다섯 달 동안이란 황충이 번성하여 농작물을 먹어 치우는 한해(旱害) 기간을 뜻하지만, 근본 뜻은 비진리의 도정(道程)인 오리(五里)를 가서 오리무중(五里霧중)에 방황하는 미혹받은 자들을 괴롭히는 기간이다.

말세에 나타날 적그리스도는 모든 능력과 기사와 거짓 표적으로 진리를 믿지 않은 자들을 유혹할 것이다(살후 2:3-4, 9-12).

[6절] 그 날에는 사람들이 죽기를 구하여도 죽지 못하고 죽고 싶으나 죽음이 그들을 피하리로다

죽고 싶어도 죽지 못하는 것은 고통의 극치를 뜻한다. 어떤 생명도 죽음을 원하는 생명은 없는데 더구나 악인들이 죽기를 구한 것은 그들이 절망과 고통의 극치에서 몸부림치고 있음을 뜻한다. 우상 숭배자들은 복을 받지 못하고 화를 받게 되는데 하나님은 악한자의 손을 빌어 악인을 심판한다. 죽고 싶어도 죽지 못하는 고통은 지옥의 형벌같은 고통이다.

[7절] 황충들의 모양은 전쟁을 위하여 준비한 말들 같고 그 머리에 금 같

은 관(개역한글 : 면류관) 비슷한 것을 썼으며 그 얼굴은 사람의 얼굴 같고

⑴ 황충은 작은 곤충인데 이것들이 전쟁을 위한 말처럼 거대한 모양으로 변모한 것은 적그리스도와 거짓 선지자들의 권세와 능력이 놀라운 속도로 극대화된 상태를 말한다(욜 1:4, 2:4 참조).

⑵ 금 같은 면류관은 도금(鍍金)한 모조품, 가짜 면류관을 말한다.

왕으로 사칭한 적그리스도의 가짜 면류관은 그들이 주장하고 선전하는 교리도 가짜임을 뜻한다. 마귀는 거짓의 아비이므로 적그리스도의 모든 사상은 거짓 공약(空約)이다.

메뚜기의 배를 보면 임금 왕(王)자가 있는데 메뚜기를 황충이라고 한 것도 이 때문이다(蝗은 벌레(蟲)의 임금(皇)을 뜻함).

⑶ 그 얼굴은 왜 사람 얼굴 같은가?

적그리스도와 거짓 선지자는 인간 뱀(蛇), 인간 개(犬), 인간 여우(狐)들인데, 인면수심(人面獸心)이라 그들도 사람의 탈을 썼기 때문에 사람처럼 보인다. 적그리스도의 사상은 야수처럼 잔인하지만 겉으로는 인도주의의 탈을 쓰고 나타날 것을 암시하고 있다.

거짓 선지자들은 양의 가죽을 쓴 이리들이다(마 7:15).

[8절] 또 여자의 머리털 같은 머리털이 있고 그 이빨은 사자의 이빨 같으며

⑴ 「고린도 전서」 11장 3절–15절에 보면 남자는 긴 머리를 하지 않고 여자만 장발을 하게 되어 있다. 남자의 머리는 그리스도이기 때문이다. 양털같고 눈 같은 예수 그리스도의 백발은 지혜의 상징이지만 여자의 검고 긴 머리는 타락한 무지의 상징이다.

황충이 여자의 머리털을 한 것은 그들 사상의 무지성과 비진리성을 나타내고 있다. 그들은 무도(無道)한 자들이므로 산발을 하고 있다.

⑵ 사자의 이는 무지하고 잔악한 적그리스도의 흉포성과 비정성을 나타내고 있다.

끝날 마귀는 우는 사자처럼 이빨을 드러내고 삼킬 자를 찾을 것이다(벧전 5:8).

[9절] 또 철 호심경(개역한글 : 흉갑) 같은 호심경이 있고 그 날개들의 소리는 병거와 많은 말들이 전쟁터로 달려 들어가는 소리 같으며

⑴ 철 흉갑은 적그리스도의 교리를 광신하는 무리들의 견고성, 강인성, 잔인성을 나타낸다.

옛날 로마도 철로 상징된 국가였다. 그러나 하나님의 군병들은 의의 흉갑을 붙인다(엡 6:14).

⑵ 날개들의 소리는 말들이 전장으로 달려가는 소리 같은데 이것은 빠른 기동성과 집결성(集結性)을 의미한다. 현대전은 기동성을 제일로 한다.

현대전의 양상으로 보면 전차군단이 전장으로 달려가는 공포의 굉음(轟音)과 헬리콥타가 편대지어 날아가는 소음일 것이다.

[10절] 또 전갈과 같은 꼬리와 쏘는 살이 있어 그 꼬리에는 다섯 달 동안 사람들을 해하는 권세가 있더라

⑴ 뱀의 독은 머리에 있으나 전갈의 독은 꼬리에 있는데 꼬리는 거짓말하는 선지자를 말한다(사 9:15).

프롤레타리아의 독재를 외치며 붉은 폭력 혁명으로 세계를 정복하려는 광신적 사상은 꼬리가 머리가 되겠다는 망상이다. 모든 존재의 머리는 예수 그리스도인데 거짓 선지자들이 어떻게 머리가 될 수 있겠는가.

⑵ 다섯 달 동안 – 9장 5절 해석 참조.

[11절] 그들에게 왕이 있으니 무저갱의 사자라 히브리어로는 그 이름이

아바돈이요 헬라어로는 그 이름이 아볼루온이더라

⑴ 무저갱의 사자는 무저갱을 맡고 있는 천사를 말한다. 이 천사는 타락한 천사 중 하나일 것이다.

불을 다스리는 천사가 있고(계 14:18), 물을 차지한 천사가 있듯(계 16:5) 천사는 그 품계에 따라 직분이 다르다. 무저갱의 사자는 저승 사자같은 무시무시한 흑천사(黑天使) 다.

⑵ 아바돈, 아볼루온은 멸망자, 파괴자란 뜻이다.

무저갱에서 연기처럼 나온 군대 악령, 집단 악령들이 인간들을 영적으로 사상적으로 오염시켜 인간성을 파괴하여 다 멸망시킬 것이다.

[12절] 첫째 화는 지나갔으나 보라 아직도 이 후에 화 둘이 이르리로다

독수리가 예고한 3화(三禍) 가운데서 첫째 화는 지나갔으나 아직도 두 가지 화가 남아있다.

첫째 화는 무저갱에서 악령들이 나와서 인간을 사상적으로 영적으로 오염시킨 심화(心禍)였다. 현대인은 대부분 정신병적 증상을 갖고 있는 심령이 병든 환자들이다. 거라사인 모양(눅 8:30-31), 군대귀신들이 인간의 심령을 좀먹으며 사상의 괴뢰, 정치의 주구로 전락시키고 있다.

[13절] 여섯째 천사가 나팔을 불매 내가 들으니 하나님 앞 금 제단 네 뿔에서 한 음성이 나서

속죄 제물의 피를 바르는 제단 뿔은 죄를 속하는 권세가 있음을 나타내는 상징인데(레 4:25), 이 뿔이 네 개가 있는 것은 4수인 땅의 인간을 구원하기 위한 제단임을 뜻한다.

네 뿔에서 한 음성이 나옴은 속죄의 음성인데 심판받을 자들은 속죄의 피를 믿지 않는 자들이므로 이 음성은 여섯째 나팔을 재촉하는 음성이 된다.

[14절-15절] 나팔 가진 여섯째 천사에게 말하기를 큰 강 유브라데에 결박한 네 천사를 놓아 주라 하매 네 천사가 놓였으니 그들은 그 년 월 일 시에 이르러 사람 삼분의 일을 죽이기로 준비된 자들이더라

(1) 이 성구에 나오는 유브라데 강은 중동에 있는 지리적 강이 아니다. 상징적인 강으로 세계를 자본주의와 공산주의로 갈라놓은 이데올로기의 강을 뜻한다.

유브라데 강의 어원(語源)은 〈큰 자궁〉을 뜻하는데 음녀의 자궁에서 흐르는 더러운 물이 세상 나라를 오염시켜 바다를 이루었고, 끝날 만국은 적백(赤白) 사상으로 대립하여 판가리 싸움을 하게 되었으므로 유브라데 강은 이데올로기로 동서를 가름하는 상징적 강이 된다.

(2) 네 천사를 왜 유브라데 강에 결박시켰을까?

「요한계시록」 7장 1절에 보면 땅에 불던 네 바람을 불지 못하게 했는데 바람을 불지 못하게 한 것은 말의 고삐를 잡아맨 것이므로 천사를 결박한 것이 된다.

말 - 바람 - 사상이 되므로 천사를 결박한 것은 이데올로기의 종언을 뜻한다. 그러나 결박한 네 천사가 풀려나면 최후의 사상전은 피보라 속에서 전개될 것이다.

(3) 그 년, 월, 일, 시는 곧 인류 운명의 사주(四柱)인데 하나님이 예정한 비밀의 시간을 뜻한다(마 25:13 참조).

인류의 3분의 1이 사상전으로 말미암아 죽게 되는 그 년, 월, 일, 시는 아무도 알 수 없다. 가공할 살육의 때를 하나님은 예정해 두고 있는데 인류의 사주팔자(四柱八字)를 어느 점장이가 알 수 있겠는가.

노스트라다무스는 1999년 7월을 인류 종말의 때로 예고했는데 비성경적인 예언이므로 미혹 당하지 말아야 한다. 그 날과 그 때는 아무도 모르고 하나님만 아는 비밀이지만(마 24:36), 깨고 깬 자가 되면 두려워 할 것이 없다.

[16절] 마병대의 수는 이만 만이니 내가 그들의 수를 들었노라

이만 만은 2억(億)인데 이것은 마귀의 분열수 2수를 극대화한 수를 말한다.

마병대는 현대전의 개념으로 보면 전차 군단과 기갑 부대라 할 수 있다. 전차 군단과 기갑 부대가 화학전(化學戰)과 원자전(原子戰)을 전개하는 처절한 장면을 상상해 보라.

45억이 넘는 인류 중 사상전의 바람을 타고 미쳐 날뛰는 광신자들을 2억이라는 수로 상징하였다.

[17절] 이 같은 환상 가운데 그 말들과 그 위에 탄 자들을 보니 불빛과 자줏빛과 유황빛 호심경(개역한글 : 흉갑)이 있고 또 말들의 머리는 사자 머리 같고 그 입에서는 불과 연기와 유황이 나오더라

⑴ 말(馬)은 사상과 이데올로기의 바람(風)이니, 말탄 자들은 이데올로기와 교리로 무장한 권력층과 종교꾼과 당원(黨員)과 군인들이 될 것이다.

자본주의 국가와 공산주의 국가와 제 3세계의 국가에는 말탄 자들이 많다. 자본주의 국가의 권력 엘리트들과 공산주의 국가의 당원과 인민영웅들, 그리고 제 3세계의 독재자들과 군인들과 신흥 재벌들은 다 말탄 자들이다.

⑵ 불빛, 자줏빛, 유황빛 흉갑은 무엇을 의미하는가?

불빛은 적색(赤色), 자줏빛은 짙은 남색에 붉은 색이라는 색깔인데 청색 계통이고 유황빛은 누런 황색이다.

적청황(赤靑黃)은 삼원색(三原色)으로 삼태극(三太極)의 색깔인데 이것은 삼위신(三位神)을 상징한다.

삼태극 = 삼원색이 모든 색채의 근원이 되듯, 삼위신의 말씀은 모든 사상의 근원이 되는데, 마귀는 하나님의 도를 훔쳐 이 세상을 자기의 사상과 이데올로기로 오염시킨 자들이기 때문에 삼원색 비슷한 흉갑을 입고 있다.
불빛은 전쟁을, 자줏빛은 위장한 사상을, 유황빛은 죽음을 나타낸다.

⑶ 사자의 머리같은 말(馬)은 사상의 악마성, 흉포성, 야만성, 비인간성, 무자비성을 의미한다.

⑷ 하나님의 입에서는 생명의 말씀이 나오지만, 적그리스도의 입에서는 인간을 죽이는 살인적인 불과 유황의 연기가 나온다.
현대적인 불과 유황 연기는 원자전과 화학전의 연기를 뜻하고 있다.
모든 거짓 복음은 적그리스도의 입에서 나온 거짓말이므로 영적으로 보아도 그 입에서 나온 말은 사람을 죽이는 말이기 때문에 불과 유황과 연기라고 할 수 있다.
소돔 고모라의 악인들을 멸망시킬 때도 불과 유황이 비 오듯 내렸다.

[18절] 이 세 재앙 곧 자기들의 입에서 나오는 불과 연기와 유황으로 말미암아 사람 삼분의 일이 죽임을 당하니라

사람의 3분의 1이라면 현재의 인구로 따지면 15억이 죽임을 당한다. 얼마나 가공할 살륙전인가. 하나님을 떠나 우상을 섬기던 악인들이 자초한 심판이지만 이데올로기의 허상(虛像)에 놀아난 악인들의 말로는 진실로 불쌍하다.

[19절] 이 말들의 힘은 입과 꼬리에 있으니 꼬리는 뱀 같고 또 꼬리에 머리가 있어 이것으로 해하더라

머리는 거짓 지혜를 내는 장로(長老)와 권력자, 꼬리는 거짓 선지자를 뜻한다(사 9:15 참조).
머리와 꼬리는 몸 전체를 표현하는 말인데 황충의 몸 전체 즉 사상 전체가 거짓으로 구성되어 있고 머리와 꼬리에서 나오는 힘, 즉 권력도 거짓으로 된 것임을 알 수 있다.

10절에서는 전갈과 같은 꼬리가 있다고 했는데 이 꼬리가 여기서는 뱀으로 변한 것을 알 수 있다. 전갈의 꼬리는 사람을 괴롭게 했으나 뱀은 사람을 죽이는 맹독이 있다. 전쟁이 나면 광신적인 교리와 사상은 더욱 흉포하고 잔인해져서 인명을 파리목숨처럼 여길 것이다.

[20절-21절] 이 재앙에 죽지 않고 남은 사람들은 손으로 행한 일을 회개하지 아니하고 오히려 여러 귀신과 또는 보거나 듣거나 다니거나 하지 못하는 금, 은, 동과 목석의 우상에게 절하고 또 그 살인과 복술과 음행과 도둑질을 회개하지 아니하더라

⑴ 사람의 3분의 1을 죽인 무서운 사상전 속에서도 살아남은 인간들이 있는데 이것은 그들이 의로워서가 아니라 회개하여 살기를 바라는 하나님의 자비심 때문이다.

그러나 사상에 세뇌 당하고 이데올로기의 괴뢰로 전락된 자들은 끝까지 회개하지 않는다. 그들은 하나님께로 돌아오지 않고 생명이 없는 우상에게 절하는 불치병에 걸린 영적 환자들이며 정신병자들이다.

⑵ 살인은 자기들이 주장하는 교리와 사상만이 유일한 진리라고 주장하면서 남을 이단자, 또는 반동분자로 몰아 정죄하는 행위이다.

현대적인 복술은 과학을 미신하며 컴퓨터로 점치는 행위이고, 음행은 현대인의 성 개방 풍조에 따라 성행위가 문란해지는 것을 뜻하고, 도적질은 개인의 사생활을 감시하는 절대 권력과 비밀경찰과 정보원의 도청행위, 감시, 그리고 산업 비밀을 빼내는 스파이 행위를 말한다.

살인, 복술, 음행, 도적질을 모세의 계명과 율법에서 금지한 원시적 인간 행위로 해석할 수 있지만 우리가 살고 있는 현대적 상황 속에서의 살인, 복술, 음행, 도적질은 보다 다원화한 양상을 가지게 되므로 현대적인 개념으로 해석하는 것이 타당하다.

제10장

[1절] 내가 또 보니 힘 센 다른 천사가 구름을 입고 하늘에서 내려오는데 그 머리 위에 무지개가 있고 그 얼굴은 해 같고 그 발은 불기둥 같으며

⑴ 힘센 다른 천사란 이제까지 등장한 천사들과 구별하기 위한 말이다. 힘센 천사는 천사 중에서도 권세와 능력이 많은 고급 천사를 뜻하는데 5장 2절에도 나온다.

⑵ 힘센 천사가 하늘에서 내려온다 했으니 이때 요한은 땅에 있었다고 생각하면 안 된다.

4장 1절에서 보듯 요한이 올라가 계시받는 하늘은 셋째 하늘이었다. 셋째 하늘 위에도 많은 하늘이 있다. 유대인은 7층천, 한국인은 9층천, 인도인은 33층으로 하늘 구조를 이해했다(『성경의 원리』 상권 중 「하늘론」 참조). 요한은 셋째 하늘에 있었는데 그 위의 하늘에서 힘센 천사가 내려오는 것을 보았다.

⑶ 구름을 입었다는 뜻은 이 천사가 구름 병거(兵車)를 타고 하강함을 알 수 있다. 구름은 수레이다(시 104:3).

⑷ 무지개는 천사 세계의 조화를 나타내는 색깔인데 힘센 천사의 머리 위에 무지개가 있는 것을 보면 이 천사가 모든 천사들을 대신한 존재로서 내려옴을 알 수 있다.

⑸ 천사와 의인들의 얼굴은 하늘나라에서 해같이 빛난다(마 13:43).

해 같은 얼굴은 변화체의 상징이다(마 17:2, 계 1:16). 또 해 같은 얼굴은 지혜의 존재를 뜻한다(전 8:1). 그 얼굴이 해 같은 천사는 하나님을 대리한 지혜로운 존재임을 뜻한다.

⑹ 하나님은 이스라엘을 광야에서 불기둥과 구름기둥으로 인도했다.

불기둥 같은 천사의 발은 타락한 인간을 바른 길로 인도하는 천사를 뜻한다.

[2절] 그 손에는 펴 놓인 작은 두루마리(개역한글 : 책)를 들고 그 오른 발은 바다를 밟고 왼 발은 땅을 밟고

(1) 이 책은 어린 양이 떼는 책과 구별하기 위해 작은 책이라 했다.

인간인 사도 요한이 먹고 예언해야 할 책이기에 작은 책이라 한다. 에스겔도 두루마리를 먹고 예언했는데 그 속에는 애가와 애곡과 재앙이 기록되어 있었다(겔 2:10).

(2) 오른발로 바다, 왼발로 땅을 밟고 선 것은 지구 전체를 밟고 선 것을 말한다. 지구 전체를 10으로 볼 때 바다와 땅의 비율은 7대 3이다. 요한이 먹고 예언할 애가와 애곡과 재앙은 지구 전체에 임할 사건이기 때문에 지구를 밟고 선 천사가 작은 책을 들고 섰다.

[3절] 사자가 부르짖는 것 같이 큰 소리로 외치니 그가 외칠 때에 일곱 우레가 그 소리를 내어 말하더라

(1) 크고 우렁차게 포효(咆哮)하는 사자의 부르짖음은 두렵고 권세있는 말씀을 의미한다.

하나님의 말씀은 사자의 부르짖음과 같다(호 11:10, 암 3:8).

(2) 일곱 우레는 완전한 하나님의 말씀을 의미한다.

일곱 우레들이 각각 제 소리를 발함은 말씀의 다양성과 조화성과 통일성을 의미한다. 우레는 잠든 의식을 깨우는 각성의 말씀이다.

[4절] 일곱 우레가 말을 할 때에 내가 기록하려고 하다가 곧 들으니 하늘에서 소리가 나서 말하기를 일곱 우레가 말한 것을 인봉하고 기록하지 말라 하더라

일곱 우레의 말씀은 왜 인봉해 두는가? 하나님의 〈완전한 말씀〉은 타락한 인간의 머리로 완각(完覺)할 수 없는 오묘한 말씀이기 때문에 인봉해둔다.

성경은 죄인에게 주신 불완전한 말씀이다. 그렇기 때문에 비유와 상징으로 기록했다. 인간이 부활하여 새 하늘과 새 땅에 살 때 일곱 우레의 말씀은 개봉되어 완전한 지혜에 이르게 할 것이다(시 29:3-4 참조).

[5절-6절] 내가 본 바 바다와 땅을 밟고 서 있는 천사가 하늘을 향하여 오른손을 들고 세세토록 살아 계신 이 곧 하늘과 그 가운데에 있는 물건이며 땅과 그 가운데에 있는 물건이며 바다와 그 가운데에 있는 물건을 창조하신 이를 가리켜 맹세하여 이르되 지체하지 아니하리니

⑴ 힘센 천사가 하나님을 향해 오른손을 들고 맹세한 것은 「요한계시록」의 예언이 확실하게 이루어질 사실임을 나타내기 위함이다. 힘센 천사가 한 맹세는 능력과 권세가 있는 맹세이므로 빈 맹세가 아닌 확실성이 있는 맹세다.

예수는 죄인들에게 맹세하지 말라고 했다(마 5:33-37). 인간의 맹세는 행할 능력이 없는 무능한 맹세이기 때문이다.

⑵ 지체치 아니하리라 – 이것은 시간이 다시 없는 절박한 상황을 의미한다. 하나님이 예정하신 심판의 시간은 도수(度數)가 찬 시간이다(히 10:37).

[7절] 일곱째 천사가 소리 내는 날 그의 나팔을 불려고 할 때에 하나님이 그의 종 선지자들에게 전하신 복음과 같이 하나님의 그 비밀이 이루어지리라 하더라

타락한 인간을 건지시는 구원 섭리와, 그리고 하나님 나라를 완성할 계획과 청사진은 하나님 품 속에 숨겨진 비밀이다.

그러나 이 비밀은 각 시대마다 여러 선지자들에게 부분적으로 알게 했고(히 1:1), 또 보여 주었다(암 3:7). 부분적으로 보여주고 알게 한 것도 비유와 상징과 암호와 은어로 했기 때문에 타락한 인간의 지혜로는 하나님의 전체적인 청사진을 이해할 길이 없었다.

그러나 복음 속에 기록된 모든 비밀이 일곱째 천사가 나팔 부는 날 다 이루어질 것이다. 악인들은 복음 속에 약속된 하나님의 비밀을 모르기 때문에 비웃지만(벧후 3:3-4), 하나님의 비밀은 반드시 이루어진다.

[8절-10절] 하늘에서 나서 내게 들리던 음성이 또 내게 말하여 이르되 네가 가서 바다와 땅을 밟고 서 있는 천사의 손에 펴 놓인 두루마리(개역한글 : 책)를 가지라 하기로 내가 천사에게 나아가 작은 두루마리(개역한글 : 책)를 달라 한즉 천사가 이르되 갖다 먹어 버리라 네 배에는 쓰나 네 입에는 꿀 같이 달리라 하거늘 내가 천사의 손에서 작은 두루마리(개역한글 : 책)를 갖다 먹어 버리니 내 입에는 꿀 같이 다나 먹은 후에 내 배에서는 쓰게 되더라

⑴ 왜 책을 먹는가?

책에 기록된 내용을 완전히 소화하고 이해하기 위해서다. 참 예언자는 성경의 뜻을 소화하고 이해한 후 자기 피와 살이 된 하나님의 말씀을 제 소리로 증언하는 자다.

그러나 거짓 선지자와 종교꾼들은 자기 피와 살로 육화(肉化)된 말씀이 아닌 교리의 말, 신학의 말, 사상의 말을 앵무새처럼 지껄이는 자다.

성경을 먹고 새김질하여 완전히 소화한 다음 자기 살과 피로 육화된 말씀을 하는 선지자는 드물다.

⑵ 하나님의 말씀은 꿀보다 달고 꿀송이보다 더 달다(시 19:9-10, 119:103, 아 5:1, 잠 24:13). 그러나 이 단 말씀이 배에서 쓰게 된 것은 이것이 애곡과 애가와 재앙이 기록된 말씀이기 때문이다(겔 2:8-3:1 참조).

[11절] 그가 내게 말하기를 네가 많은 백성과 나라와 방언과 임금에게 다시 예언하여야 하리라 하더라

다시 예언해야 한다는 뜻은 무엇인가?

하나님의 복음을 기록한 성경은 각 나라의 방언으로 번역되어 증거되었다. 많은 백성과 나라와 방언과 임금들은 이 성경의 예언을 제멋대로 해석하고 아전인수격으로 이용해 먹었다.

각 교파에 굳어지고 교리로 훈련된 그들이 하나님의 뜻을 완전히 알 수 없다. 다시 말하면 성경을 먹고 제 살과 제 피로 육화시킨 것이 아니라 교리적인 설교, 신학적인 주장, 사상적인 선전으로 이용해 먹었을 뿐이다. 요한도 천사가 주는 책을 먹기 전까지는 예언의 비밀을 완전히 소화하지 못한 상태에 있었다. 그러나 책을 먹고 달고 쓴 맛을 다 본 다음, 그는 말씀을 완전히 소화하고, 이해하고, 육화시켰으므로 비로소 제 말을 할 수 있게 되었다.

그러므로 다시 예언하라는 뜻은, 작은 책에 기록된 내용이 새로워서가 아니고 이미 여러 선지자를 통해 각 시대마다 예언된 것인데, 인간들이 성경의 비밀을 완전히 해독(解讀)하지 못했기 때문에 비유와 상징으로 된 성경의 비밀을 완전히 소화하고 육화시킨 요한이 정해(正解)한 말씀을 할 사명이 있기 때문에, 다시 예언하지 않을 수 없는 것이다(요일 2:7-8 참조).

요한은 말씀의 도맥을 이어받은 우레의 아들이므로 정각정해(正覺正解)한 말씀을 말세에 다시 해야 한다.

제11장

[1절-2절] 또 내게 지팡이 같은 갈대를 주며 말하기를 일어나서 하나님의 성전과 제단과 그 안에서 경배하는 자들을 측량하되 성전 바깥 마당은 측량하지 말고 그냥 두라 이것은 이방인에게 주었은즉 그들이 거룩한 성을 마흔두 달 동안 짓밟으리라

(1) 지팡이 같은 갈대는 갈대자를 뜻한다.

유대인들은 갈대로 자를 만들어 쓰기도 하고(겔 40:3, 42:20), 줄로 자를 만들어 쓰기도 했다(슥 2:1). 인간의 비뚤어진 마음을 잴 때는 다림줄을 썼다(암 7:7-9).

(2) 왜 자로 성전과 제단과 그 안에서 경배하는 사람을 측량하게 했을까?

성전은 성소와 지성소가 있는 곳을 말한다. 첫 장막인 성소에는 제사장들이 매일 들어가서 예배를 드리지만 지성소는 대제사장이 1년에 한 번씩 들어가는 곳이다(히 9:1-8). 성전은 예수의 몸이요 제단은 속죄의 피 뿌린 곳이다. 그러므로 이 성전에서 경배하는 자들은 제사장과 대제사장이지 일반 성도가 아님을 알아야 한다.

예수와 더불어 장차 왕 같은 제사장이 될 수는 14만 4천 명으로 인침을 받았기 때문에 성소와 제단을 측량하는 것은 예정된 제사장의 수가 들어가기에 합당한가를 알기 위해서이다. 즉 성전의 면적과 제사장의 비율, 곧 하늘나라의 인구밀도를 알기 위함이다.

(3) 성전 마당은 측량하지 않고 이방인에게 주는데, 이방인이란 누구인가?

성전 뜰은 이방인이 밟을 수 없는 성역인데, 이 뜰을 밟은 이방인은 이교도가 아닌 하나님과 예수의 이름을 입술로만 믿는 사이비 신자와 열매 없는 종교꾼과 거짓 선지자들을 뜻한다.

만약 이 이방인이 이교도의 침략군이라면 성전 뜰만 밟을 뿐 아니라 성전과 제단까지 다 파괴할 것이다. 주후 70년에 로마에 의해, 이교도인 디도 황제에 의해 예루살렘 성전은 완전 파괴되었다. 그러므로 이 성구에 나오는 이방인은 이교도가 아니라 입술로만 하나님을 믿고 그 행위는 이방인보다 못한 종교꾼들을 뜻한다. 이사야도 입술로만 하나님을 믿는 육적 이스라엘을 매도했다(사 29:13). 예수도 입술로만 하나님을 믿는 바리새교인들을 질타했다(마 15:7–8).

현대의 기독교인들도 마찬가지가 아닐까? 입술로만 하나님을 믿는 이방인은 성령을 따라난 언약의 자식이 아니고 혈육을 따라난 육신의 자식으로 억지로 하나님을 믿는 자들이다.

성전과 제단에서 경배하는 제사장의 무리는 레위 지파 모양 장자권을 얻은 무리들이고(민 3:40–41, 8:18), 성전 뜰을 밟는 이방인들은 육적 이스라엘 모양 버림받을 무리들이다.

⑷ 마흔 두 달은 3년 6개월인데 왜 달수(月數)로 계산할까?

성전 뜰을 밟는 이방인은 월경 속에서 난 육적 존재들임을 암시하기 위해서다. 혈육에 속한 자식이기 때문에 달수로 계산한 42개월이 그들에게 주어진다.

「요한계시록」에는 3년 6개월을 세 가지로 표현하고 있다. 월수로 계산한 마흔 두 달, 날수로 계산한 1,260일, 때로 계산한 한 때, 두 때, 반 때 등등이다.

3년 6개월을 월수로 표현한 이유는 밝혔지만 날수와 때로 표현한 이유는 앞으로 해명될 것이다.

[3절] 내가 나의 두 증인에게 권세를 주리니 그들이 굵은 베옷을 입고 천이백육십 일을 예언하리라

⑴ 두 증인 – 두 감람나무 해석 참조(4절–5절).

⑵ 굵은 베옷은 통회를 뜻하며(왕상 21:27, 마 11:21), 슬픔과 통곡을 의미한다(렘 4:8, 욜 1:13).

두 증인이 베옷을 입는 것은 그들이 죄를 자복하고 통곡하기 위함이 아니라, 성전 뜰을 밟는 이방인들을 회개시키기 위함이었다. 그러나 죄인들이 회개하지 않을 때 굵은 베옷은 그들의 죽음을 예고하는 상복이 된다.

⑶ 3년 6개월이 여기서는 1,260일로 나타나고 있다.
월수(月數)는 달을 상징하고 일수(日數)는 해를 상징한다.
계시록 12장 6절에 보면 해를 옷 입은 여인도 광야에서 1,260일을 양육 받고 있다. 해를 옷 입은 여인은 성령으로 언약의 자식을 낳아 줄 모성이므로 1,260일을 양육 받는다. 두 증인이 베옷을 입고 1,260일 날수로 예언하는 것은 그들도 빛의 아들이기 때문이다.
달과 교감하여 태어난 육신의 자식에게는 월수인 42개월이 되고, 해와 교감하여 태어날 언약의 자식에게는 날수인 1,260일이 되는 도비(道秘)를 깨달아야 한다.

[4절-5절] 그들은 이 땅의 주 앞에 서 있는 두 감람나무와 두 촛대니 만일 누구든지 그들을 해하고자 하면 그들의 입에서 불이 나와서 그들의 원수를 삼켜 버릴 것이요 누구든지 그들을 해하고자 하면 반드시 그와 같이 죽임을 당하리라 .

⑴ 3절에 나오는 두 증인은 두 감람나무이다. 그럼 두 감람나무와 두 촛대는 누구를 의미하는가?
「스가랴」 4장과 「에스라」 3장을 보면 두 감람나무는 예루살렘 성전을 재건한 스룹바벨과 예수아를 말한다. 스룹바벨은 성전을 재건한 주동자였고, 예수아는 제사장이었다. 「스가랴」 4장에 보면 두 감람나무는 등대 좌우에 서서 등대에 불을 밝히는 기름 공급자이다.

천사가 세운 일곱 교회는 두 감람나무에서 기름을 공급받아 등불을 밝힌 〈산 자의 교회〉가 아닌 〈죽은 자의 교회〉였다. 그러므로 말세에 두 감람나무가 나타나서 〈산 자의 교회〉에 등불을 밝힐 기름을 공급해야 한다.

「스가랴」 4장과 「에스라」 3장에서는 두 감람나무가 스룹바벨과 예수아였으나 계시록에서는 모세와 엘리야로 나타나고 있다.

6절에 보면 예언하는 3년 6개월 동안 하늘을 닫아 비가 오지 못하게 하는 사람은 엘리야를 뜻하고(왕상 17:1), 물을 변하게 하여 피가 되게 하는 사람은 모세를 말한다(출 7:19).

왜 모세와 엘리야가 말세에 두 감람나무로 나타나는가?

예수 승천 후 재림 때까지 존재할 일곱 교회는 천사가 세운 〈죽은 자의 교회〉였다. 사람이 죽으면 그 영혼이 천당 간다는 교리가 일곱 교회에서 가르치는 복음의 주된 내용이었다.

피안적(彼岸的) 환상에 젖어 인간이 죽으면 장례식이나 치르고 영혼이 천당 갔다는 교리의 말을 반복하는 일곱 교회, 〈하나님은 죽은 자의 하나님이 아니요, 산 자의 하나님이다〉라는 예수의 대선언(大宣言)이 성경 속에 각인(刻印)되어 있는데도 그 오의(奧義)를 풀지 못해 하나님을 죽은 자의 영혼이나 수집하는 염라대왕으로 착각한 종교가 기독교였다. 기독교는 장례식을 위한 종교였고 목사나 신부는 죽은 자를 천당으로 보내주는 장의사였다.

그러므로 하나님은 끝날 모세와 엘리야를 보내서 〈산 자의 도비〉를 증거하고 스룹바벨과 예수아처럼 〈산 자의 교회〉를 재건하기 위하여 두 증인을 보내게 된다. 모세와 엘리야는 〈죽은 자가 아닌 산 자〉였다. 모세는 죽었다 은밀히 부활한 자요, 엘리야는 살아서 불수레 타고 승천한 자였다. 변화산에서 모세와 엘리야가 예수 앞에 나타난 것도 그들이 산 자였기 때문이다.

사후 천당을 가르치고 하나님을 염라대왕 같은 존재로 이해한 일곱 교회는 부활의 비의(秘義)도 정각(正覺)하지 못한 교회이기 때문에 산 자인 두 증인이 말세에 나타나서 산 자의 도리를 증거하고 부활이 무엇인가를 실연(實演)하기 위해 보내심을 받게 된다.

기름은 성령이므로(요일 2:27), 두 증인은 성령으로 불을 밝힌 〈산 자의 교회〉를 증거할 것이다.

⑵ 저희 입에서 나오는 불은 화기(火氣)가 아닌 말씀의 불이다(약 3:6 참조).

세상나라 교리와 사상의 거짓말을 태워버릴 수 있는 산 자의 능력있는 말씀이 두 증인의 입에서 나와 해하려는 자들을 죽일 것이다. 살아 계신 하나님의 말씀은 불이 되어 거짓 선지자와 악인들을 살라버릴 것이다(렘 5:14, 왕하 1:10-12 참조).

[6절] 그들이 권능을 가지고 하늘을 닫아 그 예언을 하는 날 동안 비가 오지 못하게 하고 또 권능을 가지고 물을 피로 변하게 하고 아무 때든지 원하는 대로 여러 가지 재앙으로 땅을 치리로다

모세와 엘리야는 산 자의 짝이기 때문에 항상 같이 기록되고 같이 나타난다(말 4:4-6, 막 9:2-8).

[7절-8절] 그들이 그 증언을 마칠 때에 무저갱으로부터 올라오는 짐승이 그들과 더불어 전쟁을 일으켜 그들을 이기고 그들을 죽일 터인즉 그들의 시체가 큰 성 길에 있으리니 그 성은 영적으로 하면 소돔이라고도 하고 애굽이라고도 하니 곧 그들의 주께서 십자가에 못 박히신 곳이라

⑴ 산 자의 도리(道理), 곧 부활과 변화에 대한 증거를 〈죽은 자의 죽은 교회〉를 향해 마칠 때 무저갱에서 올라온 짐승이 전쟁을 일으켜 두 증인을 죽인다.

짐승은 적그리스도인데 악의 화신이다. 짐승이 왜 전쟁을 일으켜 두 증인을 죽이는가? 이것은 그들이 만들어낸 종교의 교리와 사상이 거짓 진리임이 드러났기 때문이다. 성경의 진리를 잘못 해석하여 도용(盜用)한 짐승은 타락한 인간의 지혜로 교묘하게 짜낸 교리를 만들어 인간들을 종교의 종으로 만들었다. 그리고 하나님의 자리에 앉아 찬송과 영광과 존귀를 받았다.

짐승들은 자기들이 천국의 열쇠를 가진 것처럼 속이고 인간을 선동하여 교리의 노예로 전락시켰고, 죽으면 천당으로 보내준다는 달콤한 약속으로 교권을 유지했는데, 두 증인이 나타나서 산 자의 말씀으로 살아계신 하나님을 증거하고 부활의 비의를 밝혔기 때문에 짐승의 허위가 폭로되고 그들 교리의 허구성과 환상이 드러났으니 어찌 두 증인을 죽이지 않겠는가? 이것은 마치 예수가 유대교의 비리와 바리새인들의 외식을 폭로했기 때문에 낡은 종교의 지도자들이 예수를 잡아 죽인 것과 같은 사실이다.

그런데 권세와 능력을 받은 두 증인이 왜 짐승과의 싸움에서 패배자처럼 죽임을 받게 되는가? 두 증인이 순교한 것은 무력해서가 아니라 산 자의 도리와 부활의 비의를 증거하기 위해 스스로 택한 죽음이었다(요 10:17-18 참조). 미신과 맹신과 광신이 충만한 땅에서 두 증인이 죽었다 다시 사는 부활의 도리를 실천적으로 증거해서 짐승의 거짓 종교를 폭로하고, 무지한 인민들을 깨우치기 위해 그들은 무력한 양처럼 순교당했다. 아벨로부터 시작된 순교의 도맥(道脈)이 두 증인의 마지막 순교로 종지부를 찍는다.

⑵ 큰 성은 겉으로 보면 예루살렘 성이지만 실상은 타락한 바벨론 성으로(계 16:19, 17:18 참조), 모든 타락 종교의 총본산인 음녀의 집이다.

이 성은 영적으로 보면 소돔과 애굽인데 예수가 십자가에 못박힌 현주소이다. 소돔은 괴이한 색으로 불심판을 받고 애굽은 선민을 노예로 부려먹은 나라인데 둘 다 거짓종교의 교리로 인간을 타락시킨 곳이다.

현대적 의미의 소돔은 타락한 자본주의이고, 애굽은 인간을 노예로 만든 공산주의라 할 수 있다. 이곳에서 지금 예수는 십자가에 못 박히고 있다. 예수를 잡아 죽인 뱀들은 이교도가 아닌 육적 이스라엘의 종교 지도자들이었다. 이와 마찬가지로 두 증인을 살해할 짐승도 성경을 도용(盜用)한 좌익종교(左翼宗教)와 우익종교(右翼宗教)의 지도자들이 될 것이다.

[9절] 백성들과 족속과 방언과 나라 중에서 사람들이 그 시체를 사흘 반 동안을 보며 무덤에 장사하지 못하게 하리로다

⑴ 백성들과 족속과 방언과 나라는 세계 전체를 뜻한다.

두 증인이 순교당해 그 시체가 길거리에서 학대받는 사건은 지구의 한 구석에서 은밀히 일어나는 사건이 아니고 전 세계 인간들이 동시에 목격하는 범세계적인 사건이 된다.

통신망이 눈부시게 발달하고, TV 안테나가 집집마다 세워진 현대적인 상황 속에서는 어떤 사건이든지 순식간에 세계의 구석구석까지 전달된다.

⑵ 왜 시체를 사흘 반 동안 버려두는가? 시체를 파묻지 못하게 하는 것은 가장 큰 비참이며 학대이다(시 79:2-3).

두 증인의 시체는 매장되지 못하고 사흘 반 동안 땅에 노출된 채 버려진다. 유기된 시체는 사흘 반 후에 부활한다. 사흘 반은 무엇을 뜻하는 암호인가?

예수는 3일 동안 무덤에 인봉된 다음 부활했다. 그러나 나사로는 4일 동안 무덤에 인봉된 다음 부활한다(요 11:39). 예수는 하늘에서 온 사람이므로 하늘 수 3수로 부활하고 나사로는 땅에 속한 사람이기 때문에 땅 수 4수로 부활 받았다.

두 증인은 사흘 반 만에 부활하는데 이것은 예수의 3수 부활과 나사로의 4수 부활을 연결시켜 주는 도비(道秘)가 있다. 두 증인은 산 자였기 때문에 부활의 도맥을 증거할 사명을 받고 끝날 이 세상에 나타난다. 그뿐만 아니라 사흘 반은 성전 뜰을 짓밟는 마흔두 달, 곧 3년 6개월을 축소시킨 기간이다. 하루를 1년으로 계수한 예는 성경에 여러 번 있다(민 14:34, 겔 4:6).

[10절] 이 두 선지자가 땅에 사는 자들을 괴롭게 한 고로 땅에 사는 자들이 그들의 죽음을 즐거워하고 기뻐하여 서로 예물을 보내리라 하더라

두 증인이 증거한 산 자의 도리 때문에 짐승이 만든 교리가 거짓임이 드러났고 그들의 사상이 잘못된 허구임이 폭로되었으므로 짐승과 그 괴뢰들은 심한 괴로움 속에 빠졌다.

그러므로 두 증인이 죽임을 당했을 때 그들은 축제 분위기에 빠져 서로가 예물을 보낸다. 아벨을 살해한 가인이 혼자 기뻐한 것처럼, 예수를 희롱한 헤롯과 빌라도가 당일에 친구가 된 것처럼(눅 13:11-12), 부활의 참뜻을 모르는 악한 종교꾼들도 두 증인이 영원히 죽은 줄로 착각하고 서로 기뻐한다.

그러나 아벨의 핏소리를 듣고 가인이 대경실색한 것 같이 이들도 두 증인이 부활 승천하는 것을 보고 크게 두려워한다.

[11절] 삼 일 반 후에 하나님께로부터 생기가 그들 속에 들어가매 그들이 발로 일어서니 구경하는 자들이 크게 두려워하더라

생기란, 하나님께서 불어넣는 생명의 입김이다. 생명의 영이다.

산 자의 도리를 증거하다가 마지막 순교자가 된 두 증인의 시체에 생명의 입김을 불어넣어 다시 살아나게 한다. 이 사건을 보고 부활을 부인하던 사두개적 무신론자나 부활을 미신적으로 믿던 바리새적 광신자들은 비로소 산 자의 도리와 부활의 도비를 깨닫게 된다.

죽은 자의 부활을 믿지 않던 무신론의 교리와 부활은 믿지만 부활의 도비를 깨닫지 못하고 무덤이 열려 해골에 살이 붙고 핏줄이 생긴다고 미신하고 있는 유신론의 교리, 이 두 교리를 맹신하고 광신하던 자들이 다 같이 크게 놀라고 두려워할 것이다.

[12절] 하늘로부터 큰 음성이 있어 이리로 올라오라 함을 그들이 듣고 구름을 타고 하늘로 올라가니 그들의 원수들도 구경하더라

부활한 두 증인은 예수처럼 구름타고 승천한다. 그들은 예수가 개척해 놓은 부활의 통로(通路)를 따라 승천한다.

예수 승천 때는 개안(開眼)한 제자들만 구경했으나 두 증인이 부활 승천할 때는 모든 인간들이 구경할 것이다. 〈이리로 올라 오라〉는 하늘의 큰 음성은 구경하는 자들의 가슴에 크게 메아리칠 것이다.

두 증인은 3차원의 시공을 넘어 영차원(靈次元), 성공간(聖空間)인 하늘로 올라간다.

[13절] 그 때에 큰 지진이 나서 성 십분의 일이 무너지고 지진에 죽은 사람이 칠천이라 그 남은 자들이 두려워하여 영광을 하늘의 하나님께 돌리더라

(1) 여기에 지진은 지각이 변동하는 물리적 지진의 뜻도 있지만 그것 보다는 적그리스도와 거짓 선지자들의 종교적 기반을 뒤흔들어 놓는 영적 지진을 뜻한다. 두 증인이 나타나서 산 자의 도리를 증거한 그 자체가 그들에게는 큰 지진이었다.

(2) 이 종교적 지진으로 거짓 종교의 총본산인 성의 10분의 1이 무너진다. 아브라함이 멜기세덱에게 드린 10분의 1의 예물은 전리품 가운데서 가장 좋은 물건이었다(창 14:20). 이와 마찬가지로 무너진 성의 10분의 1도 가장 중요한 부분이 무너져 내린 것이다.

그러므로 10분의 1이란 성의 일부분인 작은 부분을 뜻하지 않고 가장 기초가 되는 수뇌부가 무너져 내린 것이다.

(3) 지진에 죽은 7천 명도 일부 적은 사람을 뜻하는 수가 아니다.

엘리야가 아합과 이세벨에게 쫓겨 자신의 고독한 신앙을 하나님께 하소연했을 때 하나님은 바알에게 무릎을 꿇지 않는 7천 명을 남겨두었다고 했다(왕상 19:18). 바알에게 입 맞추지 않은 7천 명이란 문자 그대로 7천이 아니고 하나님을 섬기는 사람들이 완전히 남아 있음을 상징한다. 이와 마찬가지로 성이 무너질 때 죽은 7천도 사악한 종교꾼들의 수를 상징한다.

엘리야때 남겨놓은 7천은 진리를 수호하는 자들의 완전수를 상징하고, 지진 때 죽은 7천은 진리를 배반한 자들의 완전수를 상징한다.

(4) 지진에 죽지 않고 남은 자들이란, 거짓 종교의 교리를 광신한 골수분자가 아닌 일반적인 평신도나 시민을 뜻한다. 그들은 두 증인의 부활

과 승천을 보고 거짓 종교에 속은 것을 깨닫고 회개하여 하나님께 영광을 돌리게 된다.

9장 20절-21절에 나오는 인간들은 악령에 지배당한 자들이므로 살인과 복술과 음행과 도적질을 끝내 회개하지 않지만 미혹당한 11장 13절에 나오는 사람들은 회개하여 하나님께 영광을 돌린다.

[14절] 둘째 화는 지나갔으나 보라 셋째 화가 속히 이르는도다

둘째 화는 여섯째 나팔이고, 셋째 화는 일곱째 나팔이다.

[15절] 일곱째 천사가 나팔을 불매 하늘에 큰 음성들이 나서 이르되 세상 나라가 우리 주와 그의 그리스도의 나라가 되어 그가 세세토록 왕 노릇 하시리로다 하니

⑴ 일곱째 나팔을 불 때 들리는 하늘의 큰 음성들은 천사들이 환호하는 소리다. 그들은 악한 세상 나라가 망하고 그리스도의 나라가 이룩될 것을 보고 환호한다. 천지창조의 장엄한 광경을 보았을 때도 천사들은 환호했다(욥 38:7).

⑵ 세상 임금(요 12:31)과 마귀의 주권은 (마 4:8-9) 제거되고 예수가 왕중왕이 되어 친히 다스리는 진리의 나라가 이룩된다. 세상나라가 주의 나라로 바뀌는 것은 낡은 하늘과 낡은 땅이 사라지고, 새 하늘과 새 땅이 열리는 천지개벽을 말한다.

[16절-18절] 하나님 앞에서 자기 보좌에 앉아 있던 이십사 장로가 엎드려 얼굴을 땅에 대고 하나님께 경배하여 이르되 감사하옵나니 옛적에도 계셨고 지금(개역한글 : 시방)도 계신 주 하나님 곧 전능하신 이여 친히 큰 권능을 잡으시고 왕 노릇 하시도다 이방들이 분노하매 주의 진노가 내려 죽은 자를 심판하시며 종 선지자들과 성도들과 또 작은 자든지 큰 자든지 주의 이름을 경외하는 자들에게 상 주시며 또 땅을 망하게 하는 자들을

멸망시키실 때로소이다.

⑴ 옛적에도 계셨고 시방도 계신 주 하나님 – 여기에 미래가 빠진 것은 재림 예수는 이미 현재 속에 와 있기 때문이다(계 1:4 해석 참조)

⑵ 분노한 이방들은 마귀의 거짓 교리와 사상으로 세워진 세상의 모든 나라들인데, 예수의 참 도리가 증거되었기 때문에 그들은 분노하여 총력을 기울여 주의 나라에 도전한다(시 2:1). 그러나 그들의 분노는 도리어 하나님의 분노를 유발시켜 멸망의 심판을 받는다.

⑶ 죽은 자들을 심판한다는 말은 타락한 세상나라 사람들은 죽은 자들이므로(마 8:22 참조) 그들을 심판한다는 뜻이다. 마귀의 주권에 속한 죽은 자들을 심판하고 주를 위해 십자가의 고난에 동참한 산 자들에게 상 주는 것이 하나님의 공의다.

주의 이름으로 경외하는 자들에게 상 주심은 다른 이름으로 구원받을 수 없기 때문이다(행 4:12).

⑷ 땅은 온유한 자들이 차지해야 하는데(시 37:11, 마 5:5), 강포한 자들이 땅을 차지하여 더럽히고 망하게 했다. 그들은 온갖 우상과 행음으로 땅을 오염시켰다. 노아 때도 강포한 네피림들이 땅을 차지하여 오염시켰기 때문에 물 심판을 받아 멸망했는데 끝날에는 불심판을 받아 멸망한다.

새 땅이 열리면 땅은 온유한 자들이 차지할 것이다.

[19절] 이에 하늘에 있는 하나님의 성전이 열리니 성전 안에 하나님의 언약궤가 보이며 또 번개와 음성들과 우레(개역한글 : 뇌성)와 지진과 큰 우박이 있더라

⑴ 하나님의 성전은 예수 자신이다(요 2:21, 계 21:22). 따라서 성전이 열린다는 말은 어떤 건물의 문이 열림이 아니고 예수 안에 닫혀진 지성소

가 열린다는 뜻이다.

예수의 지성소는 하나님 자신의 본성(本性)을 말한다. 예수가 십자가에서 운명하는 순간에 지성소의 휘장이 찢어졌다(마 27:51). 피와 물을 쏟고 운명하는 순간 지성소의 휘장이 찢어진 것은 십자가와 보혈의 공로로 하나님께로 나아갈 수 있음을 의미한다.

하나님과 예수의 본성을 봄으로써 인간도 잃어버린 본성을 찾을 수 있음을 뜻한다.

⑵ 언약궤는 지성소에 있는데 구약의 언약궤는 십계명을 기록한 돌비였다. 그러나 하나님의 성전 안에 있는 언약궤는 의문(儀文)의 돌비가 아니라 살아있는 예수 자신의 본성이다.

성성(聖性)과 완덕(完德)으로 충만한 예수의 마음이 곧 십계가 기록된 심비(心碑)의 언약궤다. 언약궤를 보여주시는 뜻은 구원받은 성도들도 본성을 회복하고 본래의 모습으로 되돌아감을 의미한다. 타락한 인간과 언약하신 약속이 다 이루어졌으므로 언약궤를 보여준다.

⑶ 번개, 음성, 뇌성, 지진, 우박 – (계시록 8:5 해석 참조).

제12장

[1절] 하늘에 큰 이적이 보이니 해를 옷 입은 한 여자가 있는데 그 발 아래에는 달이 있고 그 머리에는 열두 별의 관을 썼더라

⑴ 해, 달, 별로 장엄(莊嚴)된 여인을 보는 것을 왜 하늘의 이적이라 했는가? 이것은 육신을 따라 난 인간들의 사고와 인식 능력으로는 이해할 수도 없고 깨달을 수도 없는 신묘막측(神妙莫測)한 여인을 보았기 때문이다.

우리를 낳아준 모성(母性)과는 전혀 다른 차원의 모성이므로 하늘의 큰 이적이라 한다.

⑵ 해를 옷 입은 여인은 누구인가?

해를 옷 입음은 빛의 화신(化身)을 의미하는데 하나님이 바로 해로 옷 입은 존재이다(시 104:2). 그러므로 해를 옷 입은 여인은 진리의 화신으로 하나님의 신부를 뜻한다(아 6:10). 하나님 아버지의 신부인 이 여인은 하나님 어머니로서 하늘에 있는 새 예루살렘이 인격화한 존재이다.

해를 옷 입은 여인은 성령으로 인간을 낳아 줄 하늘에 있는 원모(原母)를 뜻한다. 해·달·별로 장엄된 일월성영모(日月星靈母)는 성령으로 화신한 어머니의 상징이다. 마리아가 성령으로 잉태하여 예수를 낳은 것은 하늘에 있는 원모를 닮았기 때문이다.

해를 옷 입은 여인은 빛의 화신, 진리의 화신, 성령의 화신이므로 하나님의 신부요, 아내를 상징하는 여인이다.

⑶ 해를 옷 입은 여인은 그 발아래 달을 밟고 서 있다. 이것은 달의 차원, 월경의 차원, 육신의 자식을 낳는 육모(肉母)의 차원을 초월한 존재를 의미한다.

인간을 낳아준 육신의 어머니는 달과 교감하여 월경하는 여인으로 자식을 낳는다. 월경하는 여인이 낳은 자는 깨끗하고 의로운 자가 없다(욥 15:14). 월경하는 여인이 낳은 자는 괴로운 존재이다(욥 14:1). 그렇기 때문에 인간은 성령의 도태(道胎)에서 거듭나야 한다.

예수는 성령으로 잉태한 하나님의 아들이었고, 사람의 아들이었고, 빛과 진리의 화신체였다.

우리는 하갈이 낳은 자식이지 사라가 낳은 자식이 아니다(갈 4:22-31). 우리는 땅에 있는 예루살렘이 낳은 자식이지 하늘에 있는 새 예루살렘이 낳은 자식이 아니다. 이 때문에 우리는 육신의 자식이지 언약의 자식이 아니고, 종이지 자유자가 아니다. 우리를 낳아준 육신의 어머니는 달의 차원을 초극할 수 없는 슬픈 존재였다.

그러나 구약에서는 사라가 이삭을 낳고, 신약에서는 마리아가 예수를 낳았기 때문에 성령으로 잉태한 언약의 자식이 나타나게 되었다. 성령으로 언약의 자식을 낳아준 사라와 마리아는 하늘에 있는 원모(原母)의 지상적(地上的) 그림자요 표상이었다. 해를 옷 입은 여인은 하늘 어머니로 본체(本體)요, 사라와 마리아는 땅 어머니로 그림자였다.

그러므로 끝날 새 예루살렘인 하늘 원모(原母)가 하늘 차원에서 예수를 낳는 도의 비밀을 계시로 알게 하기 위해 나타나게 된다. 이 어찌 이적이 아니겠는가.

(4) 열두 별은 열두 자식을 의미한다(창 15:5 참조).

해를 옷 입은 여인이 쓴 열두 별의 면류관은 성령으로 태어날 열두 아들 곧 열두 지파를 뜻한다.

별은 구원받은 하늘 자손의 상징이다(단 12:3 참조).

아브라함의 자손은 언약을 따라 낳은 자식을 의미하는데 그들은 하늘의 별같은 존재이다(창 15:5).

아브라함에게는 두 자식 곧 이삭과 이스마엘이 있었다. 성령을 따라 난 이삭형의 자식은 하늘의 별같은 존재였고, 육신을 따라 난 이스마엘형의 자식은 땅의 모래 같은 자식이었다(창 22:17).

해를 옷 입은 여인이 쓴 열두 별의 면류관은 새 날에 성령으로 태어날 열두 자식 곧 열두 지파인데, 이것은 야곱의 열두 아들 모양 육적 이스라엘의 열두 지파가 아니다. 성령을 따라난 여인의 열두 아들은 십이궁(十二宮) 모양 새 하늘에서 찬란하게 빛날 것이다.

[2절] 이 여자가 아이를 배어 해산하게 되매 아파서 애를 쓰며 부르짖더라

이 여인이 해산할 아기는 장차 철장으로 만국을 다스릴 예수이다. 그런데 해산할 때 왜 아파서 애써 부르짖는가? 해를 옷 입은 여인은 동정녀이기 때문에 맏아들 예수를 해산하는 초산(初産)의 아픔 때문에 애써 부르짖는다.

동정녀 마리아가 베들레헴 말구유에서 예수를 낳을 때도 초산의 아픔 때문에 애써 부르짖었을 것이다. 「시편」 2편 7절-9절에 보면 하나님이 아들을 낳았다는 소식이 있는데 이 소식이 하늘 영모가 맏아들 독생자를 낳는 것을 뜻한다.

태초에 하나님이 아들을 낳는 도비(道秘)는 은폐된 진리였는데 이것이 마리아에게 나타나 예수를 성령잉태로 낳게 했다. 일월성영모(日月星靈母)는 예수를 낳고 성령으로 모든 성도들을 낳아줄 어머니이다. 해를 옷 입은 여인-새 예루살렘은, 새 땅에 내려와 모든 성도들을 부활시킬 구원(久遠)의 모상(母像)임을 대각하자.

하나님이 해를 옷 입은 여인을 「요한계시록」을 통해 보여주는 이유는 아담 이래 모든 인간들은 자기를 낳아준 어머니에 대해 잘못 인식하고 있기 때문에 참 어머니가 어떤 존재인가를 깨닫게 하기 위하여 일월성영모를 계시했다.

혈대(血代)와 육맥(肉脈)을 따라 타락한 인간을 낳아준 하와형의 어머니는 가모(假母)였고, 성령을 따라 인간을 낳아준 마리아형 어머니가 진모(眞母)임을 깨닫게 하기 위하여 해를 옷 입은 원모(原母)를 보여준다.

[3절] 하늘에 또 다른 이적이 보이니 보라 한 큰 붉은 용이 있어 머리가 일곱이요 뿔이 열이라 그 여러 머리에 일곱 왕관이 있는데

(1) 붉은 용은 사탄 마귀이다. 붉은 색은 무지개의 첫 색깔인데 이것이 지혜 천사를 상징하는 색임을 이미 밝힌 바 있다(『성경의 원리』 중권 「노아의 포도주」 사건 참조).

폭력 혁명으로 세계를 정복하려 시도하는 공산주의가 붉은 깃발, 붉은 군대, 붉은 별로 표시된 것은 그들이 붉은 용의 하수인이기 때문이다.

붉은 색은 피를 의미하는데 아벨의 피로부터 십자가에서 흘린 예수의 피는 마귀 때문에 흘린 피였다.

⑵ 7수는 완전수, 10수는 완성수의 상징이므로 붉은 용의 일곱 머리와 열뿔은 악의 완전한 권세와 힘을 나타내고 있다. 해를 옷 입은 여인이 낳은 자식을 해하기 위해 붉은 용은 절대 권력을 가지고 말세에 나타날 것이다. 뿔은 힘과 권세의 상징으로 열 뿔은 절대 권력을 뜻하고, 일곱 머리는 사탄 마귀의 지혜가 완전함을 나타낸다.

⑶ 붉은 용이 쓴 면류관은 하나님이 주신 왕관이 아니고 스스로 만들어 쓴 면류관이다. 마귀는 자칭 왕인 까닭에 스스로 면류관을 만들어 쓴다.

[4절-5절] 그 꼬리가 하늘의 별 삼분의 일을 끌어다가 땅에 던지더라 용이 해산하려는 여자 앞에서 그가 해산하면 그 아이를 삼키고자 하더니 여자가 아들을 낳으니 이는 장차 철장으로 만국을 다스릴 남자라 그 아이를 하나님 앞과 그 보좌 앞으로 올려가더라

⑴ 용의 긴 꼬리는 무서운 힘이 있는데 하늘 별의 3분의 1을 끌어 땅에 던진다. 마귀는 거짓의 아비이므로(요 8:44), 그 꼬리도 거짓의 상징이다(사 9:15).

이 성구에 나오는 하늘의 별은 천사들을 상징하는데(욥 38:7), 마귀가 타락할 때 천사의 무리를 유혹하여 타락시켰으므로 땅에 던진 것이다. 이 땅에 떨어진 별들의 화신이 세상 나라 권세를 쥐고 있는 군대의 장성들과 권력자들이고(단 8:10참조), 인간을 도덕적으로 타락시키는 배우, 스타들이다. 이들은 다 마귀가 이 땅에 던진 자들이다.

⑵ 절대 권력을 소유한 붉은 용이 막강한 힘으로 여인이 낳은 아기를

삼키고자 한다. 그 아기는 장차 만국을 철장 권세로 심판하고 붉은 용까지 잡아 죽일 아기이므로 용이 삼키려고 덤비는 것은 당연하다.

마리아가 낳은 역사적 예수는 마귀가 3일 동안 무덤 속에 삼켰지만 결국 토해내고 말았다. 그러나 하늘 어머니가 낳은 원(原)아기 예수는 붉은 용이 삼킬 수 없다.

⑶ 이 아이는 그 족보가 하나님의 독생자요 맏아들이니 아버지께로 올라간다.

붉은 용은 공중의 권세 잡은 자인데 여인이 낳은 아이를 마귀가 삼키려고 대기한 것을 보면 여인이 해산한 장소는 궁창인 하늘임을 알 수 있다. 그렇기 때문에 참 하늘인 하나님이 계신 마당으로 아이를 올려 보내야 한다. 참 하늘(히 9:24)은 지성소가 있는 무상천(無上天)이므로 마귀의 권세가 미치지 못하는 거룩한 성역이다.

[6절] 그 여자가 광야로 도망하매 거기서 천이백육십 일 동안 그를 양육하기 위하여 하나님께서 예비하신 곳이 있더라

⑴ 해를 옷 입은 여인도 아이 모양 승천하지 않고 왜 광야로 도망치는가?

광야는 타락한 모성과 인간의 심전(心田)을 상징하는 곳인데 모세도 광야에서 십계를 받았고 예수도 광야에서 마귀의 3대 시험을 이겼다. 그러므로 성도들은 광야에서 구도해야 한다.

출애굽한 이스라엘을 광야에서 시험하고, 연단한 다음 젖과 꿀이 흐르는 가나안 땅으로 인도하는 것이 구원 섭리의 도정(道程)이었다.

성도들의 참 믿음은 광야에서 연단되고 정금처럼 순수해져야 한다.

여인이 광야로 도망가는 것은 그곳이 황폐한 모성을 상징하고 성도들이 거듭나기 위하여 구도하는 도량(道場)이기 때문에 성령으로 참 성도를 낳아 주기 위함이다. 이 여인이 1,260일 동안 하나님이 주시는 빛과 진리의 음식을 먹고(이스라엘이 광야에서 만나를 먹은 것처럼) 양육 받은 다음, 순수한 진리의 꿀과 젖을 내어 성령을 따라 낳은 자식들을 먹일 어머니가 되기 위해서였다.

17절에 보면 여자가 낳은 남은 자손(남은 이스라엘, 롬 9:27-29)이 나오는데 이들이 광야에서 낳아 기른 약속의 자식들이다. 여자의 남은 자손들은 붉은 용과 싸울 자들인데, 광야의 구도생활을 통해 진리의 양식을 먹고 연단되지 않으면 마지막 판가리 싸움에서 승리할 수 없기 때문에 여인이 광야에 나갔다.

세상나라 일곱 교회에서 배운 교파의 교리나 신학의 지식을 가지고 어떻게 용과의 싸움에서 승리할 수 있겠는가.

여인이 1,260일 동안 양육받는 것은 언약의 아들을 낳기 위함이었다.

⑵ 하나님의 예비하신 곳 - 이것은 붉은 용의 세력이 미치지 못하고 그들도 모르는 은밀한 장소를 뜻한다.

[7절-8절] 하늘에 전쟁이 있으니 미가엘과 그의 사자들이 용과 더불어 싸울새 용과 그의 사자들도 싸우나 이기지 못하여 다시 하늘에서 그들이 있을 곳을 얻지 못한지라

⑴ 이 전쟁은 마귀의 도전으로 시작된 전쟁이다.

하나님은 평화의 왕이시므로 먼저 전쟁을 도발하지 않는다. 하나님은 참 하늘에 계시고 마귀는 공중의 권세 잡은 자이므로(엡 2:2), 낮은 하늘에 있다. 그러므로 이 전쟁은 마귀가 있는 낮은 하늘에서 전개된다. 하나님이 계신 참 하늘에서 어찌 전쟁이 일어날 수 있겠는가. 사탄 마귀가 진을 친 하늘은 제일 낮은 하늘인 공중이다.

⑵ 미가엘은 하나님을 대신하여 싸우는 천사장인데 천군을 통솔하는 우두머리 천사다. 미가엘이란 이름의 뜻은 〈누가 하나님 같으리요〉이다.

그러나 이 전쟁은 처음부터 마귀가 이길 수 없는 무모한 싸움이었다. 타락한 천사와 그 존재들이 어찌 하나님을 대신한 미가엘과 천군과 싸워 이길 수 있겠는가. 용과 그 사자들은 싸움에서 패해 하늘 차원에서 영원히 추방당하게 된다. 하늘에서 내어 쫓긴 그들이 갈 곳은 땅밖에는 없다.

[9절] 큰 용이 내쫓기니 옛 뱀 곧 마귀라고도 하고 사탄이라고도 하며 온 천하를 꾀는 자라 그가 땅으로 내쫓기니 그의 사자들도 그와 함께 내쫓기니라

(1) 용 = 옛 뱀 = 마귀 = 사탄

이 등식(等式)은 온 천하를 꾀는 유혹자를 여러 가지로 표현한 말이다.

우두머리 용이 내어 쫓기니 그의 추종자인 졸개들도 함께 내쫓겨 그들은 땅으로 내려 온다. 이 때문에 말세의 땅은 미혹의 영으로 충만하게 된다. 말세에는 미혹의 영을 받기 쉽다.

마귀는 자신을 광명한 천사처럼 위장하는데(고후 11:14) 사탄의 교묘한 위장술을 분별할 능력이 없으면 미혹에 빠질 것이다. 말세에는 미혹의 영들이 성령처럼 위장하여 기적과 방언과 신유의 능력으로 미신자(迷信者)와 맹신자(盲信者)와 광신자(狂信者)들을 기만할 것이다(살후 2:9-12).

그러므로 용과 그 졸개들이 땅으로 떨어졌다는 소식은 지상에 살고 있는 현대인들에게 불길하고 흉한 소식이 아닐 수 없다.

[10절] 내가 또 들으니 하늘에 큰 음성이 있어 이르되 이제 우리 하나님의 구원과 능력과 나라와 또 그의 그리스도의 권세가 나타났으니 우리 형제들을 참소하던 자 곧 우리 하나님 앞에서 밤낮 참소하던 자가 쫓겨났고

(1) 용이 하늘에서 내어 쫓겼으므로 하늘은 완전히 청소가 되어 그리스도의 권세가 이루어지게 된다.

먼저 하늘이 청소되지 않고서는 땅을 깨끗이 할 수 없다. 주기도문에 〈뜻이 하늘에서 이루어진 것 같이 땅에서도 이루어지이다〉 했으니 하늘에서 먼저 뜻이 이루어진 다음 땅에 이루어진다. 땅에 내어 쫓긴 마귀가 땅에서 온갖 발악을 하다가 영원히 멸망당하면 땅도 깨끗이 청소가 되어 그리스도의 나라가 이루어진다.

〈하늘에는 천상 천국, 땅에는 지상 천국〉, 이것이 하나님이 인간을 창조한 목적이었다. 하늘과 땅이 완전히 천국이 되어 하나님이 인간 안에 있고 인간이 하나님 안에 있는 신인합발(神人合發), 천지합덕(天地合德)의 때가 도래한다.

⑵ 참소는 중상모략을 하면서 고소하는 행위인데, 욥도 사탄의 참소를 받아 온갖 고난을 받았다(욥 1장-2장 참조).

마귀는 밤낮없이 성도들을 참소하여 하나님과 인간을 동시에 괴롭힌 중상모략자였고, 무고자였고, 위증자였다. 이같은 참소자가 존재하는 한 천지는 하나가 될 수 없고 하나님과 인간도 하나가 될 수 없다.

[11절] 또 우리 형제들이 어린 양의 피와 자기들이 증언하는 말씀으로써 그를 이겼으니 그들은 죽기까지 자기들의 생명을 아끼지 아니하였도다

어린 양의 피가 아니면 사탄의 참소에서 벗어날 수 없다. 여러 형제들이란, 모든 성도를 의미하지 않고 예수 안에서 십자가의 도를 증거하다가 죽은 순교자와 죽을 각오가 되어 있는 순교자적 성도들을 말한다.

예수의 피와 그 증거만이 마귀를 이길 수 있다. 일곱 교회에서도 〈이긴 자〉만이 약속이 주어진 것처럼 이 성구에서도 〈이긴 자〉가 칭찬받고 있다. 이긴 자만이 참 이스라엘이 됨을 심각(心刻)하자.

[12절] 그러므로 하늘과 그 가운데에 거하는 자들은 즐거워하라 그러나 땅과 바다는 화 있을진저 이는 마귀가 자기의 때가 얼마 남지 않은 줄을 알므로 크게 분내어 너희에게 내려갔음이라 하더라

⑴ 붉은 용이 하늘에서 내어 쫓겼으므로 하늘에 거하는 자들은 즐거워한다.

하늘에 거하는 자들이란 누구인가? 네 영물과 24장로와 천군 천사들은 마귀의 참소를 받지 않았으므로 즐거워하는 자들이란 예수 안에서 죽은 순교자들과 그밖에 선한 사람의 영혼들을 의미한다.

하늘은 여러 층으로 구성되었는데 예수 안에서 죽은 성도들은 셋째 하늘에서 부활의 날을 대기하고 있다. 그밖에 선한 사람들은(불교, 유교, 도교, 힌두교, 이슬람교 등등) 저마다 자기들이 믿던 하늘에 거하고 있는데 그들도 다 마귀의 참소를 받은 자들이므로 즐거워하지 않을 수 없다.

⑵ 그러나 땅과 바다, 즉 온 세계에 살고 있는 인간은 기뻐할 수 없다.

분노하면서 땅에 내려온 마귀는 온갖 발악을 하면서 거짓 영, 거짓 예수, 거짓 복음으로 인간을 미혹할 것이다(마 24:24, 살후 2:9).

그러므로 끝날 마지막 때가 되면 참 믿는 자를 보기 힘들다(눅 18:8). 그 대신 거짓 영의 미혹을 받은 사이비 신자는 양적으로 팽창하여 기독교가 부흥된다고 착각할 것이다.

[13절] 용이 자기가 땅으로 내쫓긴 것을 보고 남자를 낳은 여자를 박해하는지라

용이 땅으로 내쫓긴 근본 원인은 여인이 낳은 아들 때문이었다. 용이 아이를 삼키려고 시도하다 실패했고 미가엘과의 전쟁에서도 패했기 때문에 땅으로 내려와서 아이를 낳은 여자를 핍박하지 않을 수 없다. 용은 최후의 발악을 한다.

[14절] 그 여자가 큰 독수리의 두 날개를 받아 광야 자기 곳으로 날아가 거기서 그 뱀의 낯을 피하여 한 때와 두 때와 반 때를 양육 받으매

⑴ 독수리의 날개는 높이 비상함을 뜻한다(사 40:31, 시 103:5, 신 32:11-12).

땅으로 내어 쫓긴 용은 뱀으로 퇴화했기 때문에 날개 돋쳐 비상하는 여인을 핍박할 수 없다. 용이 공중의 권세를 잡고 있을 때는 낮은 하늘에서 제 마음대로 풍운조화를 일으킬 수 있었지만 땅으로 내어 쫓긴 다음에는 뱀으로 퇴화해 버렸다. 땅에 배를 붙이고 기어 다니는 파충류로 퇴화한 마귀가 어떻게 날개 돋힌 여인을 핍박할 수 있겠는가.

하나님은 애굽에서 이스라엘을 구원할 때도 독수리의 날개로 구했다

(출 19:4). 독수리의 날개는 특별한 하나님의 보호와 능력으로 인도됨을 뜻한다.

(2) 광야 자기 곳 – 이것은 여인을 위해 하나님이 예배하신 은신처를 말한다.

(3) 3년 반이 여기서는 한 때, 두 때, 반 때로 표현된다. 때(時)로 나타난 것은 마지막 심판의 때가 임박했음을 뜻한다.

여인이 양육받는 기간을 한 때, 두 때, 반 때로 삼분한 것은 이 기간이 진리로 양육받는 고난의 기간이므로 하나님과 예수와 성령, 곧 삼위신이 먹여 살리는 것을 의미한다. 한 때는 하나님이 먹이고, 두 때는 예수가 먹이고, 반 때는 성령이 먹인다.

진리의 완전한 양식은 때마다 삼위신이 먹여 주시는 양식이다. 때마다 굶지 않고 진리의 양식을 먹는 자만 여인의 남은 자손이 될 것이다.

[15절-16절] 여자의 뒤에서 뱀이 그 입으로 물을 강 같이 토하여 여자를 물에 떠내려 가게 하려 하되 땅이 여자를 도와 그 입을 벌려 용의 입에서 토한 강물을 삼키니

(1) 뱀이 토한 물은 더러운 음수(淫水)니 유브라데강처럼 더러운 영이 나오는 물이다.

타락된 종교의 교리와 이데올로기가 탁수(濁水)가 되어 도도(滔滔)히 흐르면 미혹받은 인간들은 그 물결에 침몰할 것이다. 강물은 환난을 상징하며(사 43:2), 불의의 파도와 재난의 물결을 의미하기도 한다(시 18:4, 32:6, 42:7).

뱀은 비겁하게 여인의 등 뒤에서 물을 토한다. 그러나 삼위신의 진리로 때마다 양육받은 여인이 어찌 죄악의 물결이나 불의의 창수(漲水)나 유행하는 사조(思潮)에 익사 당하겠는가.

(2) 왜 땅이 입을 벌려 강물을 삼켜 여인을 도와줄까?

땅은 온갖 우상숭배로 더럽혀지지 않은 곳이 없다. 전쟁으로 무수한 인간의 피가 땅에 쏟아졌고 산업 폐기물과 오염 물질과 농약 공해로 오염되었고 생태계가 파괴되어 병든 땅이 되었다. 그러므로 땅은 타락한 인간을 원망하며 하나님의 뭇 아들이 나타나기를 기다리고 있다(롬 8:19-20 참조).

그런데 이 땅은 여인을 상징한다. 더럽혀지고 병들고 파괴당한 낡은 땅은 타락한 여인, 오염된 여인을 상징한다. 더럽혀진 땅 - 타락한 여인이 어찌 새 땅 - 새 모성을 돕지 않을 수 있겠는가. 낡은 땅, 낡은 여인은 기뻐하면서 새 땅, 새 여인을 도울 것이다.

이사야는 광야와 사막에서 샘물이 솟아나고, 백합화가 피고, 거기 대로(大路)가 개통될 것을 예언했는데(사 32:15-20, 35:1-10, 55:12-13), 이것이 곧 거룩한 모성이 구원받은 자를 낳아주는 비유이다.

[17절] 용이 여자에게 분노하여 돌아가서 그 여자의 남은 자손 곧 하나님의 계명을 지키며 예수의 증거를 가진 자들과 더불어 싸우려고 바다 모래 위에 서 있더라

⑴ 여자의 남은 자손은 어떤 사람들인가?

이스라엘 백성이 바다모래 같이 많을지라도 〈남은 자손〉만 구원을 얻는다(롬 9:27-28). 여자의 남은 자손이란 곧 이스라엘의 남은 자를 뜻한다. 남은 자, 참 이스라엘은 일곱 교회 가운데서 승리한 자들이므로 완전구원을 받아 새 땅의 거룩한 그루터기가 될 사람들이다(사 6:13 참조).

⑵ 용은 여자의 남은 자손과 최후의 결전을 하기 위해 바다모래 위에 선다.

바다는 타락한 세상나라, 모든 백성과 족속과 방언과 열국이고 모래는 육신의 자식을 뜻한다. 45억이 넘는 인류는 모래같이 많은 자들이다. 뱀으로 퇴화한 용이 그들 위에 군림하여 마지막 싸움을 총지휘할 것이다.

제13장

[1절] 내가 보니 바다에서 한 짐승이 나오는데 뿔이 열이요 머리가 일곱이라 그 뿔에는 열 왕관이 있고 그 머리들에는 신성 모독하는 이름들이 있더라

⑴ 바다는 열국과 백성과 방언을 뜻하는데, 타락한 세상을 총칭하는 말이다.

인간은 음녀의 바다, 고통의 바다에서 허우적거리는 실존이기 때문에, 세상을 바다로 표현했다.

⑵ 바다에서 올라오는 짐승은 세계를 유일사상(唯一思想)으로 지배할 적그리스도의 세력을 의미한다.

이 짐승은 「다니엘」 7장에 나오는 짐승처럼 여러 짐승의 혼합체인데 이것은 말세에 나타날 적그리스도의 세력도 여러 사상을 혼합한 종교로 등장할 것임을 암시하고 있다.

⑶ 뿔은 권세와 능력의 상징이므로 열 뿔은 그 권세가 완성(完成)된 것임을 의미한다.

일곱 머리는 지혜의 완전성을 말한다. 일곱 머리 열 뿔은 적그리스도의 지혜가 완전하며, 그 권세가 완성된 세력으로 나타나서 그는 자기 교리의 무오성(無誤性)을 주장하고 그 권력의 절대성을 선언하고 선전할 것이다.

⑷ 열 뿔에 쓴 열 면류관은 짐승의 절대 권력을 말한다. 그 짐승은 자신을 하나님 또는 구세주로 사칭할 것이다. 참람된 이름은 피조물이 조물주로 사칭하는 이름이다(살후 2:3-4).

로마의 황제들은 자신들을 신이라 했고 현대의 독재자들도 자신을 우상으로 섬길 것을 강조하고 있는 것을 보면 말세에 나타날 적그리스도가 자신을 하나님으로 사칭할 것은 불을 보듯 환한 일이다.

[2절] 내가 본 짐승은 표범과 비슷하고 그 발은 곰의 발 같고 그 입은 사자의 입 같은데 용이 자기의 능력과 보좌와 큰 권세를 그에게 주었더라

⑴ 바다에서 올라오는 짐승을 왜 표범으로 표현했을까? 여기에는 깊은 의미가 있다. 표범은 짐승 중에서 얼룩무늬가 가장 아름답고 날랜 짐승이다. 사람들은 표범의 반점에 현혹되어 표범 가죽을 고가로 매입한다.

말세에 나타날 적그리스도의 종교와 이데올로기도 표범 무늬처럼 현란한 아름다움으로 인간들을 미혹할 것이다. 허영에 들뜬 여인들이 표범 가죽을 탐하듯 표범 무늬처럼 현란하게 꾸민 적그리스도의 교리와 사상에 텅빈 인간들은 열광할 것이다. 표범 무늬의 종교와 사상이 말세의 인간들을 표변(豹變)시킬 것이다.

표범은 반점이 아름다울 뿐만 아니라, 짐승 중 가장 날쌘 짐승이다. 이것은 적그리스도가 주장하는 사상의 기민성과 빠른 속도성을 의미한다. 표범 무늬의 미혹 종교는 끝날 빠르게 지구촌에 확산될 것이다. 그리고 표범은 가장 포악한 짐승이다. 표범이 주장하는 이데올로기가 표면적으로는 아름답지만 가장 잔인하고 포악한 권세로 등장할 것이다.

⑵ 곰의 발 – 곰의 발바닥은 식도락가들과 미식가들이 가장 즐겨먹는 일품요리의 재료이다. 웅장(熊掌) 요리는 요리 중에서도 가장 비싼 요리이다. 이와 마찬가지로 적그리스도의 종교와 사상도 지식인들에게 가장 맛있는 식사를 제공할 것이다.

그러나 지식인들이 웅장요리를 즐겨 먹으면서 그 교리의 맛을 찬양하고 있을 때 짐승은 곰의 발톱처럼 무지하고 힘센 권세로서 잔인하고 무자비하게 지적 무리들 위에 군림할 것이다.

⑶ 사자의 입 – 사자는 백수의 왕으로 그 입은 칼날보다 날카롭게 먹이를 찢는다.

이와 마찬가지로 짐승은 사상의 예리한 칼로 무력한 인간들의 심령을 찢어 세뇌하고 혁명 사상으로 무장시킬 것이다. 성령의 칼이 인간의 골수까지 쪼개듯 사자 같은 이빨도 인간 심령의 근본자리까지 찢어 인간들을 개조하려 할 것이다.

표범의 모습, 곰의 발, 사자의 입은 짐승이 내세운 이데올로기가 얼마나 교묘하고 힘이 막강한가를 보여 주고 있다. 짐승은 절대권력, 무오한 교리로 세계에 군림할 것이다.

짐승은 표범, 곰, 사자가 삼위일체가 된 존재인데, 이것은 짐승이 마삼위(魔三位)의 존재임을 뜻한다. 「다니엘」 7장에 보면 표범은 바벨론, 곰은 메데, 사자는 페르샤를 상징하는데 로마는 이 셋을 합한 제국이 되었다.

이와 마찬가지로 말세에도 세 짐승이 한 몸을 이룬 마삼위적 초권력형 제국이 나타날 것이다.

⑷ 세 짐승이 한 몸을 이룬 잔인하고 비정한 권세는 용이 준 절대 권력이기 때문에 이 짐승은 마귀가 베푼 보좌에 앉아 하나님처럼 통치할 것이다. 하늘에서 쫓겨나고 미가엘에게 패배 당하고 땅에 떨어진 붉은 용은 자기의 하수인으로 짐승을 등장시켜 마삼위의 종교와 사상으로 세계를 지배할 것이다.

[3절-4절] 그의 머리 하나가 상하여 죽게 된 것 같더니 그 죽게 되었던 상처가 나으매 온 땅이 놀랍게 여겨 짐승을 따르고 용이 짐승에게 권세를 주므로 용에게 경배하며 짐승에게 경배하여 이르되 누가 이 짐승과 같으냐 누가 능히 이와 더불어 싸우리요 하더라

⑴ 일곱 머리는 완전한 거짓 지혜의 상징인데, 그 하나가 죽게 된 것은 거짓 지혜의 허구성이 드러나고 타락한 6수의 지혜가 되었음을 뜻한다. 6일 만에 지은 인간이 타락했기 때문에 6수는 사탄이 침범한 수이다.

⑵ 상하여 죽게 된 머리가 다시 살아나 경이의 대상이 된다. 이것은 짐승이 예수의 부활을 모방하여 가짜 부활의 진리를 조작하여 짐승의 존재가 불사신(不死神)임을 선전하면 온 땅이 맹신하여 짐승을 추종할 것이다.

⑶ 붉은 용에게서 절대 권력을 이양받은 짐승은 거짓 부활의 교리로 자신이 신이며 불사신임을 선전하여 인민들을 기만했으므로 어리석은 민중들은 용과 짐승에게 경배하면서 그들을 구세주로 찬양한다. 마귀인 용은 영적 존재요 짐승인 인간은 육적 존재인데 둘이 공모(共謀)하여 적그리스도가 되었으므로 불사신의 존재로 착각하기 쉽다.

짐승의 거짓 부활을 맹신하는 자들은 예수의 참 부활은 믿지 않고 짐승과 비할 존재가 없다고 찬양하고, 또 짐승과 싸워 이길 자가 없다고 그의 절대 권력을 찬양한다.

[5절] 또 짐승이 과장되고(개역한글 : 큰 말과) 신성 모독을(개역한글 : 참람된) 말하는 입을 받고 또 마흔두 달 동안 일할 권세를 받으니라

⑴ 「다니엘」 7장 8절에도 큰 말을 하는 뿔이 나오는데 큰 말이란 거짓 복음의 큰 위력을 의미한다. 짐승의 거짓 복음은 우레와 같은 대언(大言)이 되어 무력한 민중을 압도할 것이다.

⑵ 참람된 말을 하는 입 – 하나님을 함부로 모독하고 예수의 십자가 공로를 공로 없다고 지껄이는 망언을 하는 입이 참람된 입이다. 그러나 참람된 입과 큰 말이 짐승을 심판할 것이다(마 12:36–37).

⑶ 3년 반을 마흔 두 달로 표현한 속뜻은 이미 밝힌 바 있다. 짐승은 마흔두 달 동안 육신의 자식들을 선동하고 동원할 권세를 받았다. 이때 창백한 지식인들은 짐승의 앞잡이가 되고 교리의 해설자가 될 것이다. 짐승은 마흔두 달 동안 초인적으로 일할 것이다.

[6절] 짐승이 입을 벌려 하나님을 향하여 비방하되 그의 이름과 그의 장막 곧 하늘에 사는 자들을 비방하더라

⑴ 짐승은 가증하고 참람한 아가리를 벌려 하나님과 그의 이름을 비방한다. 그가 하나님을 비방하는 원인은 자신이 하나님의 자리에 앉아

서 신처럼 경배받기 때문에 그를 경배하는 자들에게 허세를 부리기 위함이다. 그는 어리석은 민중들 앞에서 뻐기고 으시대면서 자신이 구세주요, 불사신이요, 전능자인 것처럼 행세한다.

⑵ 하늘에 거하는 자들은 네 영물, 24장로 그리고 천군천사를 의미한다. 이들은 하나님이 계시는 장막에서 하나님을 모시고 옹위하고 있다. 죽은 자의 영혼은 아직도 하나님의 장막에 거할 수 없고 그들은 낙원 곧 셋째 하늘에서 부활의 날을 대기하고 있다.

짐승은 이성(理性)을 잃은 존재이므로(유 10), 하늘에 거하는 자들까지 함부로 훼방한다. 하나님을 훼방한 자가 무엇인들 못하겠는가. 말에 실수가 없으면 완전한 자요 입을 제멋대로 놀리면 지옥 불에 떨어질 것이다(약 3:1-12 참조).

[7절-8절] 또 권세를 받아 성도들과 싸워 이기게 되고 각 족속과 백성과 방언과 나라를 다스리는 권세를 받으니 죽임을 당한 어린 양의 생명책에 창세 이후로 이름이 기록되지 못하고 이 땅에 사는 자들은 다 그 짐승에게 경배하리라

⑴ 짐승은 마귀에게서 두 가지 권세 곧 성도들과 싸워 이기는 권세와 세상나라를 다스리는 권세를 받았다.

여기서 우리가 깊이 알아야 할 사실은 참 이스라엘이 된 성도들은 〈이긴 자〉들인데, 어찌하여 짐승과의 싸움에서는 지게 되는가 하는 점이다.

참 성도들은 평화의 도맥을 이어받아 무저항 비폭력을 실천하는 자들이므로 악의 정권이 행사하는 무력적 폭력에는 이길 수 없다. 총과 칼과 대포와 전차와 원자탄까지 소유한 권력자들에게 빈손 든 성도들이 싸워 이길 수 있겠는가.

성도들이 이긴 자가 된 것은 내면적 자아와의 투쟁에서 승리하고, 영적 마귀와의 싸움에서 승리하고, 세상의 온갖 유혹에서 승리하고, 사랑의 계명을 지켜 원수를 사랑하는 신앙 싸움에서 승리하는 것이지 무력을 소유한 폭력자들과 싸워 승리하는 것이 아니다. 짐승의 막강한 폭력 앞에서 성도는 지는 것 같지만 성도의 순교는 오히려 승리의 표가 된다.

⑵ 초권력형 무력과 조직화한 폭력과 싸워 승리할 개인은 없다. 그러므로 참 성도는 오직 순교자가 될 뿐 폭력에 굴복하여 비굴하게 살아남은 자들은 생명책에 기록되지 못한 자들 뿐이다. 하나님의 계명과 예수의 증거를 위해 죽은 순교자와 순교를 당할 각오가 되어 있는 자만이 생명책에 기록된다.

창세 이후의 녹명(錄名)은 세상 기초를 놓을 때부터라는 뜻이다(벧전 1:2, 엡 1:4, 잠 8:22 참조).

생명책에 기록된 자들은 땅에 살지만 하늘의 시민권을 얻은 자다. 땅에 배를 붙이고 사는 뱀의 씨만이 땅에 사는 자들이다(빌 3:19). 땅에 사는 자의 이름은 생명책이 아닌 흙에 기록된다(렘 17:13).

[9절-10절] 누구든지 귀가 있거든 들을지어다 사로잡힐 자는 사로잡혀 갈 것이요 칼에 죽을 자는 마땅히 칼에 죽을 것이니 성도들의 인내와 믿음이 여기 있느니라

⑴ 짐승은 폭력으로 성도들을 사로잡아 권력의 포로와 노예로 만들고 칼로 죽이지만, 짐승 자신은 나중에 하나님께 사로잡혀 심판을 받는다.

그러므로 성도들은 폭력 앞에 폭력으로 대항하지 말고 비폭력으로 폭력에 대항하고 무저항으로 권력에 저항해야 한다. 폭력의 검을 쓰는 자는 검으로 망한다(마 26:52).

⑵ 성도의 인내와 믿음은 무엇을 의미하는가?

폭력의 칼이 성도들을 핍박하고 죽일 때 폭력으로 대항하고 싶은 감정은 심장을 가진 인간이면 당연히 품는 감정이다. 폭력의 칼이 내 형제와 부모와 이웃을 죽일 때도 참고 견디어야 한다. 복수하고 싶은 감정을 삭여야 하고 폭력으로 대항하고 싶은 분노를 가라앉혀야 한다.

이것은 남들이 죽어갈 때 외면하거나 무관심하라는 뜻이 아니고 고난과 죽음은 함께 하되 피를 피로 갚지 말고, 원수를 원수로 갚지 말고, 칼을 칼로 갚지 말고, 끝까지 참고 견디어 하나님이 갚아 주실 때를 기다리라는 뜻이다.

믿음이란 반드시 하나님이 갚아 주실 것을 믿고 또 순교자가 되면 부활의 약속을 굳게 믿는 믿음이다. 짐승의 폭력은 견디기 어려운 인내와 믿음을 필요로 하기 때문에 귀가 있는 자는 들으라 했다.

[11절] 내가 보매 또 다른 짐승이 땅에서 올라오니 어린 양(개역한글 : 새끼 양) 같이 두 뿔이 있고 용처럼 말을 하더라

⑴ 표범, 곰, 사자의 혼합체인 짐승은 바다에서 올라오지만 새끼 양은 땅에서 올라온다. 바다는 범 세계(汎世界)를 상징하고 땅은 뱀이 기어다니는 거짓 종교의 마당(場)을 상징한다.

마귀는 바다에서 올라온 짐승을 통해 세계를 폭력으로 정복하고 절대권력을 휘두르다가 더욱 더 교묘한 속임수를 쓰기 위해 이번에는 새끼 양을 올라오게 한다.

새끼 양은 어린 양을 모방한 거짓 예수의 화신을 말한다. 어리석은 민중들은 새끼 양과 어린 양을 구별할 능력이 없다. 마귀의 거짓 종교가 극도로 교묘해져서 절정을 이룬 것이 새끼 양의 출현이다. 거짓 예수인 새끼 양은 바다에서 올라온 짐승처럼 폭력으로 세계를 정복하지 않고 거짓 복음으로 인간을 세뇌하고 개조할 것이다.

마귀는 거짓말쟁이이므로(요 8:44), 용처럼 말하는 새끼 양의 복음도 전부 거짓말로 꾸며진 허언(虛言)이다.

⑵ 새끼 양의 두 뿔은 무엇을 의미하는가?

새끼 양은 짐승처럼 폭력으로 인간을 지배하지 않고 사랑과 평화의 구세주처럼 행세한다. 외형적으로 보면 새끼 양의 두 뿔은 짐승의 열 뿔 보다 약하고 힘이 없어 보이지만 그렇지 않다. 새끼 양의 두 뿔 권세야말로 사랑과 평화로 위장했기 때문에 인간들을 기만할 수 있고 내면적 심령을 파고드는 무서운 마력을 지니고 있다.

짐승이 열 뿔 권세로 인간을 강압할 때 무력한 민중은 겉으로는 복종하고 경배하지만 속으로는 반발과 증오를 품는다. 그러나 사랑과 평화의 복음을 들고 나오는 새끼 양의 말은 인간의 내면과 심령을 정복하기 때문에 더욱 무서운 마력을 지닌 권세이다.

[12절] 그가 먼저 나온 짐승의 모든 권세를 그 앞에서 행하고 땅과 땅에 사는 자들을 처음 짐승에게 경배하게 하니 곧 죽게 되었던 상처가 나은 자니라

새끼 양은 처음 나올 때는 평화와 사랑의 사도로 위장하지만 인간의 심령을 사로잡은 후 그 본성을 드러내어 짐승의 권세로 땅에 있는 자들을 경배시킨다.

죽었다 상처가 나은 자는 권력의 수뇌부에 앉아 스스로 높여 하나님으로 사칭하던 자인데, 예수가 하나님을 증거하여 성도들을 경배시키듯 새끼 양은 거짓 하나님인 짐승에게 땅의 인간을 경배시킨다.

하나님과 예수가 부자관계이듯 짐승과 새끼 양도 부자처럼 밀접한 관계이다. 예수가 증거할 도는 부자 관계의 진리이므로 짐승과 새끼 양도 사이비 부자(父子)의 진리로 인간을 미혹할 것이다.

[13절-14절] 큰 이적을 행하되 심지어 사람들 앞에서 불이 하늘로부터 땅에 내려오게 하고 짐승 앞에서 받은 바 이적을 행함으로 땅에 거하는 자들을 미혹하며 땅에 거하는 자들에게 이르기를 칼에 상하였다가 살아난 짐승을 위하여 우상을 만들라 하더라

⑴ 적그리스도와 거짓 선지자는 이적과 기사와 능력으로 말세의 인간을 미혹할 것이 성경에 예언되어 있다(마 24:24, 살후 2:9-12).

성경의 예언처럼 거짓 예수인 새끼 양도 온갖 이적을 행한다. 심지어 하늘에서 불이 내려오게 한다. 불을 하늘에서 내리게 할 능력은 엘리야 같이 산 자의 도맥(道脈)을 이은 자만이 할 수 있는 능력인데 (왕상 18:36-38, 왕하 1:10-12), 새끼 양도 불의 이적을 행한다. 하늘에서 내리는 불은 성령강림을 표상하는데(행 2:1-4), 새끼 양은 거짓 영을 강림시켜 인간들의 가슴을 뜨겁게 할 것이다.

그러므로 말세에는 사이비 신비주의 경험자들이 급증한다. 그러나 새끼 양이 내리는 불은 거짓 불이요 성령의 불이 아닌 귀화(鬼火)이다. 도깨비불을 받은 자들이 일류 부흥사가 되어 이적을 행하면서 성령을 받았다고 설교할 것이다.

⑵ 짐승과 새끼 양 자신이 살아있는 우상인데 또 우상을 만드는 것은 그들의 형상을 주조하여 세계 도처에 세우라는 말이다. 칼에 상하였다가 살아난 짐승의 우상은 거짓 부활의 신앙을 주입시키는 우상 숭배임을 잊지 말자.

[15절] 그가 권세를 받아 그 짐승의 우상에게 생기를 주어 그 짐승의 우상으로 말하게 하고 또 짐승의 우상에게 경배하지 아니하는 자는 몇이든지 다 죽이게 하더라

⑴ 우상에게 생기를 불어넣는 이적은 인간을 흙으로 짓고 생기를 불어넣은 하나님의 창조력을 흉내내는 것이다.

말세에는 과학주의 우상이 생명이 없는 물질에 생기를 불어넣는 작업을 하여 인간을 열광시킨다. 컴퓨터로 조작되어 말하고 사고하는 제 5세대 로보트, 유전자와 염색체의 조작으로 새로운 생명을 만들어 내는 분자 생물학과 생명공학은 농업과 축산업 분야에 혁명을 일으켜 경이의 대상이 될 것이다.

그밖에 돈의 생기를 자본주의의 우상과 마르크스의 생기를 받은 공산주의의 우상이 인간 위에 군림할 것이다.

⑵ 짐승의 우상에게 경배하지 않는 몇 사람을 죽인다는 말은 무엇인가?

말세에는 대부분의 인간들이 짐승의 표를 받고 우상 숭배자로 전락하기 때문에 참 성도는 찾아보기 힘들다(눅 18:8). 오빌의 순금처럼 참 성도는 희귀해지는데(사 13:12), 이런 가운데서 몇 사람을 죽이는 것은 결코 적은 수가 아니다.

[16절] 그가 모든 자 곧 작은 자나 큰 자나 부자나 가난한 자나 자유인이나 종들에게 그 오른손에나 이마에 표를 받게 하고

⑴ 작은 자와 큰 자, 부자와 빈자, 자유자와 종, 이 대립된 여섯 계층은 6수로 표현되고 있다. 이들은 선악과, 곧 거짓 영, 거짓 예수, 거짓 말씀을 따먹은 땅의 사람, 뱀의 씨임을 말한다.

⑵ 짐승과 새끼 양의 이데올로기 아래서 인간이 통제되고 규격화되고 교리화되고 조직화될 때 짐승의 표를 받게 된다.

하나님은 가인의 이마에 표를 했고(창 4:15), 이스라엘의 양미간에도 표를 해 주었는데 율법의 표였다(신 6:8. 11:18). 짐승도 하나님의 흉내를 내려고 땅에 사는 사람에게 표를 한다. 또 짐승은 이마뿐만 아니라 오른 손에도 표를 하게 하는데 이것도 하나님을 흉내 내고 있다.

오른편은 하나님 편을 뜻한다(시 110:1). 오른손은 축복과 맹세의 손이다(창 48:13–14, 계 10:5–6). 그러므로 이마와 오른손에 표를 받으면 하나님께 소속된 자가 된다. 마귀는 이것을 도용(盜用)하여 인간들의 이마와 오른손에 표하여 자기의 소유로 만든다.

[17절] 누구든지 이 표를 가진 자 외에는 매매를 못하게 하니 이 표는 곧 짐승의 이름이나 그 이름의 수라

⑴ 표가 없는 자는 매매를 못하게 하는데 이것은 생존권을 위협하거나 생활의 박탈을 의미한다. 그러니 누가 표를 받지 않고 살 수 있겠는가.

짐승의 표가 매매하는데 사용된 것을 보면 이 표가 경제 문제와 밀접한 관계가 있음을 암시하고 있다.

⑴ 14만 4천 명은 그 이마에 하나님의 이름과 어린 양의 이름이 새겨졌는데 짐승의 이름은 숫자로 나타난다.

짐승의 이름이 숫자로 나타난 것을 보아도 그 이름이 경제적인 통계(統計)와 관계가 있음을 암시한다. 또 숫자는 인간의 권리와 인권을 말살하고 수인(囚人)같은 존재로 전락시켰음을 의미한다. 형무소의 죄수들에게는 이름 대신 숫자로 된 고유번호가 있다.

[18절] 지혜가 여기 있으니 총명한 자는 그 짐승의 수를 세어 보라 그것은 사람의 수니 그의 수는 육백육십육이니라

⑴ 이 성구에 나오는 지혜는 솔로몬의 지혜와 같은 여호와가 준 천사의 지혜가 아니다.

솔로몬의 지혜는 천사가 준 선악나무 지혜, 곧 분별지(分別智)였기 때문에 성전을 짓고 나중에는 우상의 신전도 지은 지혜였다.

참 지혜는 생명나무의 지혜, 곧 예수의 지혜를 뜻한다. 666의 비밀을 풀기 위해서는 참 지혜를 받지 않으면 안 된다. 총명 있는 자는 참 지혜로 깨닫는 각자(覺者)를 뜻한다. 참 지혜를 받아 대각(大覺)하지 못하면 666의 비밀은 알 수 없다.

⑵ 짐승의 이름이 곧 사람의 이름인데 그 이름의 암호수(暗號數)가 666이다. 그러므로 짐승의 이름도 숫자로 666이고, 사람의 이름도 숫자로 666이다.

〈사람의 이름은 아담〉이다. 아담은 붉은 용, 곧 마귀의 유혹을 받고 타락했다. 아담은 그 이마에 마귀의 이름이 찍힌 시조(始祖)였기 때문에 모든 사람이 마귀의 암호인 666의 낙인이 찍힌 존재가 되었다.

아담은 6일에 창조된 6수의 존재인데 완성을 보지 못하고 타락했기 때문에 완전수인 7수의 안식에는 들어갈 수 없다. 안식에 들어가자면 자기 일을 완성한 자가 아니면 안 된다(히 4:10). 하나님은 창조 사업을 완성했기 때문에 제 7일에 안식했다(히 4:4).

아담은 6수의 불완전한 존재로 지음 받고 완성된 존재가 되어 7수의 안식을 누리기 위하여 에덴동산에서 구도 생활을 하다가 마귀의 꾐에 빠져 타락했다. 마귀가 아담을 타락시켜 자기의 소유로 만든 것은 수의 암호로 볼 때 6수를 자기 소유로 만든 것이 된다. 아담도 6수의 불완전한 존재였고, 하와도 6수의 미완성 존재였고, 마귀도 6수를 집어 삼킨 존재가 되었다. 마귀와 아담과 하와는 셋이 한 몸이 되었으므로 그 암호는 666이 된다.

또 마귀는 마삼위(魔三位)의 열매인 선악과, 곧 거짓 예수, 거짓 영, 거짓 복음으로 나타났기 때문에 6수의 삼중복(三重複)인 666이 된다. 마삼위의 이름의 암호가 666이므로 그의 소유물이 된 사람(아담) 이름의 암호도 자동적으로 666이 된다.

아담이 완성되어 안식에 들어갔으면 그는 7수의 존재가 되어 성삼위(聖三位)의 이름이 그 이마에 찍혀 암호가 777이 되었을 것이다.

그럼 하나님의 말씀인 성경이 어떻게 구성되었는가를 생각해 보자. 시조 아담이 7수의 인간으로 완성되어 안식에 들어갔으면 그 후손들도 7수의 인이 찍혀 안식을 누렸을 것이다.

6수의 낙인이 찍혀 죽은 인간을 다시 살리기 위하여 하나님은 구원 섭리의 청사진인 성경을 인간에게 주었다. 성경은 하나님의 속사정을 기록한 편지이다. 타락한 인간을 사랑한 연서(戀書)요, 아가(雅歌)이다.

그런데 이상한 것은 이 성경이 66권으로 구성되어 있다. 정경(正經)이 66권으로 편찬된 것이 우연으로 된 일이었을까? 많은 외경(外經)과 위경(僞經)을 가려내어 빼 버리고 정경(正經)이 66권으로 구성된 것이 편찬자들의 인간적인 지혜로 된 일이었을까?

6수의 존재로 타락한 인간들에게 주신 하나님의 말씀도 마귀의 참소를 받지 않기 위해서는 66권의 문서로 편찬되지 않을 수 없다. 6수의 인간들에게 준 문서이니 외형적으로 66권으로 구성되지 않을 수 없다. 빌레몬서(書)와 같은 바울의 편지는 성경 속에 없어도 될 문서인데 정경 속에 편찬된 것을 보면 이상한 일이 아닐 수 없다.

성경이 67권도 아니고 65권도 아닌 66권으로 구성된 것은 마귀의 참소가 있었기 때문이다. 그러나 6수의 인간에게 주어진 66권의 성경은 미완성된 지혜인 선악과의 지혜로는 풀기 어려운 난해(難解)한 문서였다. 비유와 상징과 은어(隱語)와 암호로 된 문서가 성경이다. 이 때문에 6수의 존재들이 66권의 성경을 풀 때, 수많은 이견(異見)이 생겨 많은 교파와 교리가 생겨나게 되었다.

기독교인들은 저마다 자기 교파와 교리가 정통이라고 부질없는 주장을 되풀이 하면서 자기들이 해석한 성경을 진리라고 열을 내어 선전해도 6수의 지혜로 66권을 해석한 사실을 신앙 양심이 있는 자라면 자인해야 한다.

아담이 7수로 완성되어 안식을 누렸으면 성경같은 번거로운 문서는 인간에게 주어지지 않았을 것이다. 기독교는 6수의 지혜로 66권의 성경을 제멋대로 해석하여 많은 교파, 많은 교리, 많은 교회를 만들어 낸 유일신적 다신교(多神教)였다.

그러나 표면적으로 성경은 66권으로 구성되어 있지만 내면적으로는 70권으로 되어 있다. 「시편」이 다섯 권으로 되어 있기 때문에 성경은 겉으로는 66권이지만 속으로는 70권이 되는 묘수(妙數)이다. 70권은 완전수인 7수와 완성수인 10수가 곱해진 수이므로 7을 향해 완성되려고 몸부림치는 구도자들에게 주어진 하나님의 편지이다(사 34:16 참조). 그러므로 생명나무의 참 지혜와 깨닫는(覺) 총명으로 성경의 암호를 해독할 수 있다.

성경은 해석하기 어려운 문서이지만 해석할 수 없는 문서는 아니다. 짐승과 새끼 양은 6수로 66권의 성경을 도용(盜用)한 자이므로 그 이름의 암호가 666이 된다.

예수는 광야에서 3대 시험을 받을 때 경제적 시험, 정치적 시험, 종교적 시험을 받았다(『성경의 원리』 하권 「광야의 3대 시험」 참조). 경제, 정치, 종교 이 세 가지는 세상 나라를 지탱하는 기둥이다. 그러므로 마귀가 권세를 잡은 이 세상은 경제적인 666, 정치적인 666, 종교적인 666이 있다.

절대 권력으로 세상 나라를 지배하는 짐승은 경제, 정치, 종교를 장악하고 있는데 매매를 못하게 하는 것이 강조된 것을 보면 경제적인 666이 말세에 인간을 괴롭힐 것이다.

빵 문제는 백성을 다스리는 가장 기본이 된다. 먹지 않고는 정치도 종교도 공염불이 된다. 그러므로 말세에는 경제 문제가 인간의 생사를 좌우하게 된다. 물질 만능, 황금 만능, 과학 만능 사상이 풍미할 말세에 짐승이 경제적 666으로 인간을 노예화 할 것은 당연하다. 돈은 만악의 뿌리이다(딤전 6:10). 그런데 말세의 인간들은 돈과 물질에 환장한 자들이 된다. 하나님과 돈을 겸하여 섬길 수 없는데(마 6:24), 돈을 좋아하는 바리새인 모양(눅 16:14), 그들은 돈과 하나님을 겸해 섬길 수 있다고 착각하는데 이것도 짐승의 666의 표를 받았기 때문이다.

그럼 경제적인 면에서 666이 구약 성경에 어떻게 나타났는가를 살펴보자.

솔로몬만큼 부귀와 영화를 누린 임금은 없었다. 황금을 돌처럼 흔하게 쓴 솔로몬은 그 권세와 부로 예루살렘 성전을 건설했고 나중에는 만신(萬神)의 신전도 건설했다. 황금으로 부귀영화를 누린 솔로몬은 황금 때문에 망했다. 솔로몬의 지혜는 천사가 준 지혜였고 그 부도 천사가 준 축복이었다.

「열왕기상」 10장 14절에 보면 솔로몬의 세입금(歲入金)이 금으로 6백 6십 6달란트였다(역대하 9:13). 왜 하필이면 6백 6십 6달란트인가? 이것은 솔로몬의 경제도 천사의 표를 받은 경제였기 때문이다. 이 때문에 사치와 호사를 극한 솔로몬의 영광을 들의 한송이 백합화보다 못한 허무한 영광이었다고 예수는 말했다(마 6:29). 솔로몬 자신도 전도서(傳道書) 서두에서 〈헛되고 헛되며 헛되고 헛되니 모든 것이 헛되도다〉라고 장탄식을 하고 있다. 어느 시대 어느 나라의 경제를 막론하고 인간을 죽이고 살린 더러운 돈에는 짐승의 암호인 666의 낙인이 찍혀있다.

첫 사람 아담과 그 후손은 666의 낙인이 찍힌 수인(囚人)이지만 마지막 아담인 예수의 후손은 777의 신인(神印)이 찍혀 이긴 자가 될 것이다. 각 나라의 경제, 정치, 종교는 이데올로기의 풍향(風向)에 따라 다르지만 근본 자리는 다 같이 짐승의 표인 666이 찍혀 있음을 깨닫자.

각 시대에 따라 666의 암호 풀이도 각양각색으로 나타났다. 법왕 베네딕트 4세, 마호메트, 루터, 나폴레옹, 히틀러, 뭇솔리니, 일본 천왕, 빌헬름 독일 황제, 스탈린, 모택동, 김일성 등등. 신학자들은 자기들이 미워하는 인물을 666의 짐승으로 억지로 풀이했다. 그 대표적인 예가 네로였다. 네로(nero), N=50, E=6, R=500, O= 0, nero의 수가 616으로 666이 못되므로 라틴말인 neron에 맞추어 666이 되게 풀이했다.

N=50, E=6, R=500, O = 60, N=50, 합계 666이 된다. 또 히브리어 숫자를 맞추어 네로가 50+200+6+50=306, 가이사가 100+60+200=360, 306+360=666은 네로 황제가 된다.

이런 식의 성경 해석은 정감록 비결이나 노스트라다무스의 『여러 세기』를 억지로 푸는 방법과 하등 다를 바 없다. 혹세무민하는 자들의 성경풀이 방법이다. 이런 식으로 김일성(金日成)을 억지로 풀면 666이 된다. 김일성의 성과 이름 획수를 합치면 18획이 된다. 18획을 이름석자로 평균하면 666이 된다.

어느 시대나 「요한계시록」을 억지로 푸는 자들이 있기 마련이다.

조심해야 한다.

제14장

[1절] 또 내가 보니 보라 어린 양이 시온 산에 섰고 그와 함께 십사만 사천이 서 있는데 그들의 이마에는 어린 양의 이름과 그 아버지의 이름을 쓴 것이 있더라

(1) 시온은 처녀이고 예루살렘은 모성의 상징이다(『성경의 원리』 상권 「신부론」 참조). 어린 양은 동정녀가 무염시태(無染始胎)한 아들이고 14만 4천도 처녀 어머니가 낳은 자들이기 때문에 시온산에 설수 있다. 시온산에 섰다는 뜻은 지리적인 산에 선 것이 아니고 그들이 〈처녀 어머니〉가 낳은 열매임을 상징하는 말이다.

예수와 14만 4천은 인류의 첫 열매인데 이것이 장자의 총회이다. 장자인 14만 4천이 왕 같은 제사장이 되어 다스린다. 이들을 낳아준 해를 옷 입은 여인이므로 다음과 같은 등식(等式)이 성립된다.

시온(처녀 딸) = 예루살렘(언약의 자식을 낳아 주는 어머니) = 해를 옷 입은 여인. 예수는 동정녀가 낳은 인류의 첫 열매였고, 14만 4천도 예루살렘 영모(靈母)가 낳은 처음 익은 열매이다.

(2) 14만 4천은 장자들인데 하나님과 예수께 소속된 무리이기 때문에 그 이마에 인침을 받는다. 예수도 아버지의 인친 자였다(요 6:27).

[2절] 내가 하늘에서 나는 소리를 들으니 많은 물 소리와도 같고 큰 우렛소리(개역한글 : 뇌성)와도 같은데 내가 들은 소리는 거문고 타는 자들이 그 거문고를 타는 것 같더라

(1) 하늘에서 나는 소리는 천군 천사들의 장엄한 합창 소리다. 그들의 합창이 왜 물 소리, 우레 소리, 거문고 소리처럼 들릴까?

(2) 물은 낮은 데로 흐르고 더러운 것을 씻어 주고 머물지 않고 흐르기 때문에 썩지 않는다. 천사들이 부르는 노래는 하늘에서 물처럼 흘러 낮

은 땅에 임한다(계시록 1:15 해석 참조).

⑶ 뇌성(雷聲)은 잠든 의식을 깨우는 하늘의 대성(大聲)이다. 천사들의 합창은 땅에 있는 인간들의 잠을 깨우는 큰 우레이다.

⑷ 천사의 합창이 많은 물 소리, 큰 우레같이 들리는 가운데 사도 요한에게 특별히 거문고 소리처럼 들려오는 까닭은 무엇일까?

하늘의 거문고는 손으로 탄주하는 현악기가 아닌 마음의 심금(心琴)을 의미한다(계시록 5:8 해석 참조). 하나님의 말씀과 천사의 노래는 인간들의 심금을 울리는 소리이기 때문에 거문고 소리처럼 들린다. 물이 낮은 데로 흐르는 폭포 소리와 뇌성은 두렵고 권세있는 말씀이지만 은은한 거문고 소리는 인간의 심령을 감동시키는 소리이기 때문에 요한은 거문고 소리를 강조한다.

이 거문고 소리는 엘리야가 호렙산 굴 속에서 듣던 미세한 음성과 같다. 하나님은 폭풍 가운데도, 지진 가운데도 없었지만 미세한 소리로 엘리야의 심금을 울렸다(왕상 19:11-18).

[3절] 그들이 보좌 앞과 네 생물과 장로들 앞에서 새 노래를 부르니 땅에서 속량함을 받은 십사만 사천 밖에는 능히 이 노래를 배울 자가 없더라

⑴ 천사들이 부르는 노래를 왜 새 노래라 하는가? 땅의 노래는 다 낡은 노래이기 때문이다.

사상과 이데올로기의 노래, 종교와 교리의 노래, 정치와 경제의 노래, 예술과 문화의 노래들이 다 낡은 유행가와 같은 노래이다. 이런 노래로 인간들을 구원할 수 없고 참된 기쁨과 희망을 줄 수도 없는 퇴폐한 노래이다. 썩은 자본주의의 돈타령, 사랑타령, 굳어진 공산주의의 혁명타령, 독재타령도 다 낡은 노래가 되었다. 땅의 어느 곳을 살펴보아도 새 노래는 없다.

기독교의 교리와 다양한 현대 신학도, 『팔만대장경』과 『사서삼경』의 말씀도, 『베다경』과 『우파니샤드』와 『바가바드기타』의 노래도, 『도덕경』과

『남화경』의 아름답던 가락도, 『아베스타경』과 『코란경』의 암송도 다 낡은 노래, 무력한 계율이 되었다.

땅에 사는 어느 누구도 새 노래를 작곡할 능력이 없다. 흘러간 유행가 가락을 흥얼거리는 주정뱅이 모양 현대인은 감동이 없는 낡은 종교와 이데올로기의 콧노래를 부르면서 텅 빈 가슴을 안고 비틀거리고 있다. 현대적인 정황(情況) 속에서 새 노래 가락이 들려올 곳은 아무데도 없다. 그러나 낡은 하늘 밖 새 하늘에서 새 노래가 들려온다.

⑵ 천외천(天外天)에서 들려오는 새 노래는 14만 4천 밖에는 배울 자가 없다. 그 까닭은 새 노래가 장자들의 노래요 제사장의 노래이기 때문이다. 비유컨데 이스라엘의 열두 지파는 성전에서 제사드리는 예법을 몰랐다. 하나님께 제사드리는 법도는 장자격인 레위 지파의 제사장들만 알면 된다.

이스라엘의 장자권과 제사권을 가진 지파는 레위 지파 뿐이었다. 이와 마찬가지로 하나님을 섬길 때 부를 노래는 예수의 반차를 따라 제사장이 될 14만 4천 밖에는 배울 수 없다.

[4절] 이 사람들은 여자와 더불어 더럽히지 아니하고 순결한 자라 어린 양이 어디로 인도하든지 따라가는 자며 사람 가운데에서 속량함을 받아 처음 익은 열매로 하나님과 어린 양에게 속한 자들이니

⑴ 어린 양은 발정(發情)하지 않은 양을 뜻하는데 예수는 숫총각의 순결한 몸으로 제물이 되었다. 그러므로 어린 양과 더불어 제사장이 될 14만 4천도 여자로 더불어 더럽히지 않은 자들이다.

여기에서 깊이 알고 넘어가야 할 점은 〈여자로 더불어 더럽히지 아니한 정절이 있는 자〉란 무엇을 의미하는가 하는 점이다. 통속적인 표현으로 14만 4천은 여자와 성교(性交)한 일이 없는 독신 성직자나 구도자를 뜻하는가 하는 점이다. 이런 식으로 14만 4천을 이해하면 성경을 정해(正解)할 수 없다. 14만 4천은 인류 가운데서 수렴한 처음 익은 열매로 이들은 성령을 따라 낳은 자들이다.

시온 = 예루살렘 = 해를 옷 입은 원모(原母)가 낳아 준 덧입은 자며 첫째 부활에 참여할 제사장들이기 때문에 청정(淸淨)한 자들이란 뜻이다. 정절은 처녀성을 뜻하는데 이들이 어린 양의 신부이기 때문에 정절이란 표현을 사용했다.

⑵ 14만 4천은 땅에서 구원받은 처음 익은 열매이다.

처음 익은 열매란 첫째 부활에 참여할 인류의 장자를 의미한다. 장자의 구원은 완전구원을 뜻한다. 이스라엘 백성이 바다의 모래같이 많아도 남은 자만 구원을 받는다(롬 9:27-29). 이 남은 자가 덧입는 구원을 받는 14만 4천이다. 기독교인이 바다 모래같이 많아도 남은 자만 구원을 얻을 것이다.

예수 재림 때 죽지 않고 덧입는 자들은(고후 5:2-3), 살아서 완전구원받은 자들이기 때문에 이것을 첫째 부활이라 한다. 이 때문에 첫째 부활에 참여한 자가 복이 있는 것이다(계 20:6).

아담 이후 많은 사람이 왔다 갔지만 14만 4천만 살아서 구원받은 산 자들이고 이들만 제사장이 되기 때문에 하나님과 예수께 속한 자가 된다.

[5절] 그 입에 거짓말이 없고 흠이 없는 자들이더라

하나님은 참되지만(롬 3:4), 마귀는 거짓말장이다(요 8:44). 14만 4천은 하나님께 속한 자들이므로 거짓말을 모른다. 거짓이 없음은 그들이 거짓 복음에 오염되지 않고 순전한 하나님의 말씀으로 화신한 존재들임을 뜻한다(약 3:2 참조). 그들은 하나님의 온전하심과 같이 온전함을 이룬 자들이다(마 5:48).

예수는 흠과 점과 티가 없는 존재이므로(벧전 1:19), 어린 양께 속한 이들도 흠이 없는 존재가 된다.

14만 4천은 우림(빛)고 둠밈(완전)의 흉패를 붙인 제사장들이기 때문에(출 28:30 참조), 완덕(完德)을 이룬 자들이다.

[6절] 또 보니 다른 천사가 공중에 날아가는데 땅에 거주하는 자들 곧 모든 민족과 종족과 방언과 백성에게 전할 영원한 복음을 가졌더라

⑴ 다른 천사란 재앙을 부르는 천사들과 구별하기 위함이다.

그가 공중에 날아가면서 영원한 복음을 증거할 수 있는 것은 공중에서 마귀가 추방되었기 때문이다. 공중의 권세잡은 마귀는 하나님의 말씀을 중간에서 굴절시키고 변형시켰기 때문에 땅의 인간들은 진리를 완전히 깨닫고 이해할 수 없었다. 그러나 공중의 권세잡은 마귀가 추방되었기 때문에 하나님의 말씀을 중간에서 위조할 자가 없어졌으므로 공중에서 영원한 복음이 증거된다.

⑵ 왜 영원한 복음이라 하는가?

66권의 성경은 6수의 인간들에게 주어진 도상(途上)의 복음이다. 그러므로 짐승의 표를 받지 않고 안식을 누릴 성도들에게는 영원한 복음이 증거되어야 한다. 〈도상의 복음〉이 아닌 〈영원한 복음〉은 비유와 은어와 상징과 암호로 종이에 기록된 말씀이 아니고 거듭난 인간의 심성(心性) 속에 각인(刻印)될 말씀을 의미한다.

영원한 복음이 증거되면 인간은 각자가 진리를 깨닫게 되므로 목사의 설교나 신부의 미사는 필요없게 된다.

※ 또 주께서 이르시되 그 날 후에 내가 이스라엘 집과 맺을 언약은 이것이니 내 법을 그들의 생각에 두고 그들의 마음에 이것을 기록하리라 나는 그들에게 하나님이 되고 그들은 내게 백성이 되리라 또 각각 자기 나라 사람과 각각 자기 형제를 가르쳐 이르기를 주를 알라 하지 아니할 것은 그들이 작은 자로부터 큰 자까지 다 나를 앎이라(히 8:10-11).

위의 성구를 보면 하나님의 말씀이 인간의 본성 속에 기록되었기 때문에 인간은 스스로 깨닫는 자유로 하나님을 섬기게 된다. 인간마다 자유한 실존(實存)이 되어 자율(自律)로 하나님을 섬길 때 기독교의 목사와 신부같은 직업 종교꾼은 사라질 것이다. 그 날이 속히 오라.

[7절] 그가 큰 음성으로 이르되 하나님을 두려워하며 그에게 영광을 돌리라 이는 그의 심판의 시간이 이르렀음이니 하늘과 땅과 바다와 물들의 근원을 만드신 이를 경배하라 하더라

존재의 뿌리를 찾는 운동이 복음 운동이다(행 14:15-17).

마귀는 존재의 뿌리가 아니며 생명의 근원이 아니다. 뿌리와 근원이 아닌 자를 섬기는 것이 우상 숭배인데 뿌리없는 자들이 우상숭배자가 된다(유 12). 타락한 인간은 존재의 뿌리와 진리의 근원을 잊고 잃어버렸기 때문에 거짓말에 속아 허무한 것에 굴복했던 것이다.

공중에 날아가는 천사는 뿌리를 찾고 근원을 찾으라고 외친다. 하늘과 땅과 바다와 물들의 근원을 만든 이가 존재의 뿌리요, 생명과 진리의 근원이므로 그에게 경배하라고 외친다.

제 뿌리를 찾은 사람은 하나님을 아버지라 부를 것이다. 예수는 우리에게 존재의 족보(族譜)를 찾아준 사람이다. 예수 이전에도 많은 성인(聖人)이 다녀갔고 그들은 인간 심령을 개조할 좋은 말씀을 남기고 갔으나 우리에게 족보를 찾아주지 못했다. 오직 예수만이 하나님이 우리들의 아버지가 됨을 밝혀주었던 것이다.

[8절] 또 다른 천사 곧 둘째가 그 뒤를 따라 말하되 무너졌도다 무너졌도다 큰 성 바벨론이여 모든 나라에게 그의 음행으로 말미암아 진노의 포도주를 먹이던 자로다 하더라

⑴ 큰 성 바벨론은 17장에 나오는 음녀(淫女)이다. 이 음녀가 만국을 음행으로 타락시킨 장본인이다.

⑵ 참 포도주는 예수의 피를 상징한다.

그러나 진노의 포도주는 소돔과 고모라의 인간들이 먹고 혼음한 쓸개 포도주, 곧 비진리의 술을 의미한다(신 32:32-33, 시 75:8, 렘 2:21, 25:15).

말세의 인간들도 비진리의 쓸개포도주에 취해 비틀거리며 음녀와 행음(行淫)했기 때문에 불심판을 받아 둘째 사망에 떨어진다. 진노의 포도주를 먹이던 음녀, 곧 바벨론 성은 무너지고 또 무너진다. 이 성은 반석 위에 세운 성이 아니고 모래 위에 세운 성이기 때문에 무너진다(마 7:24-27).

[9절-10절] 또 다른 천사 곧 셋째가 그 뒤를 따라 큰 음성으로 이르되 만일 누구든지 짐승과 그의 우상에게 경배하고 이마에나 손에 표를 받으면 그도 하나님의 진노의 포도주를 마시리니 그 진노의 잔에 섞인 것이 없이 부은 포도주라 거룩한 천사들 앞과 어린 양 앞에서 불과 유황으로 고난을 받으리니

(1) 진노의 포도주를 마시는 자는 짐승의 표를 받고 우상숭배한 자들이다. 666은 마삼위의 표이므로 이 낙인이 찍힌 자들은 하나님의 씨가 아닌 뱀의 씨들이므로 불심판을 받게 된다.

(2) 진노의 잔에 섞인 것이 없다는 뜻은 물에 타지 않은 독한 술을 말한다. 하나님은 진노를 조금도 감하지 않고 섞인 것이 없이 부은 독주(毒酒)와 강주(强酒)로 악인들을 심판한다.

(3) 악인들이 왜 천사들 앞과 어린 양 앞에서 고난을 받는가? 그들은 천사가 전해준 구약의 율법도 지키지 않았고 어린 양이 전해준 신약의 진리도 외면했기 때문에 천사와 예수 앞에서 고난을 받는다. 불과 유황의 고난은 둘째 사망의 형벌인데 고난이 절정에 이른 상태를 의미한다.

[11절] 그 고난의 연기가 세세토록 올라가리로다 짐승과 그의 우상에게 경배하고 그의 이름 표를 받는 자는 누구든지 밤낮 쉼을 얻지 못하리라 하더라

(1) 짐승의 표를 받은 자들은 왜 영원토록 고난을 받게 되는가?
그들은 영원한 하나님을 부인하고 영원한 생명과 진리를 부인했기 때문이다. 고난의 연기가 세세토록 올라감은 죽지 않는 영원한 화형(火刑)이 계속됨을 뜻한다(막 9:48-49 참조). 또 불과 유황의 형벌은 악인의 마음밭

이 영원히 황폐함을 말한다(사 34:9–10).

⑵ 그들은 왜 밤낮 쉬지 못하는가?

자기 일을 마친 자만 안식(安息)을 누릴 수 있다. 하나님은 엿새 동안 창조 사업을 하셨기 때문에 일곱째 날에 안식하셨다. 이와 마찬가지로 인간도 태어날 때 천명(天命)을 받고 난다.

하늘의 명령에 따라 이 세상에 일하기 위해 인간은 왔다. 각자가 자기 분수에 따라 맡은 분량의 일이 있는데 악인들은 천명을 망각하고 음란, 방탕, 사치, 열락, 게으름, 우상 숭배에 빠져 끝내는 짐승의 표까지 받았으니, 그들이 어찌 쉴 수 있겠는가?

인간이 이 세상에 와서 해야 할 일은 심전(心田)을 개간하여 말씀의 씨를 뿌려 결실하는 일이다. 그리하여 위로 하나님을 사랑하고, 아래로 이웃을 사랑하여 사랑의 계명을 실천하는 것이 인간이 해야 할 일이다. 이 일은 사람이면 마땅히 해야 할 일인데, 일을 하지 않은 자가 무슨 염치로 안식을 누리며 쉬기를 바라겠는가.

[12절] 성도들의 인내가 여기 있나니 그들은 하나님의 계명과 예수에 대한 믿음을 지키는 자니라

이 세상에 천명을 받고 태어난 인간이면 마땅히 해야 할 일이 하나님의 계명을 지키고 예수의 믿음을 지키는 것이다. 하나님의 계명은 〈사랑〉이고 예수의 믿음은 절대 순종한 믿음이다(요 6:29, 딤후 4:7, 계 2:13). 그러나 마귀는 불순종한 자였고 그에게 속한 자들도 불순종한 자들이다(엡 2:1–2).

예수의 믿음이 있는 자는 하나님의 계명인 사랑을 실천한다. 입술로만 하나님을 섬기고 말로만 예수를 믿는 자들이 대부분인데 이런 자들은 일을 하지 않는 도(道)의 건달들이고 종교꾼들이다. 하나님의 계명인 사랑을 실천하는 행위는 구약적인 율법을 지키는 의문(儀文)의 죽은 행위가 아니라 성령이 우리 마음을 사로잡는 자유의 행위를 뜻한다.

죽이는 종의 계명이 아니라 살리고 자유롭게 하는 율법으로(약 1:25),

이해를 해야 한다. 이런 사람들은 성령의 열매를 맺어(갈 5:22-23), 자기가 맡은 일을 완성한 자들이다.

[13절] 또 내가 들으니 하늘에서 음성이 나서 이르되 기록하라 지금 이후로 주 안에서 죽는 자들은 복이 있도다 하시매 성령이 이르시되 그러하다 그들이 수고를 그치고 쉬리니 이는 그들의 행한 일이 따름이라 하시더라

(1) 주 안에서 죽은 자들은 하나님의 계명과 예수의 믿음을 지키다가 순교당한 자들이다. 순교자는 복이 있는 자가 된다. 첫째 부활에 참여할 수 있기 때문에 복자(福者)가 된다(계 20:4-6).

(2) 저희의 수고를 그치고 쉼은 그들은 자기가 맡은 일을 완성한 자들이므로 안식할 수 있다(히 4:10 참조).

이 구절은 11절과 대립된다. 11절에 보면 일을 하지 못한 악인은 쉬지 못하는데 일을 한 순교자는 쉰다. 일한 자가 쉴 때 항상 그들이 행한 일이 따른다.

대부분의 기독교인들은 〈믿음으로 구원받는다〉는 바울의 신앙 고백을 잘못 해석하여 예수의 이름을 입술로만 믿으면 자동적으로 구원받는다고 착각하면서 그 행위는 이방인보다 못한 자들이 많다.

행위가 없어도 믿음으로만 구원받는다는 주장은 종교꾼들과 건달들이나 부르짖는 마귀의 구호이다. 행위로만 구원받는다는 주장도 그릇된 것이다. 믿음과 행위는 수레의 두 바퀴와 같다.

참 믿음에는 반드시 선한 행위가 따라야하고 참 선행은 깊은 믿음 가운데서 우러나야 한다. 영혼이 없는 몸이 죽은 것 같이 행함이 없는 믿음도 죽은 것이다(야 2:26). 예수를 믿기만 하고 행위가 없는 자는 버림받는다(마 7:21-23).

[14절] 또 내가 보니 흰 구름이 있고 구름 위에 인자와 같은 이가 앉으셨는데 그 머리에는 금 면류관이 있고 그 손에는 예리한 낫을 가졌더라

⑴ 흰 구름은 하나님의 수레로(시 104:3), 천사의 무리를 뜻한다.
예수는 승천할 때 구름을 타고 갔고 재림할 때도 구름을 타고 오는데 이 구름은 천사의 무리를 의미한다. 예수는 많은 천사를 거느리고 온다(마 16:27, 26:64, 계 1:7).

⑵ 구름 위에 앉은 인자는 예수를 말한다(단 7:13, 24:30).
머리의 금면류관은 인자가 추수를 주관하는 왕임을 뜻한다. 예리(銳利)한 낫은 추수의 상징이다. 예수는 추수를 주관하고 추수는 천사들이 한다(마 13:37-42). 인자같은 이가 이한 낫을 들고 흰 구름위에 앉아 있는 것은 그가 추수를 주관하는 감독자임을 나타내고 있다.

[15절] 또 다른 천사가 성전으로부터 나와 구름 위에 앉은 이를 향하여 큰 음성으로 외쳐 이르되 당신의 낫을 휘둘러 거두소서 땅의 곡식이 다 익어 거둘 때가 이르렀음이니이다 하니

⑴ 천사가 성전에서 나오는 것은 하나님의 추수명령을 전하기 위함이다. 천사는 피조물이므로 예수에게 명령할 수 없고 다만 하나님의 명령을 전할 뿐이다. 예수만이 아버지의 뜻을 행하고 순종한 존재이기 때문에(요 5:19), 하나님의 추수명령을 천사가 전달한다.

⑵ 곡식이 다 익었다는 뜻은 말세의 도수(度數)가 차고 창세 전에 하나님께서 예정하신 택한 자의 수가 만수(滿數)가 되었다는 말이다.
농사 중에 으뜸가는 농사는 사람농사이다. 하나님은 사람농사 하시는 주인이다. 하나님은 말씀의 씨를 인간의 마음 밭에 뿌렸다. 그러므로 인간은 심전(心田)을 가꾸고 잡초를 뽑고 돌을 제거하고 옥토로 만들어 육십 배, 백 배의 결실을 맺어야 한다(마 13:3-8).
농자천하지대본(農者天下之大本)의 참 뜻은 하나님이 인간 농사를 하면서 내세운 도(道)의 벼리(綱領)인데, 타락한 인간은 잘못 깨닫고 두더지처럼 땅만 파는 농사를 했다. 하나님은 아담과 하와 한 쌍을 지어 사람농사를 시작했는데 마귀가 뱀의 씨를 뿌려 사람농사를 망쳤다(마 13:24-29,

37:40). 지금은 인간 역사의 결실기(結實期)이다. 알곡은 천국 곳간으로 수렴(收斂)되고 가라지는 불에 탈 것이다.

[16절] 구름 위에 앉으신 이가 낫을 땅에 휘두르매 땅의 곡식이 거두어 지니라

인자는 하나님의 명령에 순종하여 낫을 휘둘러 땅에서 결실된 인간 알곡을 거둔다. 낫은 구원받을 자들에게는 사랑의 낫이지만 멸망받을 인간 가라지들에게는 멸망의 낫이 된다.

세계심전(世界心田)에서 추수될 인간 알곡은 몇 명이나 될까?

[17절] 또 다른 천사가 하늘에 있는 성전에서 나오는데 역시 예리한 낫을 가졌더라

이 천사는 포도송이를 거두기 위해 낫을 들고 나온다. 여기에 포도송이는 참포도 나무의 열매가 아닌 소돔과 고모라의 쓸개 포도를 말한다. 이 천사가 성전에서 나오는 것을 보면 하나님의 명령을 수행하기 위한 고급 천사임을 알 수 있다.

[18절] 또 불을 다스리는 다른 천사가 제단으로부터 나와 예리한 낫 가진 자를 향하여 큰 음성으로 불러 이르되 네 예리한 낫을 휘둘러 땅의 포도송이를 거두라 그 포도가 익었느니라 하더라

(1) 불을 다루는 천사는 불로 심판하는 말세에 나타나서 가라지를 태울 천사를 말한다. 그러므로 노아 때 물로 홍수심판한 물을 차지한 천사와는 구별된다(계 16:5).

쓸개 포도를 심판할 천사이므로 포도송이를 거두는 천사에게 추수를 명령한다.

불을 다스리는 천사가 성전 제단에서 나온 것은 제단 밑에서 신원의 날을 기다리고 있는 순교자의 원함을 풀어 주기 위함이다(계 6:9-10).

⑵ 천사가 거두는 포도송이는 참포도 나무에서(요 15:4) 익지 않고 소돔 고모라의 포도나무에서 익은 쓸개 포도이다(신 32:32-33).

하나님의 진리를 변조한 거짓 선지자와 종교꾼들은 쓸개 포도주에 취한 자들이므로 진노의 포도주 틀에 던져진다.

[19절-20절] 천사가 낫을 땅에 휘둘러 땅의 포도를 거두어 하나님의 진노의 큰 포도주 틀에 던지매 성 밖에서 그 틀이 밟히니 틀에서 피가 나서 말 굴레에까지 닿았고 천육백 스다디온에 퍼졌더라

⑴ 소돔 고모라의 쓸개 포도가 왜 술틀에 던져지는가?

술틀은 압착기인데 거짓 종교인과 권력자들은 땅에서 인민을 압박하고 착취한 자들이므로 압착기에 던져진다. 악인들은 선한 사람의 피와 기름을 짜먹은 자들이므로 술틀에 던져져 피와 기름을 흘리게 된다(사 63:2-3, 욜 3:13, 애 1:15, 계 19:15). 사필귀정(事必歸正)이다.

⑵ 예수는 성 밖에서 악인들에게 고난을 받았다(히 13:11-12).

그러므로 악인들도 성 밖에서 심판받는 것이 당연하다.

⑶ 피가 말 굴레에까지 닿았다는 것은 무엇을 의미하는가?

이것은 이데올로기의 싸움, 사상과 종교 전쟁의 잔인함과 비정함을 뜻한다.

말은 바람, 곧 사상과 주의의 풍조인데 인류의 전쟁은 종교 전쟁이었고 이데올로기의 싸움이었다. 악인들의 더러운 피가 말굴레까지 닿았으므로 말은 완전히 피바다 속에 잠겨 활동할 수 없다.

⑷ 천6백 스다디온은 무엇인가? 성경에는 40수가 여러 번 등장한다.

노아의 40일 홍수심판, 모세의 바로 궁중 40년, 미디안 광야 40년, 시내 광야 40년, 또 장막에서 장막을 40번 옮겼다. 사울 왕 40년, 다윗 왕 40년, 솔로몬 왕 40년 그리고 예수의 40일 광야 시험, 부활 후 40일 동안 땅에 계셨다.

40수는 사탄 마귀를 분립(分立)시키기 위한 시험과 구도의 기간이다. 사탄 마귀가 인간을 괴롭힌 40수가 나중에는 악인을 심판하는 피의 이수(里數)로 나타나는 것은 인과응보가 아닐 수 없다.

천6백 스다디온은 40수를 제곱한 수인데(40×40=1,600), 충족(充足)된 형벌과 복수를 상징하는 수이다.

땅수 4에 완성수 10을 곱한 40수는 사탄 마귀가 인간에게 완전히 침입한 수의 상징인데, 마지막 심판 때에는 악인들이 40수의 그물에 걸려 심판 받는 것이 하나님의 공의다.

제15장

[1절] 또 하늘에 크고 이상한 다른 이적을 보매 일곱 천사가 일곱 재앙을 가졌으니 곧 마지막 재앙이라 하나님의 진노가 이것으로 마치리로다

또 다른 이적이라 함은 12장 1절, 해를 옷 입은 여인의 이적과 구별하기 위함이다.

마지막 일곱 재앙을 가진 일곱 천사를 보고 요한은 이적을 본다고 했다. 이런 재앙은 일찌기 본 일이 없는 사건이기 때문이다.

[2절-3절] 또 내가 보니 불이 섞인 유리 바다 같은 것이 있고 짐승과 그의 우상과 그의 이름의 수를 이기고 벗어난 자들이 유리 바다 가에 서서 하나님의 거문고를 가지고 하나님의 종 모세의 노래, 어린 양의 노래를 불러 이르되 주 하나님 곧 전능하신 이시여 하시는 일이 크고 놀라우시도다 만국의 왕이시여 주의 길이 의롭고 참되시도다.

⑴ 유리 바다는 맑고 투명한 바다, 곧 각 나라와 족속과 방언에서 구원받은 깨끗하고 성화된 자들의 상징이다(계 4:6 해석 참조).

그런데 왜 유리 바다에 불이 섞여 있는가? 유리 바다 가운데서 하나님을 찬양하는 성도들은 불 가운데서 구원받은 자들이기 때문이다(고전 3:15). 맑고 투명한 유리도 청정(清淨)의 상징인데 그 속에 불이 섞인 것은 불 가운데서 정화된 자만이 유리 바다에 설 수 있음을 의미한다.

⑵ 성도들이 연주하는 하나님의 거문고는 무엇을 의미하는가?

이 거문고는 하나님이 성도에게 주신 현악기인데 인간의 본성(本性)을 뜻한다.

하나님은 마음의 거문고 줄, 곧 심금(心琴)을 울리는 존재이므로 복음으로 거듭난 인간들은 마음의 거문고 줄을 당겨 진심으로 하나님을 찬양한다. 인간은 악기(樂器)이다. 인간의 마음은 하나님이 연주하는 악기이다.

(3) 모세의 노래는 이스라엘이 홍해를 건넌 후 부른 노래이다(출 15:1-18).

이 노래는 하나님의 구원을 찬양한 노래인데 세 가지 내용으로 되어 있다. 첫째, 하나님의 능력을 찬양했고(출 15:2, 3, 6), 둘째, 하나님의 거룩함을 찬양했고(출 15:11), 셋째, 하나님의 왕권을 찬양했다(출 15:18).

「신명기」에도 모세의 노래가 있다(신 32:1-43). 모세를 하나님의 종이라 한 것은 아들인 어린 양과 구별하기 위함이다(히 3:5-6).

모세의 노래는 구약에서 구원 받은 자들이 부르는 노래이고 어린 양의 노래는 신약에서 구원 받은 자들이 부르는 노래인데, 다 같이 하나님의 능력과 거룩함과 왕권을 찬양하는 내용으로 되어 있다.

(4) 하나님이 계획하신 구원 섭리의 오묘함과 그 능력의 무한함을 인간으로서는 헤아릴 수 없기 때문에 하나님이 하시는 일이 크고 기이하다(욥 37:5, 시 111:2, 139:14).

하나님은 참되시고 털끝만한 불의도 없으신 존재이기 때문에 주의 길은 의롭고 참되신 것이다.

[4절] 주여 누가 주의 이름을 두려워하지 아니하며 영화롭게 하지 아니하오리이까 오직 주만 거룩하시니이다 주의 의로우신 일이 나타났으매 만국이 와서 주께 경배하리이다 하더라

누가 주를 두려워하지 아니하며(렘 5:22, 10:7), 영화롭게 하지 아니하오리까(시 86:9). 주만 거룩하나이다. 만국이 와서 주께 경배하리이다(시 86:9). 이 찬가는 최후의 심판이 끝날 때를 미리 보면서 노래한 것이다. 불의를 행한 세상나라 임금들은 하나님을 두려워하지 않을 수 없다. 구약적인 종들은 하나님을 두려워했으나, 신약적인 아들들은 하나님을 사랑한다.

사랑이 모든 두려움을 없앤다(요일 4:18). 그러므로 참 성도는 주를 영화롭게 할 뿐이다. 주만 거룩하심은 하나님만이 모든 죄를 소멸하고 만물을 정화할 수 있는 능력이 있기 때문이다.

[5절] 또 이 일 후에 내가 보니 하늘에 증거 장막의 성전이 열리며

증거 장막은 모세가 시내산에서 십계를 받을 때 하늘에서 보여준 식양(式樣)을 본따서 만든 장막 성전이다(출 38:21, 민 9:15, 10:11, 행 7:44).

증거 장막의 성전이 열리는 것은 지성소로 나아가는 길이 열린다는 뜻이다. 지성소는 하나님과 예수의 가장 깊은 본성(本性)과 심정(心情)을 의미하는데, 장막이 열림으로 말미암아 인간은 지성소로 나아갈 수 있게 된다.

여기서 증거 장막이라 한 것은 솔로몬의 타락된 성전과 구별하기 위함이다. 모세가 만든 장막 성전은 하늘에서 보여준 성전 모형을 본따서 만들었기 때문에 원형에 가깝고 솔로몬의 성전은 인위적으로 세워진 성전이기 때문에 원형에서 먼 성전이었다.

[6절] 일곱 재앙을 가진 일곱 천사가 성전으로부터 나와 맑고 빛난 세마포 옷을 입고 가슴에 금띠를 띠고

⑴ 이 천사들이 성전에서 나온 것은 대제사장인 어린 양으로부터 재앙 집행의 명령을 받았기 때문이다.

나팔을 부는 천사들은 성전에서 나오지 않았는데, 대접을 받은 천사들이 성전에서 나오는 것을 보면 이들이 대제사장을 시중하는 고급 천사임을 알 수 있다.

⑵ 세마포는 옳은 행실의 상징이다(계 19:8).

맑고 빛난 세마포를 입은 일곱 대접 천사는 그 행실이 타락한 천사와는 달리 빛과 성결로 정행(正行)한 천사이다.

⑶ 허리띠는 진리의 상징이다(엡 6:14).

금띠는 순수 무잡한 진리를 뜻한다. 허리가 아니고 가슴에 금띠를 띠는 것은 천사들의 심정(心情)이 진리로 성화되었음을 의미한다.

[7절-8절] 네 생물 중의 하나가 영원토록 살아 계신 하나님의 진노를 가득히 담은 금 대접 일곱을 그 일곱 천사들에게 주니 하나님의 영광과 능력으로 말미암아 성전에 연기가 가득 차매 일곱 천사의 일곱 재앙이 마치기까지는 성전에 능히 들어갈 자가 없더라

⑴ 금대접 - 5장 8절에 금대접은 성도의 기도가 담긴 향로이다.

성도들의 기도가 담긴 향로가 악인들을 심판하는 재앙을 담은 대접이 된다. 세상에서 고난 받고 핍박 받은 성도들은 그 때마다 하나님께 해원해 줄 것을 기도했는데 이 기도가 향로에 담겼다가 끝 날에는 악인을 죽이는 재앙의 대접이 된다.

일곱 금대접은 완전한 재앙을 뜻한다.

⑵ 영광은 진리의 광채이고, 능력은 창조의 힘이다(사 6:1:4 참조). 그런데 왜 영광과 능력 때문에 성전에 연기가 차는가? 연기는 하나님의 진리와 능력을 은폐시키는 신비성의 상징이다(출 19:18, 왕상 8:10-11).

⑶ 연기 때문에 성전에 들어갈 수 없음은 심판 받을 악인들은 속죄 받을 수 없다는 뜻이다. 그들은 신비한 향연(香煙) 속에 은폐된 하나님의 진리와 능력을 알 수 없는 자들이므로 성전에 들어갈 수 없다. 이미 예수의 속죄 사업은 끝났고, 속죄의 제사도 끝났기 때문이다. 오직 그들에게는 진노의 일곱 대접의 재앙이 있을 뿐이다.

연기와는 반대로 구름이 성전을 가리웠기 때문에 들어가지 못한 예도 있다(출 40:35, 왕상 8:11). 이것은 하나님의 영광이 성전에 충만했기 때문에 두려워서 들어가지 못했다.

구름은 하나님의 영광을 은폐시킬 때 피어오르고, 연기는 죄인을 심판할 때 피어오른다.

제16장

[1절] 또 내가 들으니 성전에서 큰 음성이 나서 일곱 천사에게 말하되 너희는 가서 하나님의 진노의 일곱 대접을 땅에 쏟으라 하더라

성전에서 나오는 큰 음성은 네 생물의 음성도 아니고 천사들의 음성도 아니다. 예수 자신이 성전이므로(요 2:21, 계 21:22), 이 음성은 예수의 음성이다.

그는 우레와 같은 큰 음성으로 진노의 대접을 땅에 쏟을 것을 명령한다. 이 명령은 사랑의 존재이신 하나님이 얼마나 크게 진노했는가를 알 수 있다. 하나님은 끝까지 참으시면서 악인들이 회개하고 돌아올 것을 바랬지만, 짐승의 표를 받은 뱀의 씨들은 끝내 회개치 않으므로 사랑이 변해 분노가 된다.

[2절] 첫째 천사가 가서 그 대접을 땅에 쏟으매 짐승의 표를 받은 사람들과 그 우상에게 경배하는 자들에게 악하고 독한 종기가 나더라

이 재앙은 애굽에 내린 여섯째 재앙과 흡사하다(출 9:10). 악하고 독한 헌데는 단순한 피부병이 아니고 악으로 화농한 독종, 곧 죽음의 헌데를 의미한다(신 28:27, 35).

짐승의 표를 받고 우상에게 경배한 자에게 헌데가 나는 것은 그들이 속죄의 제사를 거부한 불결한 인간들이기 때문이다. 이 헌데는 문둥병의 일종인데 문둥병자는 하나님 앞에 설 수 없다. 말세의 인간들은 다들 제 본래의 모습을 상실하고 문둥이처럼 이지러진 실존(實存)들이다.

하나님의 형상을 닮은 인간이 하나님을 떠나는 순간부터 그 모습이 이지러지고 문들어져 문둥이처럼 본래의 자기를 상실한다. 자기를 상실한 인간은 텅 빈 인간이 되어 사상의 괴뢰, 종교의 노예로 전락한다. 경제적인 부로 기름진 현대인도 내면적으로는 나병환자처럼 이지러진 존재들이다.

자기를 상실한 자! 이것이 현대인이다.

[3절] 둘째 천사가 그 대접을 바다에 쏟으매 바다가 곧 죽은 자의 피 같이 되니 바다 가운데 모든 생물이 죽더라

둘째 대접의 재앙은 애굽의 첫째 재앙과 비슷하고(출 7:14-22), 둘째 나팔의 재앙과 비슷하다(계 8:8-9). 둘째 나팔의 재앙 때는 바다 생물의 3분의 1이 죽고, 3분의 1이 파괴되었으나 둘째 대접의 재앙 때는 바다 생물이 다 죽는다.

바다 생물이 다 죽었다 함은 어류가 전멸되었다는 말이 아니다. 바다는 음녀의 앉은 물, 곧 열국의 상징이므로 음란의 물에 빠진 자들이 다 죽는다는 뜻이다.

[4절] 셋째 천사가 그 대접을 강과 물 근원에 쏟으매 피가 되더라

생수의 근원은 하나님인데(렘 2:13), 셋째 대접을 쏟는 강과 물 근원은 타락한 혈맥의 강을 의미한다. 강과 물 근원이 피가 되는 것을 보면 이것은 육신의 자식을 낳는 월경의 강을 의미한다.

혈과 육은 하늘나라에 갈 수 없는데(고전 15:50), 유대인처럼 아브라함의 자식임을 주장하는 인간들은 월경의 강에 빠져 죽을 존재들이다. 피의 근원, 월경의 강은 마귀로 인해 오염된 강이다(레 20:18 참조).

셋째 나팔의 재앙 때도 강과 샘 근원이 3분의 1이 쑥이 되는 장면이 있는데 쑥은 거짓 종교의 독수(毒水)요 피는 더러운 생명의 근원을 뜻한다.

[5절] 내가 들으니 물을 차지한 천사가 이르되 전에도 계셨고 지금(개역한글 : 시방)도 계신 거룩하신 이여 이렇게 심판하시니 의로우시도다

(1) 14장 8절에는 불을 다스리는 천사가 나오는데 여기에는 물을 다스리는 천사가 나온다. 성경에는 두 가지 심판이 있는데 물심판과 불심판이다. 물심판은 노아 때 있었고 불심판은 마지막 날에 있을 심판이다.

구약 시대는 물로 상징되는 시대였기 때문에 노아 홍수로 시작하여 세례 요한의 물침례로 끝났다. 그러나 신약 시대는 예수의 불세례로 시작하여 마지막 날 불심판으로 막을 내리고 새 하늘과 새 땅이 전개된다.

물을 차지한 천사는 홍수 심판을 주관한 천사일 것이다. 그 천사는 땅에 쏟아지는 불심판을 보고 하나님의 의로우심을 찬양한다.

⑵ 이 천사가 전에도 계셨고 시방도 계신 하나님을 찬양하는데 왜 미래는 빠졌을까? 미래에 대한 언급이 없는 것은 심판을 받을 자에게는 내일이 없기 때문이다.

[6절] 그들이 성도들과 선지자들의 피를 흘렸으므로 그들에게 피를 마시게 하신 것이 합당하니이다 하더라

성도들의 피를 흘린 악인들에게 피를 마시게 하는 형벌은 〈이에는 이, 눈에는 눈〉의 구약적 복수 방법이지만 여기서는 심판의 공의성(公義性)과 인과응보의 공정성(公正性)을 뜻하고 있다.

피는 곧 생명인데 남의 생명을 해롭게 한 자들은 자기 생명을 스스로 망친 자해범들임을 깨달아야 한다. 생명을 존중할 줄 아는 자라면, 천하를 주고도 바꿀 수 없는 생명을 어떻게 함부로 죽이겠는가.

피 흘리기를 즐기고 남의 생명을 해롭게 하는 자들은 생명의 소중함을 깨닫지 못한 짐승들이므로 그들에게 피를 먹게 하는 형벌은 당연한 심판이다.

[7절] 또 내가 들으니 제단이 말하기를 그러하다 주 하나님 곧 전능하신 이시여 심판하시는 것이 참되시고 의로우시도다 하더라

제단은 어린 양의 속죄의 피가 뿌려진 곳이고, 제단 밑은 순교자들이 해원을 기다리는 장소이다.

이들은 짐승들에게 순교 당한 원혼(怨魂)들이므로 밤낮 하나님에게 악인의 심판을 하소연한다(계 6:9-11). 그러므로 제단이 말하는 것은 모든 순교자들의 원성을 대변한 소리이다. 그 소리는 하나님께서 행하시는 참되고 의로운 심판을 지지하고 있다. 공의로운 심판은 전능한 하나님만이 하실 수 있다. 그러니 어찌 지지하고 찬동하지 않을 수 있겠는가.

[8절-9절] 넷째 천사가 그 대접을 해에 쏟으매 해가 권세를 받아 불로 사람들을 태우니 사람들이 크게 태움에 태워진지라 이 재앙들을 행하는 권세를 가지신 하나님의 이름을 비방하며 또 회개하지 아니하고 주께 영광을 돌리지 아니하더라

이 해는 자연계의 태양도 의미하지만 비진리의 태양, 곧 적그리스도의 인간태양을 의미한다.

이 해가 사람을 태우는 것은 이데올로기의 단말마적 발악으로 인간을 더욱 더 광신자로 세뇌하여 사상전의 열기에 희생시키는 것을 말한다. 이데올로기의 태양열에 영적으로 3도 화상을 입은 광신자들은 자기들을 태운 인간태양을 저주하지 않고 되려 하나님을 비방한다.

짐승의 표를 받은 자들이 회개할 수 없는 것은 이미 그들의 심령과 의식이 회개할 수 없는 구조로 개조되고 세뇌되었기 때문이다. 교리와 이데올로기의 틀에 굳어지고 찍히면 다시 회개할 수 없는데, 그 대표적인 예가 예수를 죽인 유대교의 지도자들이었다. 바리새인들은 여호와와 십계의 주형(鑄型)에 찍힌 종들이었기 때문에 자유로운 존재인 예수를 이해할 수 없었다.

인간태양에 화상을 입으면 회개할 수 없는 쓰레기가 되지만 성령의 불에 태움을 받으면 중생한 새사람이 되어 하나님께 영광을 돌리는 존재가 된다. 그러나 인간태양에 화상을 입으면 마음은 돌같이 굳어지고 강퍅해져서 끝까지 회개할 수 없게 된다.

하나님의 권세와 능력은 악인을 이용하여 악인을 심판하기 때문에 인간태양이 인간을 태우는 권세를 허락해 준다.

[10절-11절] 또 다섯째 천사가 그 대접을 짐승의 왕좌(개역한글 : 보좌)**에 쏟으니 그 나라가 곧 어두워지며 사람들이 아파서 자기 혀를 깨물고 아픈 것과 종기로 말미암아 하늘의 하나님을 비방하고 그들의 행위를 회개하지 아니하더라**

⑴ 짐승의 보좌는 생기있는 우상 곧 인간태양의 권좌인데 절대 권력자는 유일사상을 뜨겁게 고열시킨 다음 그 열기로 사람을 태웠기 때문에 태양의 권좌로 종말을 맞이하게 된다.

저 궁창에 빛나는 자연계의 태양도, 어느 날엔가 핵분열의 반응이 끝나면 죽은 암흑의 천체가 되듯, 태양처럼 빛나던 절대 권력의 보좌도 그 사상의 열기를 다 소모하면 암흑의 권세로 변하게 된다. 그 나라가 어두워짐은 인간태양이 거짓 진리의 광선을 탕진했기 때문이다.

죄악의 열기도, 권세의 열기도 다 식어 죽은 태양이 되므로 짐승의 나라는 어두워진다.

⑵ 암흑 속에서 인간들은 혀를 깨문다. 혀는 불의의 기관이요 죄악의 세계다(약 3:6).

악인들은 그 혀로 하나님의 말씀을 증거하지 않고 짐승의 이데올로기를 선전하기 위해 핏대를 세웠고 약장사 모양 장광설(長廣舌)로 거짓말을 한 종교꾼들이므로 혀를 깨물게 된다. 우상을 찬송하고 하나님을 비방한 혀니 깨물어 마땅하다. 비진리를 떠벌리던 혀니 어찌 그 혀로 회개의 기도와 통곡의 울음이 나올 수 있겠는가?

독사의 혓바닥처럼 거짓 설교를 하던 혀는 끝내 회개할 수 없는 사설(蛇舌)이 되어 독을 뿜으면서 하나님을 비방한다.

[12절] 또 여섯째 천사가 그 대접을 큰 강 유브라데에 쏟으매 강물이 말라서 동방에서 오는 왕들의 길이 예비되었더라

⑴ 여섯째 나팔의 재앙과 여섯째 대접의 재앙이 다 같이 유브라데 강에 임한다. 여섯째 나팔 때는 유브라데에 결박한 네 천사가 놓여 무서운 사상전이 전개되었으나 여섯째 대접 때는 강물이 말라 동방에서 오는 왕들의 길이 예비된다.

이것은 무엇을 의미하는가?

유브라데 강이 말라버린 것은 세계를 풍미(風靡)하던 자본주의 사상과 공산주의 사상이 고갈되었음을 암시한다. 이 두 사상은 유브라데 강에 결박되었다 풀려난 천사에 의해 다시 세상을 난세(亂世)로 만들었다. 백색 자본주의와 적색 공산주의는 온 세상을 난세로 만드는데 이 두 사상의 뿌리가 기독교의 토양에서 생겨났던 것이다.

그러므로 유브라데 강의 물이 말라진 것은 두 사상의 근원이 고갈된 것을 뜻한다. 다시 말하면 서양 사상사를 주도한 기독교의 몰락을 의미한다. 기독교 사상이 무력해지고 서구 문명이 몰락될 때 동방의 왕들이 동양 사상과 동양 종교로 세상을 구원하겠다고 나설 것이다.

⑵ 서양의 일부 지식인들 사이에 인도의 요가가 유행되고 부디즘이 연구되고 타오이즘이 회자(膾炙)되는 것도 동방의 왕들이 유브라데 강을 넘어선 징조가 아니겠는가. 그러나 동방의 여러 종교와 사상도 두 이데올로기 때문에 짐승으로 변한 인간을 구원할 수 없을 것이다.

기독교가 아닌 예수의 참 복음만이 새 하늘과 새 땅을 개명(開明)할 것이다. 서구의 기독교는 이미 사양 산업화 한 낡은 종교이다. 일요일이면 노인들만 모여드는 양로원 같은 교회, 여인들만 우굴거리는 모자원(母子院) 같은 교회로 변질되었다.

[13절] 또 내가 보매 개구리 같은 세 더러운 영이 용의 입과 짐승의 입과 거짓 선지자의 입에서 나오니

⑴ 개구리는 뭍과 물에 사는 양서류인데 거짓 종교의 이중성을 말한다(출 8:6). 침실과 떡 반죽에 오르는 개구리는 음란 종교(침실)와 죽을 양식(떡 반죽)을 상징한다(요 6:27, 6:55-56).

⑵ 용의 입은 거짓말로 인간을 속여 선악과를 따 먹게한 마귀의 입이다. 짐승의 입은 마귀의 하수인이 되어 아담에게 거짓 복음을 주입시킨 뱀의 입이다. 거짓 선지자의 입은 뱀의 영감과 소명을 받고 거짓 목자가 된 종교꾼들의 입이다.

용의 입 - 짐승의 입 - 거짓 선지자의 입, 이 세 입은 인간을 기만하는 마삼위의 입이다. 사기꾼의 입이다. 용과 짐승과 거짓 선지자는 삼위일체가 되어 그 입에서 개구리 같이 음란하고 더러운 영을 토해 낸다.

이 영을 받고 말세의 인간들은 성령을 받았다고 흥분할 것이다. 〈거짓 예수〉, 〈거짓 영〉, 〈거짓 복음〉은 마삼위가 조작하여 낸 종교이다.

[14절] 그들은 귀신의 영이라 이적을 행하여 온 천하 왕들에게 가서 하나님 곧 전능하신 이의 큰 날에 있을 전쟁을 위하여 그들을 모으더라

⑴ 귀신의 영이란 마귀의 영이다.

끝 날에는 귀신의 영을 받고 이적과 기사를 행하는 자들이 나타나서 성도들을 미혹할 것이다(마 24:24, 살후 2:9-10). 귀신의 영을 받고 이적을 행하면서 그들은 성령의 은사라고 선전하면서 무당 굿거리 같은 심령 부흥회를 개최할 것이다.

이들이 행하는 기적은 병을 고치고 방언을 하게 하고 축복을 남발하고 〈아멘 할렐루야〉를 연발하는 무당 종교의 행위이다. 기독교가 무당 종교로 변질될 때 과학자들은 인간적인 기적을 창출해 낼 것이다. 컴퓨터와 사고하는 로보트, 유전공학으로 전대미문의 과학 기적을 행하면서 인간을 지상 천국의 환상 속으로 인도하며 핑크빛 무드에 빠져들게 할 것이다. 인간의 능력을 극대화한 컴퓨터와 로보트 그리고 유전공학과 분자생물학은 기적의 약, 기적의 농산물, 기적의 섬유, 기적의 화학제품을 만들어 내어 지상 천국의 꿈을 앞당길 것이다. 심지어 복제 인간을 만들어 내고 불로장수하는 약도 개발하여 타락한 인간이 영생할 수 있다고 과대 광고를 할 것이다.

타락한 인간의 지혜와 능력이 극대화 되어 온갖 과학적 이적을 행할 때가 되면 인간은 창조주 하나님을 우습게 알고 예수의 진리를 무시하면서 인간 자신을 신격화하게 될 것이다. 이 때 거짓기적으로 인간을 미혹하는 종교꾼들은 자신을 예수로 자처할 것이다. 거짓 선지자들이 행하는 무당 종교의 기적과 과학적인 기적이 뒤범벅이 되어 말세의 인간들을 교만하게 만들 것이다. 신격화된 인간 우상, 그리고 영생할 수 있다고 호언하는 자들이 하나님을 대적한 전쟁을 예비할 것이다.

⑵ 이 마지막 전쟁은 창조주와 적그리스도의 싸움이 된다.

피조물인 인간이 점점 교만하고 방자해져서 신이 되려고 할 때 아마겟돈 전쟁은 일어난다. 에덴동산에서 선악과를 따먹은 아담이 몰염치하게 생명과를 따먹고 영생하려다가 추방당한 것처럼(창 3:22), 현대인들이 과학의 지혜로 스스로 신의 자리에 앉아서 영생할 수 있다고 교만해질 때 하나님은 악인들을 지구촌에서 청소해 버릴 것이다.

[15절] 보라 내가 도둑 같이 오리니 누구든지 깨어 자기 옷을 지켜 벌거벗고 다니지 아니하며 자기의 부끄러움을 보이지 아니하는 자는 복이 있도다

⑴ 도적같이 온다는 말은 홀연히 뜻밖에 온다는 말이다(계 3:3, 18).

악인들의 마음이 교만해져서 방심할 때 심판이 온다. 마귀는 하나님의 도를 훔친 도적이므로 도적들이 사는 세상에 도적같이 오심은 당연하다. 현대인은 미래 과학자들의 핑크빛 미래관을 듣고 인류의 장래를 낙관하면서 먹고 마시고 시집가고 장가가다가 갑자기 멸망 당할 것이다.

음란과 사치와 허영의 도시 폼페이에 살던 인간들이 베수비어스 화산의 폭발로 갑자기 멸망하듯, 과학 천국을 꿈꾸면서 환상에 도취한 현대인들에게도 멸망은 도적같이 임할 것이다. 그러나 항상 깨어 있는 자에게는 도적같이 오지 않는다(마 24:44).

⑵ 자기 옷은 자기가 행한 선행이다. 옷은 선행을 뜻하기 때문이다(계 19:8). 자기 옷이란 자기에게 맞는 개성 있는 옷인데 이것은 인간들이 성품에 따라 자기가 행하는 선행을 뜻한다.

사람마다 행하는 착한 행실은 그 사람됨의 개성과 성품에 따라 다르다. 내가 행하는 선행이 남의 행위를 모방하면 이것은 남의 옷을 빌어 입는 것과 같다. 남의 옷이 내 몸에 맞을 까닭이 없다. 각자는 자기에게 맞는 옷을 입듯 자기의 본성에서 우러나는 선행을 해야 한다.

옷이 없이 벌거벗은 자들은 죄만 지은 악인들을 뜻한다. 악행을 하면서도 죄책감을 느끼지 못하는 인간은 벌거벗고도 수치를 모르는 파렴치한 자들이다. 벌거벗은 자들이 얼마나 많은 세상인가.

[16절] 세 영이 히브리어로 아마겟돈이라 하는 곳으로 왕들을 모으더라

아마겟돈 – 이 장소를 지리적으로 하르므깃도(므깃도의 산)로 생각한다. 므깃도는 수많은 피를 흘린 고전장(古戰場)으로 역사적으로 그 곳에서 많은 살육전이 있었다.

바락과 드보라가 시스라를 격멸한 곳도 므깃도에서였다(삿 5:19–21). 예후가 아하시아를 죽이고 혁명에 성공한 곳도 므깃도에서였다(왕하 9:27). 요시야 왕이 애굽 군대와 싸우다가 전사한 곳도 므깃도였다(왕하 23:29–30). 「에스겔서」에 보면 종말에 곡과 마곡이 하나님의 백성과 싸울 장소로 므깃도가 예언되었는데, 〈이스라엘 산〉이라 했다(겔 38:8, 21, 39:2, 4, 17). 므깃도는 애굽에서 다메섹으로 가는 큰 길의 부분으로 사마리아의 구릉지대에 속한다. 아마겟돈에서 많은 전쟁이 있었기 때문에 마지막 전쟁도 아마겟돈에서 있을 것으로 비유되었다.

현대의 아마겟돈은 지구촌 전체가 된다. 중동의 화약고도 아마겟돈이 될 수 있고, 이스라엘과 아랍이 싸우는 곳도 아마겟돈이 될 수 있고, 두 이데올로기가 대립하는 한국도 아마겟돈이 될 수 있다. 핵전쟁이 일어나면 미국과 소련이 아마겟돈이 될 것이다.

[17절–18절] 일곱째 천사가 그 대접을 공중에 쏟으매 큰 음성이 성전에서 보좌로부터 나서 이르되 되었다 하시니 번개와 음성들과 우렛소리(개역한글 : 뇌성)가 있고 또 큰 지진이 있어 얼마나 큰지 사람이 땅에 있어 온 이래로 이같이 큰 지진이 없었더라

(1) 말세의 공기는 죄악에 오염된 공기, 사상과 이데올로기로 더럽혀진 공기, 산업공해로 병든 공기이므로 다 불태워야 한다.

땅의 인간들은 온갖 공기를 호흡하여 영육이 다 병들었기 때문에 진노의 대접을 공기 속에 쏟아 악인을 멸망시킨다. 공중은 악마가 거했던 곳이므로(엡 2:2), 모든 공기가 오염되지 않을 수 없다. 진노의 대접이 공기

가운데 쏟아졌으니 악인들이 호흡할 공기는 없어졌기 때문에 전멸한다.

⑵ 되었다 – 이것은 더러운 악의 공기를 소멸시켰기 때문에 일곱째 재앙이 끝남을 뜻한다.

⑶ 번개, 음성, 뇌성(雷聲)은 하나님의 보좌로부터 나오는 두렵고 위엄 있는 소리들인데, 모든 생명의 잠든 의식을 깨우치는 그 소식을 뜻한다(계 4:5, 8:5, 11:19).

⑷ 「요한계시록」 6장 12절과 11장 13절에 나오는 지진은 부분적이고 지역적인 지진이었으나 여기에 나오는 지진은 전체적이고 범세계적인 대지진이다. 이 지진으로 바벨론 성이 세 갈래로 붕괴된다.

부분적인 지진이 일어날 때에는 붕괴된 낡은 가치관이나 낡은 종교를 인간의 능력으로 재건하고 보완하고 수리할 수 있으나, 전체적인 구조물을 붕괴시키는 대지진이 일어나면 다시는 재건할 수 없는 치명상을 입게 된다.

대지진에 무너진 짐승의 절대 권력과 유일 종교와 모든 가치관은 다시는 땅 위에 세워지지 못할 것이다.

[19절-20절] 큰 성이 세 갈래로 갈라지고 만국의 성들도 무너지니 큰 성 바벨론이 하나님 앞에 기억하신 바 되어 그의 맹렬한 진노의 포도주 잔을 받으매 각 섬도 없어지고 산악도 간 데 없더라

⑴ 큰 성이 세 갈래로 갈라진다.

큰 성은 많은 물 위에 앉은 음녀이다(계 17:18). 음녀의 성 바벨론은 악의 세력과 거짓 종교의 총칭이다. 성경에는 두 가지 성이 나온다. 예루살렘 성과 바벨론 성이다. 예루살렘은 성령으로 언약의 자식을 낳아 주는 어머니의 상징이다.

바벨론은 육신의 자식과 만국을 타락시킨 음녀의 상징이다. 성모(聖母)와 음모(淫母)가 성으로 상징된 것은 의미심장하다.

음녀의 성 바벨론이 세 갈래로 갈라진다. 이것은 만국이 세 갈래 이데올로기, 곧 백색, 적색, 흑색으로 분열되어 싸우다가 멸망할 것을 의미한다. 마삼위가 쌓아올린 문명이므로 세 갈래로 붕괴됨은 당연하다.

⑵ 「요한계시록」 14장 10절에도 진노의 포도주가 나오는데 쓸개 포도주인 거짓 진리에 취한 자들이므로 진노의 포도주를 마시게 된다.

그러나 성도들은 하늘나라에서 새 포도주를 마실 것이다(마 26:29).

⑶ 섬과 산은 세상 주권자들의 상징이다.

마귀와 짐승에게 절하고 받은 권세는 심판 날에 초개같이 사라진다.

[21절] 또 무게가 한 달란트나 되는 큰 우박이 하늘로부터 사람들에게 내리매 사람들이 그 우박의 재앙 때문에 하나님을 비방하니 그 재앙이 심히 큼이러라

한 달란트가 되는 우박은 백근 정도의 무게가 되는 우박이다. 우박은 농작물을 망치는 천재(天災)인데, 사탄 마귀가 농사지은 가라지를 심판할 때 한 달란트나 되는 우박이 떨어진다. 그러나 우박의 재앙을 당하면서도 악인은 끝내 회개하지 않는다.

제17장

[1절] 또 일곱 대접을 가진 일곱 천사 중 하나가 와서 내게 말하여 이르되 이리로 오라 많은 물 위에 앉은 큰 음녀가 받을 심판을 네게 보이리라

⑴ 많은 물은 타락된 세계, 곧 열국과 방언과 백성과 족속인데, 특히 자본주의 국가를 강조한다(렘 51:13).

⑵ 큰 음녀는 하나님과 어린 양의 신부인 예루살렘과 대립되는 존재인데, 바벨론이다. 큰 음녀는 모든 거짓 종교와 사상을 생산하여 세상을 혼음시킨 음모(淫母)이다. 더러운 이 여인을 음녀라고 하는 원인은 창녀와 구별하기 위함이다. 창녀는 돈을 받고 몸을 팔지만, 음녀는 돈을 받지 않고 오히려 제 돈을 주면서 행음한 여인을 뜻한다(사 1:21, 겔 16:15, 16:30-34, 호 2:5).

음부(淫婦)는 왕성한 성욕으로 세상나라 정부(情夫)들과 음행한 추잡한 어미를 말한다. 그러므로 이 큰 음녀는 제일 나중에 마땅히 심판 받아야 한다.

[2절] 땅의 임금들도 그와 더불어 음행하였고 땅에 사는 자들도 그 음행의 포도주에 취하였다 하고

땅의 임금들은 음녀와 행음하여 권력을 잡은 자들이다. 권력자들은 음녀의 정부가 되어 그 정욕을 만족시켜 주고 보답으로 권좌에 앉은 자들이다. 동서고금을 막론하고 권좌에 앉은 자들이 여색에 빠졌는데, 그 까닭은 그들을 낳은 영적 어미가 큰 음녀였기 때문이다. 큰 음녀는 큰 자궁을 허기진 아가리처럼 벌리고 모든 인간을 집어삼키고도 배부르지 않는 무간지옥(無間地獄) 같은 존재였다.

땅에 거하는 자는 뱀의 씨를 뜻하는데(빌 3:19), 그들도 행음의 포도주에 취했다. 어느 시대 어느 나라를 막론하고 망할 때는 사치와 음란과 퇴폐풍조가 그 원인이 된다.

현대인도 예외없이 사치와 낭비와 도덕적인 타락과 성적 쾌락에 탐닉하여 병들어 가고 있다. 에로스의 우상이 인간의 영혼을 갉아먹고 있다. 동성연애를 합법화시킨 선진국이 있고, 남색(男色)하는 자들에게서 발병한 후천성 면역결핍증(AIDS)이라는 신종 성병이 생겨날 지경으로 현대인은 음란해지고 있다. 선진국들의 성 문란은 소돔과 고모라와 다를 바 없다. 나라마다 국제 성병이 창궐하고 소녀들의 초경(初經) 연령이 빨라지고 미혼모가 급증하여 TV마다 선정적인 광고와 방송극을 연출하여 사치와 낭비 풍조를 조장하고 있으니 현대인은 다 행음의 포도주에 대취(大醉)한 자들이다.

혼전 성교가 유행하고 혼외정사를 부끄러워 하기는 커녕 자랑스러워 하는 세상 아닌가. 골목마다 여관이 성업하고 향락 산업으로 치부하고 있는 현대는 에로스의 바람이 부는 계절이다. 예수는 예언하기를 말세의 인간들은 먹고 마시며, 시집가고 장가가다가 망한다고 했다(마 24:37-39). 먹고 마시는 것은 식욕 본능이요, 시집가고 장가가는 것은 성욕 본능인데 말세의 인간은 식색(食色)을 즐기다가 망한다. 성욕을 돋우기 위해 개소주, 지렁이, 뱀, 개구리, 달팽이 그밖에 온갖 가증한 음식을 개발하여 먹기에 여념이 없다.

성욕과 식욕은 인간을 타락시킨 이상본능(異常本能)이다.

[3절] 곧 성령으로 나를 데리고 광야로 가니라 내가 보니 여자가 붉은 빛 짐승을 탔는데 그 짐승의 몸에 하나님을 모독하는 이름들이 가득하고 일곱 머리와 열 뿔이 있으며

(1) 황무지와 광야는 타락한 인간심전의 상징이다. 엉겅퀴와 가시가 무성한 마음밭, 황량한 사막같은 돌밭은 타락한 인간의 심령 상태를 비유하고 있다.

음녀를 보기 위해 광야로 간 것은 그녀가 황무지인 세계심전(世界心田) 위에 군림하고 있기 때문이다. 해를 옷 입은 여인도 광야에서 양육 받았는데 그녀는 황폐한 인간심전을 부활시키기 위해 광야에 나갔던 것이다.

⑵ 성령으로 광야에 간 것은 성령을 받지 않고 광야에 가면 귀신의 영을 받아 타락하기 때문이다. 예수가 광야에 나가서 마귀에게 시험 받을 때도 성령을 받고 갔다(마 4:1, 막 1:12).

음녀는 광야인 인간심전 위에 붉은 빛 짐승을 타고 군림하고 있지만, 일월성영모(日月星靈母)는 황무지 인간심전을 부활시키기 위해 광야에 있다.

이사야는 광야에 성신이 내릴 것을 예언했는데(사 32:15), 황폐한 마음밭에 성령이 내리면 사막에서 샘물이 솟아나고 백합꽃이 피고 공의와 의의 대로(大路)가 열릴 것이다.

⑶ 붉은 빛은 마귀의 상징이다. 붉은 짐승은 붉은 용의 하수인으로 적그리스도의 상징이다.

이 성구에 나타난 붉은 빛은 빨갱이 공산주의를 표상하는 뜻도 있지만, 사치와 오만과 호화로움의 극치를 이룬 자본주의의 뜻도 포함되어 있다. 그러므로 붉은 빛 짐승은 자본주의와 공산주의를 혼합한 존재임을 명심하라. 다시 말하면 자본주의와 공산주의를 생산해 낸 장본인이 붉은 짐승이라는 뜻이다.

두 이데올로기를 창출(創出)해 낸 붉은 짐승을 음녀가 탄 것은 음모(淫母)와 음자(淫子)가 하나가 됨을 보여준다. 성모 마리아와 아기 예수가 모자인 것처럼, 음녀는 그 아들과 상간(相姦)하여 자본주의와 공산주의의 사생아를 낳아 인류를 오염시켰던 것이다.

⑷ 짐승의 몸에 참람된 이름이 가득한 것은 자신을 하나님, 구세주, 혹은 인류의 태양으로 사칭할 것을 말하고 있다(계 13:1 해석 참조). 하나님의 권세와 영광을 도용(盜用)한 음녀와 짐승은 온갖 참람된 이름으로 땅의 인간을 기만했다.

[4절] 그 여자는 자주 빛과 붉은 빛 옷을 입고 금과 보석과 진주로 꾸미고 손에 금잔을 가졌는데 가증한 물건과 그의 음행의 더러운 것들이 가득하더라

⑴ 자줏 빛과 붉은 빛 옷은 성도들의 피를 먹은 색깔로 호화롭고 사치하게 꾸미고 있음을 의미한다.

홍포(紅袍)는 세상나라 임금들이 입은 옷이었다(마 27:28, 막 15:17, 20).

⑵ 금과 보석과 진주로 꾸민 것은, 그녀가 하나님의 진리를 훔쳐, 부와 사치와 영화를 누렸음을 말한다.

⑶ 금잔은 진리의 포도주를 마시는 잔인데, 그녀가 손에 든 금잔은 거짓으로 도금(鍍金)한 잔이다. 겉보기에는 진리가 담긴 금잔인 듯하지만, 그 잔에 담긴 내용물은 온갖 가증한 물건과 행음의 더러운 술이 가득 담겨있다.

가증한 물건은 하나님을 모독한 우상숭배의 부정한 제물이다. 다니엘이 예언한 멸망의 가증한 것이 거룩한 곳에 설 때, 그 우상에게 바친 제물이 가증한 물건이다(마 24:15).

음행의 더러운 것들은 우상 숭배자들의 부패, 방종, 혼음, 사치 등 사악한 행위를 말한다.

[5절] 그의 이마에 이름이 기록되었으니 비밀이라, 큰 바벨론이라, 땅의 음녀들과 가증한 것들의 어미라 하였더라

⑴ 참 성도들의 이마에는 하나님과 예수의 새 이름의 도장이 찍힌다. 반대로 음녀의 이마에는 〈비밀, 바벨론, 가증한 것들의 어미〉라는 이름이 기록되어 있다.

⑵ 왜 비밀이라 기록되어 있는가? 비밀에는 두 가지가 있다. 하나님의 깊은 비밀과 사탄의 깊은 비밀이다. 하나님의 깊은 비밀은 성령을 받으면 알 수 있다(고전 2:10-11, 엡 1:9, 3:9).

그러나 사탄의 깊은 비밀은, 그 근본자리가 진리가 아닌 거짓이므로 공개되는 일이 없다. 끝없이 악한 음모를 꾸미는 은폐된 비밀이다. 예를 들면, 혼음 종교의 이중 교리도 깊은 비밀이고, 비밀경찰에 의해 지배되는 공산주의 국가도 깊은 비밀이다. 그러므로 민중들과 인민들은 사탄의 깊은 비밀을 모르고 짐승의 주구와 괴뢰 노릇을 하게 된다(계 2:24 해석 참조). 몇몇 당원과 거짓 선지자와 핵심 분자와 광신자만이 비밀의 일부분을 알 수 있을 뿐이다.

⑶ 바벨론이라 한 것은 짐승의 정치성을 강조한 말이고, 음녀의 어미라 한 것은 종교성을 강조한 말이다.

다시 말하면 종교와 정치의 혼음 관계가 다 비밀의 장막에 쌓여 있음을 뜻한다. 666의 낙인은 경제성을 강조한 짐승의 이름이고, 바벨론은 정치성을 강조한 이름이고, 〈가증한 것의 어미〉는 종교성을 강조한 이름이다.

[6절] 또 내가 보매 이 여자가 성도들의 피와 예수의 증인들의 피에 취한지라 내가 그 여자를 보고 놀랍게 여기고 크게 놀랍게 여기니

⑴ 아벨을 죽인 살인에서 시작된 순교사는 오늘날까지 계속되고 있다.

예수를 죽인 유대교의 대제사장과 바리새인들은, 피에 굶주린 흡혈귀였다. 음녀는 세상나라 권세자와 거짓 선지자를 시켜 성도를 죽이고 그 피를 마시고 취한 흡혈귀였다. 음녀는 순교자의 피를 최고급 포도주처럼 즐겨 마셨다.

⑵ 「이사야」 9장 6절에 보면 예수의 이름이 기묘이다. 기묘는 인간의 지혜와 인식 능력으로는 측량할 수 없는 진리의 오묘한 자리이다. 하나님은 기묘한 존재이기 때문에 그를 대신해서 나타난 천사도 자기 이름을 기묘라 했다(삿 13:18).

음녀도 하나님의 진리를 모방한 자이므로, 그녀도 기이한 존재로 나타난다. 그러나 음녀의 기이함은 고혹적인 음란한 기이함이지, 참 지혜의 기이함이 아니다. 하나님의 계명을 지키며 예수의 증거를 위해 한평생 살아온 사도 요한은 퇴폐하고 사치하고 음란한 음녀를 보는 순간, 이상한 호기심으로 그녀를 기이하게 여겼던 것이다.

그래서 천사는 기이한 음녀의 속뜻을 해설해 준다.

[7절] 천사가 이르되 왜 놀랍게 여기느냐 내가 여자와 그가 탄 일곱 머리와 열 뿔 가진 짐승의 비밀을 네게 이르리라

음녀와 짐승이 혼음하는 장면은 사도 요한으로서는 생전 처음 보는 기이한 광경이었기 때문에 호기심을 일으켰다. 이것은 비유컨데 순결한 소녀이 음화(淫畵)를 처음 보고 기이한 호기심을 일으키는 것과 같은 심리 상태를 말한다.

천사는 잠시 이상한 호기심으로 음녀를 기이하게 여기는 요한을 가볍게 나무라면서 음녀와 붉은 빛 짐승이 혼음한 비밀을 이야기해 준다.

[8절] 네가 본 짐승은 전에 있었다가 지금은 없으나 장차 무저갱으로부터 올라와 멸망으로 들어갈 자니 땅에 사는 자들로서 창세 이후로 그 이름이 생명책에 기록되지 못한 자들이 이전에 있었다가 지금은 없으나 장차 나올 짐승을 보고 놀랍게 여기리라

⑴ 전에 있던 짐승이란 구세주 예수를 잡아 죽인 적그리스도의 세력을 의미한다. 거짓 지혜의 완전성을 상징하는 일곱 머리는 유대교의 종교 지도자들이었고 열 뿔은 절대 권력인 로마를 뜻한다.

로마의 정치권력과 유대의 종교세력이 혼음하여 예수를 살해했다. 이와 마찬가지로 재림 때도 썩은 종교와 독재 정치가 야합하고 공모하여 적그리스도로 나타나기 때문에 장차 나올 짐승이라 한다.

⑵ 무저갱에서 올라온 짐승은 바다에서 올라온 짐승과(계 13:1) 육지에서 올라온 짐승과(계 13:11) 구별하기 위해서다.

무저갱에서 올라온 짐승은 악령들을 총지휘하는 존재이기 때문에 생명책에 녹명되지 못한 자들이 볼 때 가장 기이한 존재로 보인다. 종교와 정치가 혼음하여 나타나는 마지막 적그리스도는 역사상 출현했던 어떤 짐승보다도 기이한 존재로 등장할 것이다.

무저갱에서 올라온 짐승은 온갖 이적과 기사를 행하면서 잠시 동안 기이한 존재로 추앙 받지만 결국 멸망당하기 위해서 무저갱에서 올라온 존재가 된다.

[9절-10절] 지혜 있는 뜻이 여기 있으니 그 일곱 머리는 여자가 앉은 일곱 산이요 또 일곱 왕이라 다섯은 망하였고 하나는 있고 다른 하나는 아직 이르지 아니하였으나 이르면 반드시 잠시 동안 머무르리라

일곱 산 일곱 왕은 짐승의 권력이 무오(無誤)를 주장하는 절대 권력임을 뜻하고 있다. 그러나 무오한 절대 권력도 처음과는 달리 다섯 왕은 망한 상태에 있다. 완전수 7수 가운데서 5수는 망했으니 적그리스도의 절대 권력도 내적으로 보면 약화된 상태에 있음을 알 수 있다. 절대 권력은 절대로 망한다는 진리를 세상나라 권력자들은 알아야 한다.

7수 중 5수는 망했으므로 현재 있는 왕은 6수의 왕이 된다. 6수의 왕이기 때문에 그는 666의 표를 땅의 인간들에게 찍어 주었던 것이다. 나중에 나타날 왕은 7수의 왕이니 그는 잠시 거짓 예수, 거짓 구세주로 인간을 미혹하여 권세를 누리지만 곧 멸망당할 것이다.

일곱 산 일곱 왕은 표면적으로는 7수의 완전한 권력을 소유한 듯 보이지만, 이면적으로 보면 5수가 망하고 2수가 남았는데 한 왕은 아직 이르지 아니하였으므로 현재의 왕은 6수의 권력을 누리는 여섯째 왕임을 깨달아야 하기 때문에 지혜있는 뜻이 여기 있다 했다.

※ 로마 제국이 일곱 언덕 위에 세워졌으므로 일곱 왕도 로마의 일곱 황제로 보는 신학자들이 대부분이다.

아우구스투스(BC 27-AD 14), 디베리우스(AD 14-AD 37), 칼리굴라(AD 37-AD 41), 클라디우스(AD 41-AD 54), 네로(AD 54-AD 68), 베스파시안(AD 69-AD 79), 티투스(AD 79-AD 81), 포미티안(AD 81-AD 96), 네르바(AD 96-AD 98), 트리잔(AD 98-AD 117).

다섯이 망했다 했으니 네로까지 죽은 황제이고, 하나는 있다고 했으니 이것은 여섯째 황제인 베스파시안이고, 아직 이르지 아니한 자는 티투스라고 해석했다.

이런 해석은 성경을 억지로 뜯어 맞추는 '정감록' 풀이와 하등 다를 바 없다. 만약 이렇게 해석한다면 「요한계시록」의 예언은 로마 시대에 다 이루어졌으니 현대인에게는 아무런 의미도 없는 문서가 된다.

[11절] 전에 있었다가 지금 없어진 짐승은 여덟째 왕이니 일곱 중에 속한 자라 그가 멸망으로 들어가리라

완전한 지혜와 권세의 상징인 일곱 산 일곱 왕이 멸망하자, 마귀는 최후의 발악으로 8수의 왕, 곧 여덟째 왕을 내세운다. 그러나 여덟째 왕도 멸망할 것이다.

8수는 할례의 수인데, 부활의 신앙을 인치는 수로서 죽은 자가 부활하여 새 삶을 재출발하는 상징수가 곧 8수이다.

여덟째 왕은 거짓 부활의 진리를 가지고 나타나 자신을 불사신처럼 선전하지만 결국 멸망할 것이다. 여덟째 왕은 일곱왕 중 가장 악한 자가 부활한 듯 나타나지만 그의 거짓 부활은 그가 죽으므로 끝장나게 된다. 죽었던 자가 재생(再生)한 듯 출현했기 때문에 여덟째 왕을 일곱 왕 중에 속한 자라고 했다.

[12절] 네가 보던 열 뿔은 열 왕이니 아직 나라를 얻지 못하였으나 다만 짐승과 더불어 임금처럼 한동안 권세를 받으리라

10수는 완성수다.

열 뿔 열 왕은 말세에 나타날 완성된 악의 권력을 의미한다. 열 뿔 열 왕을 10개국 왕으로 해석하면 잘못이다. 사탄 마귀의 이데올로기는 끝날에 10수의 권력으로 완성되어 인간을 노예화 할 것이다. 그러나 짐승으로 더불어 누린 열 뿔 열 왕의 절대 권력도 절대로 망한다.

[13절] 그들이 한 뜻을 가지고 자기의 능력과 권세를 짐승에게 주더라

한 뜻이란 적그리스도가 주장한 유일신, 유일사상의 광신적, 호전적 이데올로기를 의미한다.

자기들이 주장하는 종교와 교리 외에는 진리가 아니고 구원이 없다고 광신하는 종교꾼과 당원(黨員)들은 한 뜻으로 총 단결하여 짐승의 유일신, 유일사상에 충성할 것이다. 공산주의를 신앙하는 당원들은 유일사상에 미친 자들이고 유대교, 기독교, 이슬람교도는 유일신에 미친 자들이다.

유일신과 유일사상은 성경을 잘못 해석한 자들의 망견(妄見)이다.

[14절] 그들이 어린 양과 더불어 싸우려니와 어린 양은 만주의 주시요 만왕의 왕이시므로 그들을 이기실 터이요 또 그와 함께 있는 자들 곧 부르심을 받고(개역한글 : 부리심을 입고) 택하심을 받은(개역한글 : 빼내심을 얻고) 진실한 자들도 이기리로다

⑴ 절대 권력의 화신인 열 왕은 어린 양에게 도전한다. 피조물이 창조주와 싸워 이길 수 있겠는가. 계란으로 바위를 치는 어리석고 무모한 전쟁을 시작했으니 그들은 망할 수 밖에 없다. 짐승의 권력이 아무리 완전한 듯해도 허망하고 덧없는 세상나라의 권세이다.

만주의 주, 만왕의 왕은 창조주의 거룩한 권세를 뜻한다. 누가 감히 만주의 주, 만왕의 왕인 어린 양과 싸워 이길 수 있겠는가(신 10:17, 시 136:3, 단 2:47, 11:36).

⑵ 부르심을 입고 빼내심을 얻은 진실한 자들이란, 창세 전에 생명책에 녹명된 택함을 받은 자들이다. 이들은 예수께 속하여 주와 함께 고난을 받았으니 주와 함께 승리할 것은 당연하다. 참 이스라엘은 이긴 자가 아니면 안 된다.

[15절] 또 천사가 내게 말하되 네가 본 바 음녀가 앉아 있는 물은 백성과 무리와 열국과 방언들이니라

열국, 백성, 방언, 무리를 물로 비유한 것은 그들이 타락된 존재로서 고해(苦海)에 빠진 존재들이기 때문이다. 음녀가 흘린 더러운 물결 속에 세상나라와 인간들은 침몰당했다. 타락한 인간은 음녀의 바다에 빠져 허우적거리는 비참한 존재들이다.

예수만은 음녀의 바다에 빠지지 않고 부상(浮上)한 존재였다. 예수가 갈릴리 바다에서 걸어간 것이 그 증거다(마 14:24-33).

[16절] 네가 본 바 이 열 뿔과 짐승은 음녀를 미워하여 망하게 하고 벌거벗게 하고 그의 살을 먹고 불로 아주 사르리라

⑴ 짐승과 열 왕은 음녀의 거짓 종교에 속아 그 이데올로기를 광신적으로 실천해 보았으나 그 사상의 허구성과 기만성이 드러났기 때문에 자기들을 유혹한 음녀를 미워하지 않을 수 없게 된다. 음녀는 마귀를 여성화시켜 표현한 말이다. 음녀는 모든 거짓 종교를 낳은 어미이기 때문에 짐승과 열 왕은 음녀를 미워하게 된다.

사탄 마귀의 종교와 사상은 끝날 자중지란(自중之亂)이 일어나 망하게 된다. 짐승과 열 왕이 음녀의 종교와 사상을 거부하고 버리게 됨으로써 그녀는 망한다.

⑵ 음녀를 벌거벗게 만든 것은, 화려하게 치장한 거짓 종교의 허구성과 사상의 기만성이 드러나 그 옷을 벗게 하여 그녀의 나신(裸身)이 드러나게 한다. 화려하고 사치한 붉은 옷으로 단장했을 때는 성모(聖母)처럼 보였지만, 옷을 벗기고 보면 그녀는 해골(骸骨)의 존재임을 알 수 있다.

음녀는 자본주의의 호사하고 화려한 의상과, 혁명의 피로 물든 공산주의의 붉은 의상을 입고 있었으나, 이 두 종교와 사상의 거짓이 드러났기 때문에 벌거벗은 알몸이 된 음녀의 살을 뜯어 먹게 된다. 음녀에게 기만당한 것을 알게 된 짐승과 열 왕은 식인종(食人種)으로 돌변하여 제 어미의 살을 먹는다.

거짓 선지자와 종교꾼들은 본래 인간을 뜯어먹는 짐승이었다(습 3:3 참조). 음녀를 뜯어먹은 미친 자들은 나중에는 음녀를 아주 불살라 버린다.

이 얼마나 무서운 지옥도인가.

[17절] 이는 하나님이 자기 뜻대로 할 마음을 그들에게 주사 한 뜻을 이루게 하시고 그들의 나라를 그 짐승에게 주게 하시되 하나님의 말씀이 응하기까지 하심이라

마귀와 음녀는 하나님의 뜻대로 행하지 않고 자기 뜻대로 종교와 사상을 만들어 자행자지(自行自止)한 자들이다.

하나님의 창조 이상에 불만을 품은 지혜천사는 제 뜻, 제 마음대로 인간을 다스리면 지상 천국을 이룰 수 있다고 자신했기 때문에 하나님 권(圈)에서 이탈했다. 하나님은 타락한 천사의 참소를 받지 않기 위해 그가 구상하고 계획한 사상을 실천할 기간을 주지 않을 수 없었다. 마귀에게 그 이데올로기의 실천할 기간을 허락한 것이 타락한 인간역사 6천 년이었다.

동서고금을 통해 마귀는 각 시대마다 자기의 이념과 사상과 교리를 여러 모양으로 시도해 보다가 나중에 와서 마지막으로 시도해 본 이데올로기가 자본주의와 공산주의였다. 자본주의와 공산주의는 기독교의 썩은 토양 속에서 싹트고 꽃피고 열매 맺은 선악과이다. 이 두 사생아는 음녀가 성녀(聖女)로 가장하여 낳은 쌍둥이다. 음녀의 영을 받은 자본주의와 공산주의는 자기들이 체계화한 교리와 사상으로 인간을 구원할 수 있고 천년왕국을 건설할 수 있다고 광신했지만 그들 종교의 기만성과 허구성과 모순성이 드디어 드러났다. 이 때문에 음녀를 뜯어 먹고 불에 사른 짐승과 열 왕은 자기들끼리 단합하여 새로운 이념의 깃발을 올리지 않을 수 없다.

짐승과 열 왕이 만들어낸 새 이데올로기는 자본주의와 공산주의를 종합하고 통일한 사상이다. 자유는 있으나 평등이 없는 자본주의, 평등은 있으나 자유가 없는 공산주의, 새로운 이데올로기는 자유와 평등을 함께 보장하는 교리와 정강과 경제 정책을 내세울 것이다.

마귀에게 그가 구상한 이념을 실천해 볼 기간을 주셨던 하나님이시므로 짐승과 열 왕에게도 그들이 계획한 사상을 실험할 기간을 허락해 주어야 한다. 마귀는 제 뜻대로 행한 자이므로 짐승과 열 왕도 제 뜻대로 해 볼 마음이 생기게 된다. 그들은 자기 뜻 자기 마음대로 하여 한 뜻을 이루는 듯하지만 결국은 하나님의 말씀을 이루어 주는 결과가 된다.

하나님은 창세 전에 이미 타락한 마귀와 그 하수인들이 품고 있는 계획을 실천해 볼 기간을 예정하고 있었는데, 음녀도 예정된 기간에 그 종교의 종말을 맞이했고, 짐승과 열 왕도 예정된 기간에 망해 하나님의 말씀을 응하게 한다.

짐승과 열 왕이 이루려고 한 〈한 뜻〉은 자본주의와 공산주의를 종합하고 조화한 〈통일사상〉임을 깊이 대각하자.

[18절] 또 네가 본 그 여자는 땅의 왕들을 다스리는 큰 성이라 하더라

하나님은 성도들의 산성(山城)이다(시 9:9, 59:9). 또 하나님은 성도들의 반석이요, 요새요, 피난처이다(시 18:2). 그러나 세상 임금들이 의지한 성은 음녀였다.

음녀는 큰 성 바벨론이었는데, 이 성이 세 갈래로 붕괴되고 말았으니 세상나라 임금들은 그들의 존재 근거를 완전히 상실하게 된다. 그들은 음녀의 성이 자기들이 존재할 만세 반석이요, 요새요, 피난처로 착각했고 맹신했던 것이다. 각종 사상과 종교를 낳아준 어미이므로 큰 성이라 한다.

제18장

[1절] 이 일 후에 다른 천사가 하늘에서 내려 오는 것을 보니 큰 권세를 가졌는데 그의 영광으로 땅이 환하여지더라

⑴ 하나님을 대신하여 음녀의 성, 바벨론의 멸망을 선포할 천사이기 때문에 그 권세가 크지 않을 수 없다.

⑵ 천사의 영광으로 땅이 환해진다. 그 까닭은 땅은 적그리스도의 인간태양 때문에 참 진리가 없는 어두운 세상이 되었는데 큰 권세를 가진 천사가 하늘에서 내려오니 땅이 환해진다. 천사의 영광으로 땅이 환해졌으니 빛 그 자체이신(히 1:3) 예수의 영광은 어떻겠는가(고후 4:6).

[2절] 힘찬 음성으로 외쳐 이르되 무너졌도다 무너졌도다 큰 성 바벨론이여 귀신의 처소와 각종 더러운 영이 모이는 곳과 각종 더럽고 가증한 새들이 모이는 곳이 되었도다

⑴ 〈무너졌도다 무너졌도다 큰 성 바벨론이여〉 이사야도 이와 같은 표현을 하고 있다(사 21:9).

〈무너졌도다〉라는 표현은 과거형인데 이것은 바벨론 성이 무너질 것이 너무 확실하기 때문에 과거형을 사용했다. 하나님의 말씀은 반드시 이루어지기 때문에 〈무너졌도다〉라는 과거형 예언으로 표현되었다.

⑵ 새는 어느 종교에서나 영을 상징한다.

성경을 보면 성령은 비둘기로, 천사는 효조(孝鳥)인 까마귀로 상징된다.

각종 더럽고 가증한 새는 온갖 악령들을 뜻한다. 더럽고 가증한 악령들은 바벨론이 무너질 때 악인들의 시체를 뜯어 먹기 위해 모여든다. 주검이 있는 곳에 독수리가 모인다(마 24:28). 무너진 성은 짐승의 처소가 되고 새들의 둥지가 된다(사 13:19-22, 34:11-15, 렘 50:39, 51:37, 습 2:15).

더러운 악령의 상징인 가증한 새들은 인간이 살아 있는 동안에는 악령으로 임하고 죽으면 시신을 뜯어 먹는 저승새가 된다.

[3절] 그 음행의 진노의 포도주로 말미암아 만국이 무너졌으며 또 땅의 왕들이 그와 더불어 음행하였으며 땅의 상인들도 그 사치의 세력으로 치부하였도다 하더라

⑴ 세상나라들은 진리의 포도주를 마시지 않고 음녀가 주는 소돔, 고모라의 쓸개 포도주를 마시고 우상과 음행하였으니 이 비진리의 포도주는 심판을 자초한 진노의 포도주가 된다. 모든 권력자와 거짓 선지자들은 비진리의 술에 취해 비틀거리면서 인간을 통치했으니 만국이 무너지지 않을 수 없다.

⑵ 이 성구에 나오는 사치는 옷이나 잘 입는 여성적인 허영심의 사치가 아니라 교만과 방자와 퇴폐와 일락을 겸한 권력자들의 정치적 사치를 의미하기 때문에 〈사치의 세력〉이라 한다.

부르조아적 썩은 세력을 뜻한다. 상인인 자본가들은 사치의 세력과 결탁하여 세계 경제를 요리하면서 치부했다. 사치의 세력과 상인의 유착은 자본주의의 우상을 만들어 인간을 황금 만능과 물질주의 노예로 전락시킨다.

[4절] 또 내가 들으니 하늘로부터 다른 음성이 나서 이르되 내 백성아, 거기서 나와 그의 죄에 참여하지 말고 그가 받을 재앙들을 받지 말라

음행과 사치에 참여하지 말고 나오라고 하나님은 성도들을 불러낸다(렘 51:45). 음행은 우상 숭배이므로 공산주의를, 사치는 자본주의를 뜻한다. 하나님의 백성은 백색 바람과 적색 바람의 회오리 속에 휩쓸리지 말아야 한다.

하나님은 갈데아 우르에서 아브라함을 불러내듯(창 12:1), 소돔에서 롯을 불러내듯, 택한 백성은 공산주의의 우상 숭배와 자본주의의 부패 속에서 불러낸다.

왜 불러내는가? 닥쳐올 재앙에서 구원하기 위함이다.

[5절] 그의 죄는 하늘에 사무쳤으며 하나님은 그의 불의한 일을 기억하신지라

물 심판을 받은 노아 때는 죄악이 땅에 관영했다(창 6:5, 11). 그러나 소돔 고모라의 죄악은 하늘에 사무쳐서 불심판을 받았다(창 18:20-21). 말세의 심판도 불심판을 받을 죄악이기에 하늘에 사무친다. 하늘에 닿을 바벨탑을 쌓듯, 음녀 바벨론의 죄악도 하늘에까지 닿았다. 그러므로 그 불의한 일을 하나님은 기억하고 아낌없이 심판한다.

[6절] 그가 준 그대로 그에게 주고 그의 행위대로 갑절을 갚아 주고 그가 섞은 잔에도 갑절이나 섞어 그에게 주라

(1) 〈이에는 이, 눈에는 눈〉의 구약적 복수 사상이(렘 50:15, 51:24, 5:6, 시 137:8) 이 성구에도 나타난다. 그러나 심판의 행위는 율법을 준행하기 위함이 아니고 하나님의 공의를 실천하는 행위이므로 악인이 행한 그대로 갚아준다.

은혜와 사랑의 복음을 불신하고 거부한 인간들에게는 긍휼이 없는 심판이 있을 뿐이다.

(2) 섞은 잔은 종교적 혼음과 혼합주의를 의미한다(사 1:22).

찌꺼기가 섞인 금과, 물이 섞인 포도주는 순수한 진리를 변질시키고 혼잡하게 만든 음녀의 짓이다. 세속주의의 미명 아래 종교가 타락할 때 포도주 잔에는 물이 섞이게 되고, 금에는 불순물이 혼합되게 된다.

「요한계시록」 14장 8절과, 18장 3절에서 보듯, 음행의 포도주는 더럽고 가증한 것이 섞인 잔으로 세상을 타락시켰으므로 그 잔에 갑절이나 형벌을 섞어 주게 된다.

[7절] 그가 얼마나 자기를 영화롭게 하였으며 사치하였든지 그만큼 고

통과 애통함으로 갚아 주라 그가 마음에 말하기를 나는 여왕으로 앉은 자요 과부가 아니라 결단코 애통함을 당하지 아니하리라 하니

⑴ 모든 것이 극에 달하면 반전된다. 영화의 극은 고난, 사치의 극은 애통이다. 자기 분수에 넘치는 영화와 사치를 누렸으니 고난과 애통으로 갚아 주는 것이 공의의 심판이다.

⑵ 옛날 바벨론과 가나안 종교의 공통점은 그들이 하늘 황후신(皇后神)을 섬기는 것이었다(렘 7:17-18).

이스라엘 백성도 여신 숭배에 오염되어 하늘 황후를 섬겼다. 겉으로는 그들이 야웨를 섬긴 듯 했으나 실상 하늘의 별, 하늘 군대인 천사를 섬겼고(행 7:42-43), 그 중에서도 황후신을 가장 높이 숭배하였다.

이와 마찬가지로 기독교인들도 겉으로는 하나님과 예수를 믿는 것 같지만 실상은 야웨와 음녀의 종교를 믿고 있다. 이 성구에 나오는 여황(女皇)이란 곧 황후신인데, 이것이 곧 음녀인 것이다.

[8절] 그러므로 하루 동안에 그 재앙들이 이르리니 곧 사망과 애통함과 흉년이라 그가 또한 불에 살라지리니 그를 심판하시는 주 하나님은 강하신 자이심이라

여기에 하루는 24시간의 하루가 아니고, 갑자기 졸지에 불행이 닥치는 상징적인 하루다.

사망, 애통, 흉년은 무서운 심판을 뜻하는 표현이다. 무서운 심판이 음녀와 짐승과 악인들에게 임하고, 나중에는 모든 것을 불살라 청소할 것이다.

음녀는 자칭 과부가 아니요 여황(女皇)이라 교만했으나 갑자기 재앙이 임하므로 그녀의 호언장담은 거짓말임이 드러난다. 마귀는 거짓말로 시작했다 거짓말로 끝장난다. 거짓은 마귀의 알파요 오메가다.

[9절] 그와 함께 음행하고 사치하던 땅의 왕들이 그가 불타는 연기를

보고 위하여 울고 가슴을 치며

땅의 임금들은 마귀에게 경배하고 권력을 잡아 사치와 음행을 하던 자들이므로, 그들의 여왕인 음녀가 심판을 받을 때 무서워하면서 가슴을 치지 않을 수 없다.

땅의 권력자들은 회개하기 위하여 가슴을 치는 것이 아니라, 더 이상 권력을 누릴 수 없고, 사치와 음행을 할 수 없기 때문에 여왕을 애도하고 자신들의 허망한 신세를 한탄하면서 가슴을 친다.

[10절] 그의 고통을 무서워하여 멀리 서서 이르되 화 있도다 화 있도다 큰 성, 견고한 성 바벨론이여 한 시간에 네 심판이 이르렀다 하리로다

세상 왕들이 보기에는 바벨론이 큰 성이었고, 견고한 만세반석 같은 성이었지만 하나님의 심판 앞에서는 사상누각처럼 허무하게 무너진다.

음녀가 만들어 낸 종교는 무오(無誤)한 종교였고 그 사상과 조직 체계는 견고한 듯 했지만 철장 권세 앞에서는 질그릇처럼 부서져 겨와 같이 날아간다.

그러므로 음녀와 더불어 부와 사치를 누리면서 행음하던 세상 왕들은 가슴을 치면서 만가를 부르지 않을 수 없다. 〈화 있도다, 화 있도다, 큰 성 바벨론이여 일시에 네 심판이 이르렀다〉 이것은 만가(挽歌)의 가사이다.

[11절] 땅의 상인(개역한글 : 상고)들이 그를 위하여 울고 애통하는 것은 다시 그들의 상품을 사는 자가 없음이라

땅의 상고(商賈)들이란 세계 경제를 주름잡던 자본주의 국가들의 재벌을 뜻한다. 그들이 생산할 상품을 소비할 고객이 없어 애통하는데 이것은 자본주의의 종말을 의미한다.

자본가와 재벌들은 권력과 결탁하여 온갖 부귀와 사치를 누렸으나 음녀가 심판 받았기 때문에 그들은 존재 기반을 상실했으므로 울며 애통한다. 자본주의의 종말을 애통하는 이 만가는 두로왕을 위한 애가와 비슷하다(겔 26:16-18 참조).

[12절-13절] 그 상품은 금과 은과 보석과 진주와 세마포와 자주 옷감과 비단과 붉은 옷감이요 각종 향목과 각종 상아 그릇(개역한글 : 기명)이요 값진 나무와 구리(개역한글 : 진유)와 철과 대리석으로 만든 각종 그릇이요 계피와 향료와 향과 향유와 유향과 포도주와 감람유와 고운 밀가루와 밀이요 소와 양과 말과 수레와 종들과 사람의 영혼들이라

여기에는 고대의 값진 상품들이 총망라되어 있다. 현대적인 표현을 하면 자본주의의 고가품들이 다 등장하고 있다. 이 상품들은 서민들의 일상용품이 아니고 권력자들과 거짓 종교꾼들의 사치와 쾌락을 위한 상품이다.

⑴ 금, 은, 보석, 진주 - 이 귀금속류는 권력자들이 사치하는 장신구이고, 또 우상을 장식하는 고가품들이다.

⑵ 세마포와 자주 옷감과 비단과 붉은 옷감 - 이 상품은 권력자들과 종교꾼들의 신분을 위장하는 포장 재료들이다.

⑶ 각종 향목과 상아 기명과 값진 나무와 진유와 철 - 이 상품은 화려한 저택을 꾸미고 가구류를 만들어 권력자들과 종교꾼들이 거하는 처소를 치장하는 재료이다.

⑷ 계피와 향로와 향과 향유와 유향과 포도주와 감람유와 고운 밀가루와 밀 - 이것은 권력자들과 종교꾼들의 미식(美食)과 식도락을 위한 재료들이고, 또 우상에게 분향하는 재료들이다.

⑸ 소와 양과 말과 수레 - 이것은 권력자들의 육체를 기름지게 하고, 또 우상에게 바칠 제물들이다. 말과 수레는 권력을 유지하는데 필요한

고대의 전쟁 상품들이다. 소와 양을 우상에게 제물로 바친 다음, 권력자들과 종교꾼들은 고급술에 고기를 뜯으면서 주지육림(酒池肉林)에 잠겨 정치를 할 것이다.

⑹ 노예와 사람의 영혼도 상품으로 등장하고 있다.

짐승의 권력을 유지하기 위하여 인간을 노예화하고 사람의 영혼을 상품으로 만든다. 공산주의 국가들은 인간을 노예화했고, 자본주의 국가들은 인간의 영혼을 상품화했다.

위에 열거된 상품들은 한결같이 권력자와 종교꾼들을 위한 물건이고, 가난한 자나 병든 자나 눌림받은 자나 서민 대중은 엄두도 못낼 고가품들이다.

[14절] 바벨론아 네 영혼이 탐하던 과일이 네게서 떠났으며 맛있는 것들과 빛난 것들이 다 없어졌으니 사람들이 결코 이것들을 다시 보지 못하리로다

⑴ 음녀 바벨론이 탐하던 과실은 우상의 권력과 야합하여 세계 경제를 주도하고 인간의 영혼을 갉아먹은 상품들이다. 이 성구에서 말하는 과실은 아주 농익어서 당장 떨어질 열매를 뜻하는데, 이것은 바벨론이 망할 도수(度數)가 찼음을 말한다.

⑵ 맛있는 것, 빛난 것들 – 맛있는 것은 미각, 빛난 것들은 시각을 자극하여 유혹하는 것들인데, 이것은 에덴동산의 선악과를 연상시킨다.

하와가 쳐다본 선악과는 먹음직하고(맛있는 것) 보암직해서(빛난 것들) 따 먹었는데, 바벨론의 상품도 맛있고 빛난 과일인 것을 보면 이 열매가 현대적인 선악과임을 알 수 있다.

선악과를 따먹고 타락한 인간은 선악과를 따먹고 종말을 맞이하게 된다. 아담이 선악과를 따먹고 죽은 것처럼, 바벨론의 인간들도 맛있고 빛난 선악과, 곧 황금 만능과 물질 만능의 열매를 따먹고 죽을 것이다.

현대의 선악과는 자본주의와 공산주의의 열매이다.

[15절-16절] 바벨론으로 말미암아 치부한 이 상품의 상인들이 그의 고통을 무서워하여 멀리 서서 울고 애통하여 이르되 화 있도다 화 있도다 큰 성이여 세마포 옷과 자주 옷과 붉은 옷을 입고 금과 보석과 진주로 꾸민 것인데

⑴ 음녀와 짐승의 권력이 붕괴될 때 그들과 공모하여 치부한 자본가와 재벌들도 동시에 망하기 때문에 애통하지 않을 수 없다.

⑵ 세마포는 착한 일을 한 듯 꾸민 거짓 종교의 상징이고, 자주와 붉은 옷은 정치 권력을 상징한다.

금과 보석과 진주로 꾸민 거짓 종교와 정치권력은 동시에 망한다.

[17절] 그러한 부가 한 시간에 망하였도다 모든 선장과 각처를 다니는 선객들과 선원들과 바다에서 일하는 자들이 멀리 서서

도적같이 오시는 예수로 말미암아 바벨론의 부(富)는 순식간에 망한다. 이 성구에서 선장, 선객, 선인들이 등장한 것은 이 사람들이 보통 인간들이 아니고 특권 계층의 인간임을 말한다.

음녀의 바다는 세상의 열국과 방언과 족속인데, 이 바다를 오가며 무역하고 유람하던 선장, 선객, 선인들은 거짓 구원받은 자들을 뜻한다.

세상 나라에서 거짓 종교를 믿고 구원 받았다고 착각하고 있는 자들은 다 배를 잘못 탄 선객들이다. 이들이 탄 배는 노아의 방주 같은 구원선이 아니라, 바벨론의 종교와 상품을 무역하던 배들이었다. 돈과 우상을 겸하여 섬긴 음녀의 아들들은 배를 타고 돈벌이를 하면서도 자기들이 탄 배를 구원의 배로 착각한 자들이다. 예수만이 참 선장이고 그가 탄 배만이 목적지에 기항할 수 있다.

거짓 선지자와 삯군 목자들이 선장이 된 배들은 천국의 항로를 몰라 나중에는 유령선이 될 것이다.

[18절] 그가 불타는 연기를 보고 외쳐 이르되 이 큰 성과 같은 성이 어디

있느냐 하며

거짓 종교를 잘못 믿은 자들은 바벨론 성만 큰 성이고, 견고한 성인 줄 확신하고 있었는데, 그 성이 멸망됨으로서 그 연기를 보면서 탄식한다. 그들은 육체를 따라 난 자들이므로 새 예루살렘 성은 깨달을 수 없다. 바벨론 성만이 유일한 성이고 음녀만이 참 어미인 줄 믿은 자들이 어찌 하늘에서 내려오는 새 예루살렘 성을 알 수 있겠는가? 그렇기 때문에 그들은 "이 성과 같은 성이 어디 있느냐"하면서 탄식한다.

[19절] 티끌을 자기 머리에 뿌리고 울며 애통하여 외쳐 이르되 화 있도다 화 있도다 이 큰 성이여 바다에서 배 부리는 모든 자들이 너의 보배로운 상품으로 치부하였더니 한 시간에 망하였도다

티끌을 머리 위에 뿌리고 애통하는 행위는 조상(弔喪)을 의미한다(렘 6:26, 겔 27:30-31 참조).

바다에서 배 부리는 자들은 각 나라와 족속과 방언 속에서 무역하는 자본가들과 거짓 종교의 성직자들인데 그들은 음녀의 상품 때문에 치부한 자들이다. 그러나 음녀가 망했으므로 정치 상인과 종교 상인들의 시장이 없어졌으므로 어찌 애가를 부르지 않겠는가.

바다에서 배를 부린 종교 상인들의 상표는 십자가였고, 품질 보증서는 방언이었다. 그러나 그들이 사용한 십자가는 오른편 강도의 십자가였다. 자본주의는 오른편 강도의 십자가였고, 공산주의는 왼편 강도의 십자가였다(요 19:18, 눅 23:33).

우익과 좌익의 십자가는 거짓이고, 가운데 십자가만이 구원의 십자가가 된다.

[20절] 하늘과 성도들과 사도들과 선지자들아, 그로 말미암아 즐거워하라 하나님이 너희를 위하여 그에게 심판을 행하셨음이라 하더라

하늘, 성도, 사도, 선지자는 음녀의 종교에 오염되지 않은 자들을 말한다.

참 성도들은 바벨론 교회에 의해 핍박받고 소외당하고 눌림받은 가난한 자들이니 하나님은 그들의 고통과 고독과 원한을 신원해 주어야 한다. 하나님은 신원해 주시는 분이시므로(사 51:22, 렘 50:34, 단 7:22) 신원하시는 심판으로 바벨론을 멸망시킨다.

[21절] 이에 한 힘 센 천사가 큰 맷돌 같은 돌을 들어 바다에 던져 이르되 큰 성 바벨론이 이같이 비참하게 던져져 결코 다시 보이지 아니하리로다

맷돌 같은 돌 – 하나님이 창조하신 만물은 음과 양으로 되어 있다. 양(陽)은 적극적이고 능동적이고, 음(陰)은 소극적이요 피동적이다. 그런데 맷돌은 반대로 암돌이 위에 자리하여 능동적으로 적극적으로 움직이고 숫돌은 밑에서 가만히 있다. 정적인 숫돌과 동적인 암돌로 구성된 맷돌은 무엇을 상징하고 있는가? 맷돌은 암돌이 움직여 인간이 먹을 떡가루를 만들어 낸다. 하와는 맷돌 같은 여인이었다.

그는 아담 위에 앉아서 능동적으로 선악과를 따먹고 아담에게 주었다. 맷돌은 숫돌 위에서 암돌이 돌면서 가루를 만들어 떡을 빚게 한다. 하와는 진리의 양식인 생명과를 따서 아담에게 먹게 해야 했는데 반대로 비진리의 양식인 선악과를 주어 먹게 했다. 다시 말하면 하와는 비진리의 양식을 맷돌질한 여인이 되었다.

맷돌 같은 돌 – 이 돌은 음녀의 종교 황후신의 종교를 상징하는 돌인데, 맷돌의 도비(道秘)를 도용하고 모방한 종교였기 때문에 〈맷돌 같은 돌〉이라 한다. 바벨론 음녀는 인간들 위에서 돌면서 비진리의 떡가루를 만들어 세상나라 인간들을 먹인 어미였다. 맷돌 같은 돌을 바다에 던지는 것은, 바다가 음녀가 앉은 물이기 때문이다. 이것은 다시는 음녀의 종교(맷돌 같은 돌)가 세상나라에 부상(浮上)되지 못함을 말한다.

참 맷돌은 하나님이 하실 새 일인데, 여자가 남자를 포용하는 진리이다(렘 31:22). 그 날이 오면 참 어머니는 생명과를 따서 영생의 떡을 인간에게 먹여 줄 것이다.

[22절] 또 거문고 타는 자와 풍류하는 자와 퉁소 부는 자와 나팔 부는 자들의 소리가 결코 다시 네 안에서 들리지 아니하고 어떠한 세공업자든지 결코 다시 네 안에서 보이지 아니하고 또 맷돌 소리가 결코 다시 네 안에서 들리지 아니하고

⑴ 거문고 타는 자, 풍류하는 자, 퉁소 부는 자, 나팔 부는 자들은 음녀의 거짓 복음을 음악으로 작곡하고 연주하여 인간 심령의 퇴폐화와 세속화를 가속시킨 악사(樂士)들이다.

자본주의의 음악은 인간 심령을 퇴폐하게 하였고 인간의 정신을 나약하게 만들어 음란과 쾌락에 젖어들게 했고 방종하게 만들었다. 이와 반대로 공산주의 음악은 인간의 심령을 경직하게 만들고 인간의 정신을 증오로 불타게 하여 개인숭배의 찬사와 혁명의 군가를 부르게 하였다.

⑵ 세공업자는 공업 기술자들인데, 음녀의 영감을 받고 금, 은, 보석, 진주로 교묘한 우상을 만들고 상품을 만들어낸 자들이다.

⑶ 맷돌 소리가 다시 들리지 않는 것은 음녀의 종교 양식이 생산되지 않는 것을 의미한다. 음녀의 거짓 진리와 그 교리의 양식을 맷돌이 생산해 내어 인간들에게 공급했는데 맷돌 소리가 들리지 않는 것은 그 작업이 중단되었기 때문이다.

[23절] 등불 빛이 결코 다시 네 안에서 비치지 아니하고 신랑과 신부의 음성이 결코 다시 네 안에서 들리지 아니하리로다 너의 상인(개역한글 : 상고)들은 땅의 왕족들이라 네 복술로 말미암아 만국이 미혹되었도다

⑴ 등불 빛이 비춰지 않는 것은 거짓 종교가 없어졌기 때문이다. 사람의 마음이 하나님의 성전인 줄 모르는 바벨론의 건물교회는 다 폐허가 될 것이다.

⑵ 말세의 인간들은 시집가고 장가가다 망한다(마 24:37-39). 신랑과 신

부의 음성이 들리지 않는 것은 타락된 인간들의 결혼 예식이 종말을 고했기 때문이다. 이것은 육신의 자식이 생산되지 않을 것을 암시한다.

⑶ 상고(商賈)들을 왕족이라 한 것은 재벌과 자본가들은 권력과 유착하여 돈으로 세상을 지배했기 때문이다.

경제적 특권 계급이 권력과 야합할 때 부패와 사치와 부도덕이 만연한다. 권력자와 자본가는 복술로 만국을 유혹했다. 현대적인 복술은 온갖 경제 이론들이다.

지금 자본주의 국가나 공산주의 국가나 제 3세계를 막론하고 권력 엘리트와 경제관계 학자들은 자국의 이익을 위해 경제 계획을 세우고, 미래를 점치기에 여념이 없다. 보다 나은 내일을 위해 각국은 경제 개발을 추진하고 GNP를 예고하고 생산과 수요의 지표를 점치고 증권 시장의 폭등과 폭락을 점쳐야 한다. 현대는 불확실성의 시대이므로 각종 경제 지표를 예언하고 점치는 것이 유행처럼 되어 있다.

그러므로 현대 국가의 권력자와 경제학자와 과학자는 점치는 복술가들이다. 그들은 온갖 정치적인 복술, 경제적인 복술, 종교적인 복술, 과학적인 복술로 인간을 미혹시켰다.

[24절] 선지자들과 성도들과 및 땅 위에서 죽임을 당한 모든 자의 피가 그 성 중에서 발견되었느니라 하더라

음녀 종교의 총본산인 바벨론 성은 성도들의 시산혈해(屍山血海) 위에 세워진 거짓 문명의 성이다.

권력자들의 붉은 옷은 성도들의 피로 물들인 옷이었다. 이런 자들이 쌓아 올린 문명이 어찌 망하지 않겠는가.

제19장

[1절] 이 일 후에 내가 들으니 하늘에 허다한 무리의 큰 음성 같은 것이 있어 이르되 할렐루야 구원과 영광과 능력이 우리 하나님께 있도다

⑴ 하늘에 허다한 큰 무리의 음성은 천군 천사들의 노래 소리이다(눅 2:13). 「욥기」 38장 7절에 보면, 하나님의 천지 창조를 천사들이 찬양했는데, 또 하나님의 구원 섭리의 완성을 목격한 천사들이 하나님을 찬양하고 있다.

⑵ 할렐루야는 〈하나님을 찬양하라〉는 뜻이다. 할렐루야는 히브리말인데 유대교에서 사용된 말이 그대로 기독교에 전승되었다.

⑶ 참 구원이란 인간의 영혼을 천당에 보내는 구원이 아니라 영육이 산 자가 되어 부활하고 변화 받는 구원을 뜻한다.

영혼이 낙원 곧 셋째 하늘에 올라가는 구원은 보증구원이다.

하나님은 산 자의 하나님이기 때문에 죽은 자의 영혼이 천당간다는 기독교의 교리는 미신이다. 죽은 자의 영혼은 낙원에 가서 부활의 날을 고대하고 있는데 이 영혼이 다시 성령의 도태를 통해 산 자 곧 부활한 자가 되어 태어날 때 영육 아울러 구원받는 완전구원이 이루어진다.

인간을 완전구원하기 위하여 하나님은 지금도 일하고 계신다(요 5:16-18). 음녀의 나라를 폐하고, 죄와 죽음까지 폐하고 새 하늘과 새 땅을 개벽하여 인간을 산 자로 완전구원하기 위해 하나님은 오늘도 일하고 있다.

죽은 자가 산 자로 부활하여 새 하늘과 새 땅에 태어날 때 하나님의 창조 이상인 지상천국은 이루어진다.

주께서 땅 위에서 그 말씀을 이루고 속히 시행하시리라 하셨느니라(롬 9:28).

이 성구에 나타난 약속처럼 흙으로 지음받은 인간은 반드시 이 땅에서 완성되어야 할 존재이다. 인간은 이 땅에서 산 자로 완성되어 지상천국에서 살다가 이 땅의 생활이 끝나면 변화 받아 천상천국에서 영생하는 것이 성경의 원리였다. 그런데 기독교에서는 죽은 인간의 영혼이 천당 간다고 굳게 믿고 있으니 죽은 자의 종교가 아닐 수 없다.

산 자로 인간을 구원하시는 능력은 하나님만이 하실 수 있는 일이기 때문에 〈구원과 영광과 능력이 우리 하나님께 있다〉고 천사들은 찬양한다.

[2절-3절] 그의 심판은 참되고 의로운지라 음행으로 땅을 더럽게 한 큰 음녀를 심판하사 자기 종들의 피를 그 음녀의 손에 갚으셨도다 하고 두 번째로 할렐루야 하니 그 연기가 세세토록 올라가더라

⑴ 음행은 음녀와의 혼음을 말한다. 음녀는 온갖 우상, 곧 모든 가신(假神)과 인간신을 섬기게 하여 땅을 더럽혔다. 음녀의 손은 피흘린 손이므로 그 더러운 손에 원수를 갚는다.

⑵ 하나님은 삼위신이므로 거룩, 거룩, 거룩 세 번 찬양한다(사 6:3, 계 4:8). 이와 마찬가지로 할렐루야도 세 번 해야 한다.

첫 번째 할렐루야는 1절, 두 번째 할렐루야는 3절, 세 번째 할렐루야는 4절에 있다. 첫 번째 할렐루야는 천사들의 찬송이고, 두 번째 할렐루야는 그 향연이 세세토록 올라가는 것을 보는 성도들의 찬송이고, 세 번째 할렐루야는 24장로의 찬송이다.

[4절-5절] 또 이십사 장로와 네 생물이 엎드려 보좌에 앉으신 하나님께 경배하여 이르되 아멘 할렐루야 하니 보좌에서 음성이 나서 이르시되 하나님의 종들 곧 그를 경외하는 너희들아 작은 자나 큰 자나 다 우리 하나님께 찬송하라 하더라

⑴ 네 생물과 24장로는 보좌에서 제일 가까운 서열인데, 그들은 천사

와 성도들의 할렐루야 찬송에 화답하여 〈아멘 할렐루야〉한다. 아멘 할렐루야는 〈진실로 그러하옵니다, 하나님께 찬양 드리옵니다〉이다.

(2) 보좌에서 난 음성은 어린 양의 음성이다.

창조주가 피조물을 지으신 뜻은 찬송을 받기 위함이었으므로(사 43:18-21 참조), 예수는 모든 피조물에게 찬송할 것을 당부한다.

[6절] 또 내가 들으니 허다한 무리의 음성과도 같고 많은 물 소리와도 같고 큰 우렛소리와도 같은 소리로 이르되 할렐루야 주 우리 하나님 곧 전능하신 이가 통치하시도다

보좌에서 난 음성에 따라 천상의 존재와 땅의 성도들은 우주적 화음으로 합창한다. 천상과 지상에 있는 피조물들의 합창은 교향악처럼 우주에 울려 퍼지면서 창조주의 통치를 찬양한다.

할렐루야 찬송이 많은 물 소리같이 들리는 것은 겸손한 존재들의 합창을 의미하고, 우레같이 들림은 천지를 진동시켜 깨우치는 힘찬 합창이기 때문이다.

[7절] 우리가 즐거워하고 크게 기뻐하며 그에게 영광을 돌리세 어린 양의 혼인 기약이 이르렀고 그의 아내가 자신을 준비하였으므로

(1) 어린 양의 혼인은 하나님과 인간이 맺은 〈언약의 완성〉을 뜻한다.

이 혼인 잔치는 하늘에 있는 새 예루살렘이 땅에 강림하여 언약의 자식을 낳아 줄 것을 의미한다.

해를 옷 입은 여인이 새 예루살렘 어머니가 되어 땅에 강림하면 황무지와 사막은 새 땅이 되어 하나님은 땅과 결혼할 것이다(사 62:1-5). 그 때 땅은 헵시바가 되고 쁄라가 된다.

하늘 아버지와 땅 어머니가 결혼하는 것이 어린 양의 혼인 잔치이다. 하늘에 계시던 원모(原母)가 땅에 강림하여 새 땅이 되면 도태에서 부활한 자식이 탄생되어 그들은 신부가 되고, 예수는 신랑이 되는 것이 어린 양 잔치이다.

구약에도 하나님과 이스라엘의 계약을 〈거룩한 결혼〉으로 비유하고 있다(호 2:16, 19).

⑵ 예비된 아내는 하늘에 있는 예루살렘인데, 아직 땅에 강림하고 있지 못하기 때문에 예비되었다고 했다.

예수는 사도들에게 하늘에 가서 우리가 거할 집을 마련하면 다시 오겠다고 약속했다(요 14:1-4). 예수가 예비하러 가신 처소가 곧 예루살렘이다. 이 처소가 예비되면 땅에 강림시켜 모든 성도들이 거할 〈존재의 집〉이 되게 한다.

그렇기 때문에 보증으로 구원받아 낙원에 가 있는 영혼들과, 이 땅 위에 아직 살아있는 성도들은 성령의 도태를 통해 예루살렘 어머니가 강림한 새 땅에 부활하지 않으면 안 된다.

육신의 존재를 낳아준 어머니는 타락한 하와였으나 부활한 존재를 낳아줄 어머니는 해를 옷 입은 여인임을 정각(正覺)해야 한다.

[8절] 그에게 빛나고 깨끗한 세마포 옷을 입도록 허락하셨으니 이 세마포 옷은 성도들의 옳은 행실이로다 하더라

예비된 아내들은 행실이 깨끗한 세마포를 입어야 한다. 세마포는 신부가 입는 예복이며 웨딩 드레스이다. 옳은 행실, 의로운 행실로 직조된 옷이 신부가 입을 순백의 예복이다.

음녀는 선혈로 물들인 붉은 옷을 입고 있었으나 어린 양의 신부는 눈보다 더 흰 순백색 세마포의 청정한 옷을 입는다.

[9절] 천사가 내게 말하기를 기록하라 어린 양의 혼인 잔치에 청함을 받은 자들은 복이 있도다 하고 또 내게 말하되 이것은 하나님의 참되신 말씀이라 하기로

어린 양의 잔치에 청함을 받은 자가 진복자(眞福者)다. 성령으로 태어난 자가 아니면 이 잔치에 참여할 수 없다. 오늘날 기복 신앙에 빠져 영혼 축복, 물질 축복을 남발한 종교꾼들은 어린 양의 잔치에 참여할 수 없다. 그들은 바벨론 교회의 창녀이기 때문이다.

혼인에 대한 말씀은 언약을 완성하는 말씀이기 때문에 참된 말씀이다. 하나님은 참되신 분이고(롬 3:4), 미쁘신 존재이기 때문에(고후 1:6), 그 혼인 언약은 참된 말씀이고 미쁘신 말씀이다.

세상나라 법도를 보아도 혼인은 성인(成人)만 할 수 있다. 어린 양의 잔치에 참여하는 성도들도 역사의 성인(成人 - 誠人 - 聖人)이 되어야 하고 성도(成道)한 자가 아니면 안 된다(히 11:40 참조).

[10절] 내가 그 발 앞에 엎드려 경배하려 하니 그가 나에게 말하기를 나는 너와 및 예수의 증언을 받은 네 형제들과 같이 된 종이니 삼가 그리하지 말고 오직 하나님께 경배하라 예수의 증언은 예언의 영이라 하더라

(1) 사도 요한은 계시를 전달하는 천사들에게 경배하려 했으나 천사는 못하게 말렸다. 요한은 왜 경배하려 했고 또 천사는 경배를 거부했을까?

요한은 여러 가지 계시 장면을 듣고 보다가 어린 양의 잔치 이야기를 듣고 계시가 끝난 줄로 생각했다. 참 성도들이 바라는 어린 양 잔치는 언약의 완성을 뜻하므로 요한은 자신이 신부가 된 듯한 흥분 상태에서 이런 계시를 전해준 천사에게 인사하는 것이 마땅하다고 생각하여 경배하려 했다. 그러나 천사도 피조물이므로, 피조물에게 경배하는 것은 우상숭배로 전락할 위험이 있기 때문에 경배를 받지 않았다.

타락한 천사는 인간에게 경배를 받은 천사이다(골 2:18). 그러므로 타락하지 않은 천사들은 제 분수를 알고 자신들은 하나님을 돕는 일꾼들임을 알기 때문에(히 1:14), 인간에게 경배를 받지 않는다(계 22:9). 참 깨친(覺) 자리에서 보면 인간은 천사를 심판할 수 있는 고귀한 존재이다(고전 6:3). 타락한 인간은 제 값어치를 알지 못하기 때문에 천사를 인간보다 높은 존재로 착각하고 오늘까지도 경배하고 있다. 천사는 인간과 동류(同類)이지 높은 존재가 아니다(『성경의 원리』 상권 「천사론」 참조).

야곱이 천사와 씨름하여 이긴 후 이스라엘이 된 것 같이 참 성도는 일곱 교회의 천사를 이기고 참 이스라엘이 되어야 한다. 천사를 이길 수 있는 인간이 천사에게 절하는 것은 스스로 진 자가 되는 것이다.

⑵ 천사는 예수의 계시를 인간에게 대변해 주는 존재이기 때문에 〈대언의 영〉이라 한다. 이것은 아론이 모세의 대변자가 되어 백성에게 말씀을 전달한 것과 같다(출 4:15-16).

하나님은 인간에게 말씀하지 않는다. 하늘은 침묵하고 있다. 묵여뢰(默如雷)하는 하나님의 말씀을 천사가 대변하여 준다.

[11절] 또 내가 하늘이 열린 것을 보니 보라 백마와 그것을 탄 자가 있으니 그 이름은 충신과 진실이라 그가 공의로 심판하며 싸우더라

⑴ 하늘이 열린 것은 새로운 계시의 차원을 의미한다. 음녀의 성 바벨론의 심판이 끝났으므로 새 차원의 하늘이 열려 백마를 탄 메시야가 나타나는 장면을 보게 된다.

이 백마는 6장 2절에 나오는 백마가 아니다. 6장 2절의 백마는 기독교 백색주의의 이데올로기 바람이지만, 메시야가 탄 백마는 땅을 새롭게 하고 생명을 새롭게 할 신풍(神風)이요, 신풍(新風)이다. 모든 인간을 부활시킬 성령의 바람이다.

흰 말, 붉은 말, 검은 말, 청황색 말의 네 바람이 땅을 휩쓸고 간 뒤 부활의 깨끗한 숨결 바람이 봄 바람처럼 불어올 것이다.

⑵ 충신과 진실은 예수의 또 다른 이름이다.

마귀는 하나님께 불순종했고 거짓말을 했으나 예수는 충성과 진실을 다했다(히 3:6 참조). 마귀가 주권을 잡은 세상은 불의하였으나, 예수는 공의로운 심판으로 불의와 싸울 것이다.

[12절] 그 눈은 불꽃 같고 그 머리에는 많은 관(개역한글 : 면류관)들이 있고 또 이름 쓴 것 하나가 있으니 자기밖에 아는 자가 없고

⑴ 불꽃같은 눈 – 1장 14절 해석 참조.

⑵ 많은 면류관은 왕중왕을 뜻한다.

많은 임금들의 영광을 왕중왕이신 예수께서 받으심이 마땅하다. 4장 10절에 보면 24장로들도 금면류관을 벗어 어린 양에게 던졌거늘, 하물며 땅의 임금들이 어찌 왕권(면류관)을 그리스도께 돌리지 않겠는가.

⑶ 자기밖에 알 수 없는 이름은 불립문자(不立文字)의 신비한 이름이므로, 인간의 언어로 계시할 수 없는 〈이름 없는 이름〉이다.

성경에 보면 문자화된 예수의 이름은 열세 가지가 있다.

① 예수(마 1:21), ② 임마누엘(사 7:14, 마 1:23), ③ 그리스도(마 1:16), ④ 기묘(사 9:6), ⑤ 모사(사 9:6), ⑥ 전능하신 하나님(사 9:6), ⑦ 영존하신 아버지(사 9:6), ⑧ 평강의 왕(사 9:6), ⑨ 충신(계 19:11), ⑩ 진실(계 19:11), ⑪ 하나님의 말씀(계 19:13), ⑫ 만왕의 왕(계 19:16), ⑬ 만주의 주(계 19:16).

예수의 열세 가지 다양한 이름은 타락한 인간들에게 방편으로 알게 한 이름이므로, 예수의 사명이 얼마나 다양하게 표출되었는가를 알 수 있다.

그러나 예수의 참 이름은 자기밖에 모르는 은폐된 이름이다. 자기밖에 모르는 이름은 〈이름 없는 이름〉을 의미한다. 창조주 하나님에게 무슨 이름이 있겠는가. 이름이란 피조물에게 붙이는 명사이다. 피조물에게 의미를 부여하고 서로를 구별하기 위해 붙여진 부호요 개념이다.

[13절] 또 그가 피 뿌린 옷을 입었는데 그 이름은 하나님의 말씀이라 칭하더라

⑴ 피뿌린 옷에는 두 가지 뜻이 있다.

첫째, 피는 생명이므로 그가 입은 옷은 생명의 옷, 천의무봉한 옷을 입었다는 말이다.

둘째, 십자가에서 피를 흘려 인간의 죄를 대속했으므로 속죄의 옷을 입었다는 말이다.

그러므로 피뿌린 옷은 생명의 옷인 동시에 속죄의 옷을 뜻한다.

⑵ 피뿌린 옷은 생명의 옷인 동시에 속죄의 옷이기 때문에, 이 옷을 입은 분의 이름은 하나님의 말씀이 된다.

하나님의 말씀은 생명의 말씀이요, 속죄의 말씀이기 때문이다. 하나님의 말씀은 멜기세덱적 변화의 말씀이요(생명), 예수적 부활의 말씀(속죄)이기 때문이다.

[14절] 하늘에 있는 군대들이 희고 깨끗한 세마포 옷을 입고 백마를 타고 그를 따르더라

세마포는 옳은 행실을 뜻한다(계 19:8). 타락하지 않은 천사들은 성결하고 청정한 존재이므로, 행실이 깨끗한 세마포를 입는다.

예수가 탄 백마와 천사들이 탄 백마의 바람이 불면 땅 위의 모든 존재들은 새로워 질 것이다.

[15절] 그의 입에서 예리한(개역한글 : 이한) 검이 나오니 그것으로 만국을 치겠고 친히 그들을 철장으로 다스리며 또 친히 하나님 곧 전능하신 이의 맹렬한 진노의 포도주 틀을 밟겠고

⑴ 이한 검은 성령의 말씀이다(히 4:12, 엡 6:17, 고후 10:4-5).

세상 권력자들은 칼과 무기로 싸우지만, 심판주는 말씀의 날선 칼로 악인들을 친다.

⑵ 철장은 인간을 질그릇 부수듯 하는 심판의 권세이므로 악한 권세를 완전히 박살낼 것이다(시 2:9).

⑶ 맹렬한 진노의 포도주 틀은 소돔과 고모라의 쓸개 포도를 맺은 자들의 심판을 뜻한다.

[16절] 그 옷과 그 다리에 이름을 쓴 것이 있으니 만왕의 왕이요 만주의 주라 하였더라

⑴ 만왕의 왕 – 진리의 왕을 뜻한다.

그 옷에 쓴 이름이 만왕의 왕인데 성결하고 청정한 흰옷은 진리의 왕이 입는 왕의(王衣)이다.

⑵ 만주의 주 – 하늘에나 땅에는 많은 신과 많은 주가 있다(고전 8:5-6).

그러나 이들은 피조물이고 만유를 창조한 예수만이 참 주이기 때문에 만주의 주가 된다. 그의 다리에 쓴 이름이 만주의 주인데, 다리는 정의의 길로 걸어가는 도행(道行)을 의미한다.

만국을 성령의 검으로 치고 악인들을 철장으로 심판하고 진노의 포도주 틀을 밟는 존재이므로 만왕의 왕, 만주의 주가 된다.

[17절] 또 내가 보니 한 천사가 태양 안에 서서 공중에 나는 모든 새를 향하여 큰 음성으로 외쳐 이르되 와서 하나님의 큰 잔치에 모여

⑴ 해에 선 천사는 광명 천사인 지혜 천사를 뜻한다.

마귀는 광명 천사로 아담을 타락시켰다(고후 11:14). 마귀는 본래 광명 천사였는데 타락하여 암흑의 세력이 되었으므로 어두운 세상 권세를 심판하는 말을 광명 천사가 해에 서서 말하게 된다.

⑵ 모든 새는 고기를 먹는 가증한 육식조를 말한다.

가증한 새들은 악령들의 상징인데 악마의 세계에서는 악인들의 고기를 악령들이 먹어 치우는 악의 잔치가 전개된다.

⑶ 하나님의 큰 잔치는 어린 양 잔치와 반대되는 잔치다.

어린 양 잔치는 성도들이 신부가 되는 천국 잔치이지만 하나님의 큰 잔치는 악인들의 시체를 뜯어 먹는 지옥 잔치다.

이것을 하나님의 큰 잔치라 한 것은 큰 성 바벨론을 심판한 잔치이기 때문이다. 가증한 새들이 악인들의 시체를 뜯어 먹고 피를 마시는 잔치는(겔 39:17-20) 예수의 피와 살을 먹는 진리의 성찬(요 6:55-56)과는 대조되는 악의 향연이다.

[18절] 왕들의 살과 장군들의 살과 장사들의 살과 말들과 그것을 탄 자들의 살과 자유인들이나 종들이나 작은 자나 큰 자나 모든 자의 살을 먹으라 하더라

이 성구에는 여섯 계층의 인간들이 지옥 잔치의 고기로 등장한다. 6수에서 타락하여 666의 낙인이 찍힌 악인들이므로 여섯 계층으로 나누어 악령들의 먹이가 된다.

⑴ 왕들의 고기 - 마귀에게 절하고 권력을 얻은 자들.
⑵ 장군들의 고기 - 악의 권력을 지켜준 주구들.
⑶ 장사들의 고기 - 이 장사는 돈의 힘으로 약자를 울린 재벌과 자본가들.
⑷ 말 탄 자의 고기 - 음녀의 종교를 증거하고 선전한 바람잡이들, 즉 거짓 목사와 지식인들.
⑸ 자유자의 고기 - 진리 안에서 자유한 자가 아니라 권력 아래서 자유를 누린 사이비 자유주의자들.
⑹ 종들의 고기 - 권력에 굴복하여 노예가 된 비겁자들.

[19절] 또 내가 보매 그 짐승과 땅의 임금들과 그들의 군대들이 모여 그 말 탄 자와 그의 군대와 더불어 전쟁을 일으키다가

짐승과 땅의 임금들과 그 군대는 마귀의 권세 아래 있는 세상 권력의 총칭인데 이들은 최후 발악으로 백마 탄 메시야와 그의 군대에 대적하여 전쟁을 도발한다. 승산 없는 전쟁을 무모하게 감행하는 것은 악의 권력이 발광(發狂)했음을 의미한다. 제 정신으로 어찌 창조주와 전쟁을 하겠는가.

[20절] 짐승이 잡히고 그 앞에서 표적을 행하던 거짓 선지자도 함께 잡혔으니 이는 짐승의 표를 받고 그의 우상에게 경배하던 자들을 표적으로

미혹하던 자라 이 둘이 산 채로 유황불 붙는 못에 던져지고

짐승은 마귀의 하수인으로 나타난 적그리스도이다.

이적을 행한 거짓 선지자들은 권력과 유착한 어용 종교 지도자와 돈과 결혼한 종교상인 목자들이다. 이들은 귀신의 영을 받고 이적과 기사를 행하여 인간을 미혹했고 오도(誤導)했다. 거짓 선지자들이 이적을 행할 때 마귀의 이름으로 행한 것이 아니고 나사렛 예수의 이름으로 행했기 때문에 많은 양들이 미혹되었다.

그러나 예수의 이름으로 이적을 행한 자들을 예수는 모른다고 부인했다(마 7:22-23). 짐승과 이적을 행한 거짓 선지자, 이 둘이 산 채로 유황불에 던져진다. 권력과 종교, 이 둘이 혼음하여 인간들을 불의의 길로 오도한 자들이므로 불못에 던져지는 것은 당연하다. 거짓 종교 지도자들이 받을 형벌이 엄중하기 때문에 예수와 사도들은 선생이나 목사가 되지 말라고 했다(마 23:8, 약 3:1).

구약의 거짓 선지자 고라도 산 채로 불속에 떨어졌는데 소돔과 고모라의 인간들 모양 산 채로 유황불 형벌을 받은 자들은 둘째 사망에 떨어진다. 권력자와 거짓 종교 지도자, 이 두 부류의 인간들은 하나님이 가장 미워하는 자들이므로 유황불에 던져진다. 그러므로 자칭 성직자(聖職者)라 뽐내는 자들은 마직자(魔職者) 임을 알아야 한다.

[21절] 그 나머지는 말 탄 자의 입으로부터 나오는 검에 죽으매 모든 새가 그들의 살로 배불리더라

그 나머지란 짐승의 권력에 굴복하고 거짓 선지자의 미혹에 넘어가 바벨론 종교를 잘 믿은 광신자와 미신자와 맹신자를 의미한다.

이들은 미혹자가 아니라 미혹을 받은 자들이므로 유황불에 떨어지지 않고 말씀의 검에 심판받아 죽는다. 이들의 시신은 새가 먹을 고기가 된다.

제20장

[1절] 또 내가 보매 천사가 무저갱의 열쇠와 큰 쇠사슬을 그의 손에 가지고 하늘로부터 내려와서

천사는 그 품계에 따라 맡은 바 사명이 다르다. 용을 결박하여 무저갱에 가두는 것을 보면 이 천사는 천사 중 가장 힘이 세고 능력이 있는 천사인 듯 하다.

「요한계시록」 9장 1절에 나오는 큰별 천사도 무저갱의 열쇠를 받았는데 그 천사와 이 천사가 받은 열쇠가 어떻게 다른가? 9장 1절의 열쇠는 잠긴 무저갱을 열어 갇힌 악령들을 놓이게 하는 열쇠였고, 20장 1절의 열쇠는 열린 무저갱을 닫아 용을 유폐시킬 자물쇠를 말한다.

[2절-3절] 용을 잡으니 곧 옛 뱀이요 마귀요 사탄이라 잡아서 천 년 동안 결박하여 무저갱에 던져 넣어 잠그고 그 위에 인봉하여 천 년이 차도록 다시는 만국을 미혹하지 못하게 하였는데 그 후에는 반드시 잠깐 놓이리라

(1) 용 = 옛 뱀 = 마귀 = 사탄, 12장 9절 해석 참조.

(2) 천년은 24시간 단위로 계산된 천년이 아니고 비시간(秘時間)의 천년을 말한다. 이날까지 계시록을 풀이한 신학자들은 천년을 24시간 단위의 천년으로 생각하고 천년왕국설을 주장했는데 이것은 다 그릇된 교리이다. 하나님의 시간은 천년이 하루 같고 하루가 천년 같다(벧후 3:8).

천년은 첫째 부활에 참여한 자들이 왕 같은 제사장이 되어 예수와 더불어 다스리는 신비의 시간이다(계 20:5).

천년왕국에 대한 자세한 해석은 5절에 자세하게 설명될 것이다.

(3) 무저갱은 밑없는 심연, 무간지옥을 말한다.

마귀는 공중의 권세 잡은 자였는데 하늘 차원에서 쫓겨 땅에 내려 왔는데 이제는 땅에서 결박되어 지하로 유폐당하는 존재가 되었다.

마귀가 타락하는 과정은 아담이 타락하는 과정과 동일하다.
아담 = 낙원(셋째 하늘) - 땅의 존재 - 묘(墓)인 지하에 매장됨.
마귀 = 낙원 - 공중 - 땅에 내어 쫓김 - 지하인 무저갱에 갇힘.

마귀와 인간의 타락사는 하늘의 존재에서 추락하여 땅의 존재가 되었다가 나중에는 지하의 존재로 갇히는 추락의 역사다. 하늘의 존재 - 땅의 존재 - 지하의 존재, 이처럼 타락사는 삼계(三界)를 관통하는 추락의 역사다.

[4절-5절] 또 내가 보좌들을 보니 거기에 앉은 자들이 있어 심판하는 권세를 받았더라 또 내가 보니 예수를 증언함과 하나님의 말씀 때문에 목 베임을 당한(개역한글 : 받은) 자들의 영혼들과 또 짐승과 그의 우상에게 경배하지 아니하고 그들의 이마와 손에 그의 표를 받지 아니한 자들이 살아서 그리스도와 더불어 천 년 동안 왕 노릇 하니 (그 나머지 죽은 자들은 그 천 년이 차기까지 살지 못하더라) 이는 첫째 부활이라

⑴ 보좌에 앉은 자들이란 24장로를 말한다(계 4:4). 그들은 하나님을 대신하여 심판의 권세가 주어진다.

⑵ 목베임을 받은 자란 순교자를 말한다. 짐승의 표를 받지 않은 자는 마지막까지 살아 있는 〈남은 자〉들이다.

첫째 부활에 참여할 자들은 〈순교자와 남은 자〉로 구성되어 있다. 여기서 우리가 깊이 깨달아야 할 진리는 죽은 순교자의 영혼은 무엇이며 남은 자는 어떤 자들이며 그들의 함수 관계는 어떤 것인가 하는 문제이다. 죽은 순교자의 영혼은 마지막 날에 인간으로 다시 태어나 업(業)을 누려야 한다(단 12:13).

의인들의 영혼은 예수 재림 전까지 땅의 사람으로 환생하게 된다(『성경의 원리』 상권 「부활론」 참조). 하나님은 죽은 자의 하나님이 아니고, 산 자의 하나님이기 때문에 순교자의 영혼은 재림 전까지 산 사람으로 환생하여 덧입는 첫째 부활에 참여해야 한다.

첫째 부활이란 죽은 자의 영혼을 살리는 부활이 아니고 마지막까지 살아남은 자들이 덧입는 부활을 의미하기 때문에 첫째 부활에 참여하는 자들이 복이 있는 자가 된다(살전 4:16-17, 고후 5:2-4 참조). 이런 도비(道秘) 때문에 순교자의 영혼은 예수 재림 전까지 모두 땅 위에 환생하여 산 자가 되어 덧입어야 하기 때문에 이들이 곧 남은 자가 된다.

첫째 부활은 〈남은 자〉가 덧입어 변화 받는 부활이고, 둘째 부활은 죽은 자들의 영혼이 산 자를 통해 다시 새 하늘과 새 땅에 태어나는 것을 의미한다. 죽은 자는 산 자가 아니면 완성을 볼 수 없다(히 11:39-40).

죽은 자의 영혼은 첫째 부활을 받은 산 자를 통해 새 천지에 태어나기 때문에 둘째 부활이라 한다. 다시 말하면 첫째 부활은 장자의 부활이고, 둘째 부활은 차자의 부활이다. 인류의 첫 열매인 장자는 14만 4천이고, 그 밖에 구원받은 성도들은 차자들이다.

「요한계시록」 6장 9절-11절에 보면 제단 아래 있는 순교자들이 해원을 호소했을 때 하나님은 순교자의 수(數)가 차기까지 기다리라 했다. 하나님이 예정하신 순교자의 수가 14만 4천이요 이들이 곧 〈남은 자〉들인데, 인류의 첫 열매인 장자들이기 때문에 첫 열매의 부활은 첫째 부활이라 한다. 장자가 아니면 제사장이 될 수 없다.

이 도비(道秘)를 깨달은 자 이날까지 없었다.

[6절] 이 첫째 부활에 참여하는 자들은 복이 있고 거룩하도다 둘째 사망이 그들을 다스리는 권세가 없고 도리어 그들이 하나님과 그리스도의 제사장이 되어 천 년 동안 그리스도와 더불어 왕 노릇 하리라

(1) 왜 첫째 부활에 참여하는 자들이 복이 있고 거룩한가?

첫째 부활은 죽지 않고 덧입는 부활이요, 처음 열매인 장자의 부활이요, 왕 같은 제사장이 되어 예수 그리스도의 반열에 참여하는 부활이기 때문에 복이 있고 거룩한 것이다.

(2) 둘째 사망은 산 채로 유황불에 떨어져 영원히 고통을 당하는 형벌이다. 소돔 고모라가 불심판을 받을 때 유황불로 받았는데 그들이 둘째 사망의 심판을 받았기 때문에 부활의 복음이 증거되지 못했다.

그러나 노아 때 홍수 심판을 받고 첫째 사망한 영혼들에게는 부활의 소식이 증거되었다(벧전 3:19-20).

아담 이래 모든 인간들은 사망 아래 놓인 자들인데 홍수심판 받은 자들이 첫째 사망한 자들이고, 말세에 불심판받은 자들이 둘째 사망에 던져진 자들이다. 첫째 사망은 부활이 약속된 사망이고 둘째 사망은 부활이 없는 사망이다. 부활은 첫째 부활, 사망은 둘째 사망이 강조되고 있다.

⑶ 천년왕국에 대하여, 천년 동안 그리스도의 제사장이 되어 왕노릇 하는데, 이 천년왕국의 비의(秘義)는 무엇인가?

천년왕국의 천년을 24시간 단위로 계산되는 인간의 시간관념으로 생각하면, 오각(誤覺)이요 착각(錯覺)이다. 하루가 천년 같고 천년이 하루 같은(벧후 3:8) 하나님의 시간 관념, 곧 비시간(秘時間)으로 이해해야 한다.

그럼 이제부터 천년왕국에 대하여 성경에 비장된 도비를 발굴해 보자. 천년왕국은 첫째 부활한 자, 제사장이 된 장자인 14만 4천명이 경험하고 인식하는 신비적 시간임을 먼저 깨달아야 한다.

천년왕국은 첫째 부활한 자가 아니면 느낄 수 없는 시간이다. 첫째 부활에 참여한 자는 시온산에 선 14만 4천이다. 땅에서 구속함을 받은 14만 4천은 장자로 제사장이 된 자들인데, 그들은 하루 동안(천년)에 생산된 자들이다. 성경을 사경해 보자.

※ 시온은 진통을 하기 전에 해산하며 고통을 당하기 전에 남아를 낳았으니 이러한 일을 들은 자가 누구이며 이러한 일을 본 자가 누구이냐 나라가 어찌 하루에 생기겠으며 민족이 어찌 한 순간에 태어나겠느냐 그러나 시온은 진통하는 즉시 그 아들을 순산하였도다 여호와께서 이르시되 내가 아이를 갖도록 하였은즉 해산하게 하지 아니하겠느냐 네 하나님이 이르시되 나는 해산하게 하는 이인즉 어찌 태를 닫겠느냐 하시니라(사 66:7-9).

※ 잉태하지 못하며 출산하지 못한 너는 노래할지어다 산고를 겪지 못한 너는 외쳐 노래할지어다 이는 홀로 된 여인의 자식이 남편 있는 자의 자식보다 많음이라 여호와께서 말씀하셨느니라(사 54:1).

이 두 가지 성구 속에 감추어진 도비(道秘)는 엄청나다.

처녀 딸 시온은 하루 동안에 14만 4천 명의 자민(子民)을 생산하여 예루살렘 어머니가 된다는 이사야의 예언은 전대미문의 위대한 예언인데, 이날까지 정각정해(正覺正解)하는 자가 없었다.

정결한 동정녀 시온이 하루 동안에 자민을 생산하여 예루살렘 어머니가 되는 하루가 곧 그리스도로 더불어 제사장이 되어 다스리는 천년이다. 그러므로 기독교 신학자들이 주장한 천년기후설(千年期後說)이나 천년기전설(千年期前說)이나 무천년주의(無千年主義)설 등은 다 비성경적인 교리적 해석임을 깨달아야 한다. 처녀 시온이 자민 14만 4천을 낳고 예루살렘 어머니가 되는 〈하루 = 천년〉의 신비한 시간을 이날까지 깨닫는 자 없었다.

음녀와 짐승과 거짓 선지자를 심판하고 용까지 무저갱 속에 가둔 후 첫째 부활의 천년이 있게 되는 까닭은 처녀 시온이 거룩한 장자들을 해산하여 예루살렘 어머니가 되는 시간이므로 순수하고 깨끗하고 거룩한 시간이 필요했기 때문이다.

엿새 = 6천 년의 시간은 용의 도전을 받아 타락한 시간이었다. 그러나 용을 결박하여 무저갱 속에 유폐시킨 후 전개되는 하루 = 천년은 용의 도전이 없는 청정(清淨)한 하루 = 천년인데, 이것은 타락한 6천 년 다음 전개되는 천년이기 때문에 7일 = 7천 년 즉 안식일에 해당하는 하루 = 천년이다.

처녀 하와는 사탄 마귀가 도전한 오염된 시간 속에서 인류를 낳아 죽은 자의 어미가 되었기 6일 = 6천 년은 고통스럽고 지루한 시간의 흐름이었다. 그러나 처녀 시온이 자민을 생산하는 하루 = 천년은 청정한 언약의 자식들이 탄생되는 축복받은 신비한 시간이다.

[7절-8절] 천 년이 차매 사탄이 그 옥에서 놓여나와서 땅의 사방 백성 곧 곡과 마곡을 미혹하고 모아 싸움을 붙이리니 그 수가 바다의 모래 같으리라

⑴ 깨끗하고 성별된 시간 속에서 처녀 시온이 첫째 부활한 장자의 총

회, 곧 그리스도 반열의 제사장을 낳아 새 어머니가 되었으므로 하루 = 천년이 찬 다음 잠시 마귀를 옥에서 놓아준다. 용을 놓아 주는 이유는 첫째 부활한 14만 4천과 싸움을 하게 하기 위해서이다.

음녀와 짐승과 거짓 선지자들이 용의 사주를 받아 절대 권력과 거짓 종교로 성도들과 싸울 때 성도들은 피를 뿌리고 순교자가 되었으나 첫째 부활에 참여하여 산 자가 된 14만 4천은 부활체가 되었기 때문에 용과의 싸움에서 죽지 않는 불사신이 되어 이길 수 있게 된다.

이 마지막 싸움은 용이 직접 곡과 마곡을 지휘한다.

⑵ 곡과 마곡은 무엇을 의미하는 암호인가? 곡과 마곡은 무신론적 공산주의의 총본산을 뜻한다(겔 38:1-2).

곡 - 메섹과 두발의 맹주(盟主)인 마곡의 땅이다. 그럼 메섹과 두발은 무엇을 의미하는가?

메섹 - 히브리 원어로는 메스케우 또는 메스헤우, 영어로는 메섹(Meschech), 이것은 모스코바의 어원인 모스케우 혹은 모스헤우와 일치한다(한자를 빼면).

두발 - 히브리 발음은 두볼. 두볼이란 고대 시베리아를 뜻한다. 현재는 소련 중앙부에 넓게 전개된 두볼주(洲)의 이름이다. 현재의 수도는 두볼스크. 주 전체가 군수공업 지대이며 미사일 기지와 공군 기지이다. 두발(두볼)과 메섹(메스케우)의 맹주가 곡이다.

곡은 공산주의의 총본산이요 수뇌부인 모스코바와 붉은 폭력 혁명으로 세계를 지배하려는 공산 군국주의 전체주의의 암호이다. 무저갱에서 잠시 해방된 붉은 용은 모스코바의 수뇌부와 붉은 군대인 곡과 마곡을 미혹하여 최후의 결전을 감행한다. 첫째 부활한 자들의 마지막 적은 공산주의 수뇌부와 붉은 군대이다.

[9절] 그들이 지면에 널리 퍼져 성도들의 진과 사랑하시는 성을 두르매 하늘에서 불이 내려와 그들을 태워버리고

⑴ 붉은 용은 땅 사방에서 성도들의 진과 사랑하는 성을 포위한다. 용

이 지휘하는 붉은 군대는 무신론 공산주의를 신봉하는 나라의 군대를 총칭한다.

⑵ 성도들의 진이란 벙커나 토치카를 말하는 것이 아니고 믿음의 비진(秘陣)을 의미한다.

모세가 광야에서 법궤를 중심하여 열두 지파가 진을 쳤다. 14만 4천도 열두 지파에서 수렴된 존재들이므로 동서남북으로 진을 친다. 한 방위에 세 지파, 3만 6천명씩 포진할 것이다.

성도들의 진은 사랑하는 성 예루살렘을 중심하여 포진함으로써 용과 붉은 군대는 침입할 수 없는 난공불락의 성이 된다.

⑶ 사랑하는 성은 처녀 딸 시온이 첫째 부활의 장자를 낳아 예루살렘 어머니가 된 영모(靈母)를 뜻한다. 진리로 화신한 모자(母子)의 성은 마귀가 침입할 수 없다.

⑷ 어머니를 지키기 위해 진을 친 성도들은 산 자들이므로 하늘에서 불을 내려오게 할 수 있다. 엘리야는 산 자였기 때문에 불을 내리게 했다(왕상 18:38, 왕하 1:10).

[10절] 또 그들을 미혹하는 마귀가 불과 유황 못에 던져지니 거기는 그 짐승과 거짓 선지자도 있어 세세토록 밤낮 괴로움을 받으리라

⑴ 드디어 사탄 마귀가 유황불 못에 던져지는 때가 왔다.

지혜 때문에 스스로 교만해져서 하나님을 배반하고 아담을 유혹하여 타락시키고 인간 역사를 오염시키고 온갖 형태의 사상과 이데올로기를 전개하여 자기 뜻을 이루려고 발버둥쳤던 마귀는 유황불에 던져져 종말을 고하게 된다. 무신론 공산주의는 마귀가 마지막으로 시험해 본 사상이었다. 마귀는 자기의 사상과 능력으로 지상 천국을 이룩할 수 있다고 호언장담하였으나 공산주의 허구성과 기만성이 드러났기 때문에 하나님이 심판해도 참소할 수 없게 된다.

유황불 못은 둘째 사망을 의미한다. 이 못에 떨어지면 영원한 형벌을 받는다.

⑵ 용과 짐승과 거짓 선지자는 마삼위(魔三位)를 뜻한다.

이 셋이 하나가 되어 땅 위의 인간을 권력과 종교로 지배했던 것이다. 이 셋이 불 못에 던져지는 것이 당연하다.

[11절] 또 내가 크고 흰 보좌와 그 위에 앉으신 이를 보니 땅과 하늘이 그 앞에서 피하여 간 데 없더라

⑴ 흰 보좌는 「요한계시록」 4:5, 5:1, 7, 13, 6:13, 7:10, 15, 19:4, 21:5에 나오는 보좌와 구별해야 한다.

흰 보좌는 청정한 자리인데, 흰 말을 탄 예수 그리스도가 심판의 권세를 잡고 앉은 보좌이다. 흰 보좌는 심판의 보좌이기 때문에 영원한 보좌는 아니다. 죄인을 심판하는 보좌가 어찌 영원한 보좌가 되겠는가. 심판이 끝나면 흰 보좌는 없어질 것이다.

⑵ 아담이 개천(開天)한 하늘과 땅은 다 더럽혀지고 썩은 낡은 천지이므로 흰 보좌에 앉으신 심판주 앞에 있을 수 없다. 낡은 천지는 사라져야 한다(벧후 3:10-13, 계 21:1).

[12절] 또 내가 보니 죽은 자들이 큰 자나 작은 자나 그 보좌 앞에 서 있는데 책들이 펴 있고 또 다른 책이 펴졌으니 곧 생명책이라 죽은 자들이 자기 행위를 따라 책들에 기록된 대로 심판을 받으니

아담 이래 모든 죽은 자들이 심판의 흰 보좌 앞에 서게된다. 책들과 생명책은 어떻게 다른가?

생명책은 창세 이후로 예수 안에서 구원받은 자들의 이름을 기록한 명부이고(계 13:8, 17:8, 빌 4:3), 다른 책들은 각종 다른 종교에서 구원받은 의인의 이름을 기록한 명부이다.

이 때문에 생명책은 한 권이지만 다른 책들은 여러 권이 있게 된다. 그러나 짐승의 표를 받은 자들은 그 이름이 흙에 기록된 자들이므로(렘 17:13), 구원받지 못한다.

[13절-14절] 바다가 그 가운데에서 죽은 자들을 내주고 또 사망과 음부도 그 가운데에서 죽은 자들을 내주매 각 사람이 자기의 행위대로 심판을 받고 사망과 음부도 불 못에 던져지니 이것은 둘째 사망 곧 불 못이라

(1) 바다가 그 가운데서 죽은 자를 내어 준다.

바다는 열국과 족속과 방언의 상징이므로 각 나라가 자기들의 종교와 사상과 이데올로기를 믿고 행한 자들을 내어 주지 않을 수 없다.

(2) 사망과 음부도 죽은 자를 내어 준다. 하데스 스올은 죽은 자들이 가는 곳이다.

아담 이래 모든 자들은 구약 종교와 율법 아래서 죽은 자들이므로 각 자는 그 행한 대로 심판 받아야 하므로 바다와 사망과 음부는 죽은 자를 내어주지 않을 수 없다.

(3) 인간의 종점(終点)인 사망과 음부가 제일 나중에 불 못에 던져진다.

사망과 음부가 불 못에 던져짐으로써 새로 개명된 신천 신지는 사망과 음부가 없는 곳이 된다. 사망과 음부란 타락으로 말미암아 생긴 비본래적 생명 현상이므로, 죄악의 역사가 종지부를 찍고 마귀도 불 못에 던져질 때 제일 나중에 던져진다.

사도 바울이 〈맨 나중에 멸망 받을 원수는 사망이다〉라고 했는데 그것이 바로 이것이다(고전 15:26).

[15절] 누구든지 생명책에 기록되지 못한 자는 불 못에 던져지더라

불 못은 풀무불과 같은 곳, 지옥과 같은 곳이다(13:42, 50). 지옥은 힌놈의 골짜기에서 유래되었다. 힌놈의 골짜기는 타락한 이스라엘 백성들이 자기 자식을 몰록신에게 번제로 바치던 가증한 곳이요, 또 쓰레기를 태우던 곳이다(왕하 16:3, 21:6, 대하 28:3, 33:6, 렘 32:34-35).

인간 쓰레기들도 힌놈의 골짜기 지옥불에 소각될 것이다. 성경에는 지옥이 여러가지 모양으로 묘사되어 있다.

① 지옥은 꺼지지 않는 불이 타오르는 곳(마 18:8, 막 9:43-48).
② 지옥은 벌레도 죽지 않는 곳 (막 9:48).
③ 지옥은 영원히 고통이 있는 곳(마 25:46, 살후 1:9, 계 14:11).
④ 지옥은 어두운 곳(마 8:12, 22:13, 25:30, 벧후 2:17, 유 13).
⑤ 지옥은 깊은 심연(마 5:29-30, 계 19:20, 20:10).
⑥ 지옥은 예수와 멀리 떨어진 곳(마 7:23, 25:41, 눅 13:27).
⑦ 지옥은 사탄과 그 사자들이 있는 곳(마 25:41, 계 20:10, 15).
⑧ 지옥은 하나님의 진노가 나타난 곳(롬 2:5-8, 9:22, 살전 1:10, 히 10:31).
⑨ 지옥은 멸망의 곳(마 7:13, 롬 9:22, 빌 1:28, 3:19, 벧후 3:7, 계 17:8).

제21장

[1절] 또 내가 새 하늘과 새 땅을 보니 처음 하늘과 처음 땅이 없어졌고 바다도 다시 있지 않더라

새 하늘과 새 땅은 이사야가 예언했다(사 65:17, 66:22). 이것은 죄와 사망의 권세가 완전히 사라진 지상 천국을 의미한다.

처음 하늘과 처음 땅은 첫 사람 아담과 그 후손들이 살던 마당인데, 죄와 사망의 권세 아래 놓인 낡은 천지이다. 낡은 천지가 없어졌으니 열국과 족속과 방언인 바다도 사라진다. 새 하늘과 새 땅은 인간뿐만 아니라 만물도 탄식하면서 바라고 있다(롬 8:18-22). 그러므로 하나님은 만물까지 새롭게 한다(계 21:5).

[2절] 또 내가 보매 거룩한 성 새 예루살렘이 하나님께로부터 하늘에서 내려오니 그 준비한 것이 신부가 남편을 위하여 단장한 것 같더라

새 예루살렘은 새 하늘과 새 땅에 내려오는데 이것은 어떤 건물이 아니라 부활할 사람들을 낳아 줄 어머니의 상징이다(갈 4:22-27). 예루살렘은 하나님의 신부이며 아내이다. 하나님은 예루살렘을 통해 성령의 자식 = 언약의 자식 = 부활의 자식을 낳을 것이다.

새 예루살렘이 땅에 내려오면 여자들은 도태(道胎)가 되어 둘째 부활의 자식을 낳을 것이다. 하나님은 처녀 시온과 예루살렘 어머니 속에 살기 원하신다(시 132:13-14).

[3절] 내가 들으니 보좌에서 큰 음성이 나서 이르되 보라 하나님의 장막이 사람들과 함께 있으매 하나님이 그들과 함께 계시리니 그들은 하나님의 백성이 되고 하나님은 친히 그들과 함께 계셔서

장막이란 유형한 집이 아니라, 인간의 몸을 비유한 말이다. 타락한 인간은 무너질 장막에 거한 존재였다(고후 5:1-4, 벧후 1:13-14). 하나님의 장막이 사람들과 함께 있다는 뜻은 하나님이 인간에게 죽을 몸이 아닌 죽지 않을 몸으로 변화시켜 주는 것을 의미한다(빌 3:21).

본래 인간의 몸은 하나님이 거하시는 성전이요, 교회이기 때문에 하나님이 영원한 존재이므로 부활 받고 변화 받은 인간도 영원한 존재가 된다. 영원한 존재를 영원히 모실 성전이니 영원하지 않을 수 없다. 이것이 영생이다. 인간이 영생해야 할 이유는 영원한 하나님을 영원히 모시기 위해서이다.

인간이 하나님이 거하실 온전한 성전이 될 때 하나님이 인간을 창조하신 거룩한 뜻이 이루어진다. 하나님은 인간 안에, 인간은 하나님 안에 거하여 신인합발(神人合發), 천지합덕(天地合德)이 될 때 거룩한 안식의 세월은 영원 속에 흘러갈 것이다. 하나님은 인간 안에 계시는 임마누엘이다.

[4절] 모든 눈물을 그 눈에서 닦아 주시니 다시는 사망이 없고 애통하는 것이나 곡하는 것이나 아픈 것이 다시 있지 아니하리니 처음 것들이 다 지나갔음이러라

사망, 애통, 곡, 아픈 것들은 인간이 타락했기 때문에 생긴 비 본래적 생명 현상이다.

처음 하늘과 처음 땅이 도망쳐 사라지면 사망, 애통, 곡, 아픈 것도 따라서 자취를 감춘다. 처음 것들은 다 사라진다. 그러므로 새 하늘과 새 땅에서 살 새 사람들에게는 사망, 애통, 곡, 아픔 따위는 영원히 없다.

타락한 인간은 희노애락의 감정에 따라 여러 형태의 많은 눈물을 흘렸지만, 가장 근원적인 눈물은 죽음을 두려워하는 눈물이었다(히 2:15 참조). 그러나 사망이 사라졌으므로 인간의 눈에서 눈물이 영원히 씻긴 것이 된다.

[5절] 모든 눈물을 그 눈에서 닦아 주시니 다시는 사망이 없고 애통하는 것이나 곡하는 것이나 아픈 것이 다시 있지 아니하리니 처음 것들이 다 지나갔음이러라

(1) 인간의 타락으로 말미암아 만물도 말할 수 없는 고통을 받았다. 그렇기 때문에 만물은 탄식하면서 하나님의 뭇 아들이 나타나기를 기다린다(롬 8:22).

인간은 자연을 파괴하고 생태계를 파괴했기 때문에 만물은 지금 멸종위기에 놓여 있다. 그러니 만물이 어찌 탄식하지 않겠는가? 인간은 만물과 조화되어 살아야지 자연을 파괴하면 인간 자신이 자연의 보복을 당하는 진리를 깨달아야 한다. 예수는 만물 위에 교회의 머리이므로(엡 1:22-23), 인간 뿐만 아니라 만물까지 새롭게 해야 한다.

새 하늘과 새 땅에 부활한 새 사람은 새롭게 된 만물과 조화를 이루고 자연과 합일된 존재가 되어 살 것이다. 하나님과 인간과 만물이 조화되어 통일되는 것이 하나님의 창조 목적이었다.

(2) 만물을 새롭게 하면서 이 말씀은 참되고 신실하다고 강조한 것은 하나님의 사랑이 모든 피조물에게까지 미치고 있음을 의미한다. 하나님은 인간만 사랑하는 것이 아니라 만물 모두를 사랑하는 존재이다.

[6절-7절] 또 내게 말씀하시되 이루었도다 나는 알파와 오메가요 처음과 마지막이라 내가 생명수 샘물을 목마른 자에게 값없이 주리니 이기는 자는 이것들을 상속으로 받으리라 나는 그의 하나님이 되고 그는 내 아들이 되리라

(1) 이루었다는 말씀은 하나님의 구원 섭리와 창조 목적이 완성되었다는 뜻이다. 이 말씀은 예수도 십자가에서 했다(요 19:30).

(2) 알파와 오메가, 처음과 나중은 한계된 시간을 말한다. 이 한계 지어진 시간은 타락사와 구속사의 시간을 의미한다. 즉 아담이 타락한 날로부터 인간이 구원되는 날까지의 시간을 뜻한다.

하나님은 무시무종한 존재이고 영원한 현재 속에서 일하시는 존재이지만, 타락한 인간의 시간은 시종(始終)이 있다. 타락한 순간부터 구원 받는 날까지 시간이 있으므로 알파와 오메가가 된다. 그러나 참 지혜있는 자는 처음과 나중을 시종(始終)으로 읽지 않고 종시(終始)로 읽을 것이다.

처음 하늘과 처음 땅이 사라질 때, 곧 새 하늘과 새 땅이 시작되므로 구원받은 자들은 나중이 처음이 되고 오메가가 알파가 됨을 인식할 것이다.

⑶ 생명수는 하나님의 진리의 근원을 뜻한다(렘 2:13, 17:13). 또 생명수는 성령을 의미한다(요 4:10, 7:37). 그러므로 생명수 샘물은 한량없이 주실 진리와 성령을 의미한다. 이 샘물을 마신 자마다 참 예배를 드린다(요 4:23-24).

모든 생명은 생명수를 마실 날을 갈구하고 있다. 그러나 신앙의 정절을 지켜 〈이기는 자〉만이 이 생명수를 마실 수 있다. 일곱 교회를 향해 성령은 〈이기는 자〉에게 여러 가지 약속을 했다. 야곱은 천사와의 싸움에서 이긴 자가 되었을 때 이스라엘로 축복을 받았고(창 32:28), 예수도 세상을 이긴 자였다(요 16:33). 그러므로 참 이스라엘은 이긴 자가 아니면 안 된다.

이긴 자들에게 하나님은 아들의 유업을 주신다(롬 8:14-17).

[8절] 그러나 두려워하는 자들과 믿지 아니하는 자들과 흉악한 자들과 살인자들과 음행하는 자(개역한글 : 행음자)들과 점술가(개역한글 : 술객)들과 우상 숭배자들과 거짓말하는 모든 자들은 불과 유황으로 타는 못에 던져지리니 이것이 둘째 사망이라

⑴ 두려워하는 자란 구약적인 낡은 신관에서 해방되지 못한 자들이다. 구약의 여호와는 두려운 하나님이었다. 여호와를 부르는 한 두려움에서 벗어날 자가 없다.

⑵ 믿지 아니하는 자들이란 무신론자와 불신자만 뜻하는 것이 아니라 입술로만 믿고 열매없는 신자들도 포함된다. 열매 없는 무화과나무가 저주받듯, 잎만 무성하고 열매 없는 부실(不實) 교인들도 저주를 받는다.

⑶ 흉악한 자와 살인자는 가인의 후예를 의미한다.

아벨을 죽인 가인, 선지자들을 죽인 육적 이스라엘, 예수를 십자가에 못박은 대제사장과 바리새인들은 다 흉악한 살인자였다.

교파와 교리가 다르면 타인을 이단시하고 정죄하는 기독교인들도 그 피 속에는 살인의 피가 맥박치고 있음을 명심해야 한다. 이들은 종교인을 반동분자로 정죄하는 공산당원들과 하등 다를 바 없는 독선적이고 아집에 사로잡힌 교리의 노예들이다.

⑷ 행음자, 술객, 우상숭배자, 모든 거짓말하는 자들이란 거짓 종교와 종교꾼을 총칭하는 말이다.

이들은 하나님과 예수를 입으로만 열심히 부르지만 그 행위는 악한 자들이며 종교적 위선자, 이중인격자, 삯군 목자, 종교꾼들이다. 이들은 십자가를 상표로 만든 자들이고 성령을 무당화시킨 기독교 술객이요 무당들이다.

그들은 성령을 빙자하여 교인들의 신수점을 쳐주고 축복을 남발한 자들이고 성경을 빙자하여 거짓말 설교를 청산유수처럼 한 종교 약장사들이다.

⑸ 불과 유황못에 빠짐 – 새 하늘과 새 땅이 개명되었는데 왜 또 불과 유황못이 나오는가?

둘째 사망의 심판은 「요한계시록」 20장 14절에서 행하여졌다. 여기서 둘째 사망의 유황불이 다시 강조된 것은 그곳에 던져질 자가 거짓 종교인들이기 때문에 예수를 믿는 우리들이 거짓 종교인이 되지 말 것을 다시 강조하기 위한 것이다.

[9절] 일곱 대접을 가지고 마지막 일곱 재앙을 담은 일곱 천사 중 하나가 나아와서 내게 말하여 이르되 이리 오라 내가 신부 곧 어린 양의 아내를 네게 보이리라 하고

이 천사는 바벨론 음녀가 멸망할 것을 보여준 천사이다(계 17:1).

바벨론과 예루살렘, 이 두 성을 보여줌은 얼마나 대조적인가. 음녀와 신부, 늙은 갈보와 거룩한 어머니를 대조해 보라. 음녀와 늙은 갈보는 처음 하늘과 처음 땅에서 우리를 낳고 죄악에 오염시키고 죽음의 아가리 속에 처넣은 어미였다. 그러나 새 예루살렘 신부는 우리를 새 땅에 낳아 줄 어미이기 때문에 천사는 그 모습을 요한에게 보여준다.

[10절] 성령으로 나를 데리고 크고 높은 산으로 올라가 하나님께로부터 하늘에서 내려오는 거룩한 성 예루살렘을 보이니

⑴ 크고 높은 산은 영적 시내산을 뜻한다.

모세가 시내산에서 계시받듯, 이 산은 계시받는 높은 자리를 뜻한다(겔 40:2). 모세가 시내산에서 본 성막은 원시적인 성막이었으나 사도 요한이 영적 시내산에서 본 새 예루살렘은 신부의 모습이었다.

⑵ 하늘로부터 내려오는 예루살렘은 언약의 자식을 낳아 줄 자유한 어머니를 의미한다(갈 4:26). 이 성이 거룩한 것은 어린 양의 신부가 될 처녀이기 때문이다.

[11절] 하나님의 영광이 있어 그 성의 빛이 지극히 귀한 보석 같고 벽옥과 수정 같이 맑더라

⑴ 하나님은 빛 그 자체이므로 영광의 존재이다(요일 1:5, 히 1:3).

하나님을 믿는 성도들은 진리의 빛에 반사된 빛나는 발광체이므로 주의 영광으로 말미암아 영광에 이른다(고후 3:18). 하나님과 예수는 빛의 존재이므로 신부도 영광스럽게 빛난다.

⑵ 신부 예루살렘 성이 보석같이 빛나는 것은 보석은 각면(刻面)마다 빛을 받으면 여러 가지 무지개를 내는데 이것은 신부가 다양한 자식을 낳아 줄 존재이기 때문이다.

신부는 다면체(多面體)의 보석처럼 영롱하게 빛난다. 옛날 이스라엘 사람들은 신부에게 색동옷을 입혔다(삼하 13:18, 창 37:3 참조). 또 각종 보석은 이스라엘의 열두 지파와 열두 사도를 상징하고 있다(출 39:10-14, 계 21:19-20).

⑶ 벽옥은 맑은 녹색이면서 투명하게 빛나는 보석인데 이것은 신부가 청정한 생명을 낳아 줄 어머니임을 의미하는 색깔이다.

⑷ 수정은 신부의 순결성과 무염성(無染性)을 말한다.

[12절] 크고 높은 성곽이 있고 열두 문이 있는데 문에 열두 천사가 있고 그 문들 위에 이름을 썼으니 이스라엘 자손 열두 지파의 이름들이라

성곽에는 내성과 외성이 있는데 내성은 예루살렘 성이고 외성은 열두 지파의 이름이 기록된 성곽이다. 새롭게 태어난 이스라엘 자손들은 예루살렘과 일치하기 때문에 그 성곽에 이름이 새겨지는 것은 당연하다. 열두 문에 있는 천사는 성을 지켜주는 수호 천사이다.

[13절] 동쪽에 세 문, 북쪽에 세 문, 남쪽에 세 문, 서쪽에 세 문이니

예루살렘은 네모가 반듯한 정방형의 성이므로, 각 면에 세 문씩 있어 열두 문이 있게 된다.

여기서 우리가 깊이 깨달아야 할 사실은 어느 면에 어느 지파가 있는지 아직 기록되지 않고 있는 점이다. 새 열두 지파의 이름은 아직 미정이고 그 방위도 아직 미정이다. 「요한계시록」 7장 5절-8절에 나오는 열두 지파의 구약적인 이름은 방편으로 사용된 이름이지 영원한 이름은 아니다. 구약은 그림자의 시대요, 모형을 보여주는 표상의 마당이므로 영원한 것이 될 수 없다.

열두 지파의 이름이 기록되지 않는 것은 그것이 영원한 이름이기 때문에 받는 자 밖에는 모르고 자기들만 아는 이름이기 때문이다. 모세가 광야에서 법궤(예루살렘)를 에워싸고 포진할 때 각 면에 따라 열두 지파의 이름이 있었다.

동편 – 유다, 잇사갈, 스불론.

북편 – 단, 납달리, 아셀.

남편 – 르우벤, 갓, 시므온.

서편 – 에브라임, 므낫세, 베냐민(민 2:3–31).

그러나 에스겔이 본 구조는 모세와는 다르다.

에스겔은 다음과 같이 보았다.

동편 – 요셉, 베냐민, 단.

북편 – 르우벤, 유다, 레위.

남편 – 시므온, 잇사갈, 스블론.

서편 – 갓, 아셀, 납달리(겔 48:31–35).

[14절] 그 성의 성곽에는 열두 기초석이 있고 그 위에는 어린 양의 열두 사도의 열두 이름이 있더라

기초석은 장자를, 문은 차자를 의미한다(수 6:26, 왕상 16:34). 성곽문에 열두 지파의 이름이 기록되는 것은, 그들이 구약적 차자격이고 기초석에 열두 사도의 이름이 기록된 것은 그들이 신약적 장자격이기 때문이다.

본래 기초석은 예수인데(사 28:16, 고전 3:11), 열두 사도는 예수께서 택하신 자들이기 때문에 그들이 성의 기초석이 된다. 기초석에 기록된 열두 사도의 이름을 베드로, 요한, 바울 따위의 이름으로 착각해서는 안 된다. 열두 사도의 이름도 다 낡은 이름이다. 타락한 세상에서 사용한 모든 이름은 방편으로 지은 가명이었지 본명이 아니었다.

예수의 이름조차도 새 하늘과 새 땅에서는 사용되지 않을 것이다. 인간 본래의 본명은 새로운 부활체로 태어날 때 각 사람의 본성(本性)에 각인(刻印)되어 나타날 것이다.

예수가 직접 작명해 주신 영원한 본명을 우리들은 아직 모르고 있기 때문에 열두 사도의 이름도 기초석에 새겨질 것을 알 뿐 아직 그 본명은 알 수 없다.

[15절] 내게 말하는 자가 그 성과 그 문들과 성곽을 측량하려고 금 갈대 자를 가졌더라

이스라엘 민족은 옛날 갈대를 자로 사용했다. 「요한계시록」 11장 1절에 보면 땅에 있는 성전을 측량할 때는 지팡이 갈대를 사용했으나 하늘의 예루살렘을 측량할 때는 금 갈대를 사용한다. 언약의 자식들은 정금처럼 연단한 존재이기 때문에(사 13:12) 고귀한 존재들을 측량하는 자(尺)도 금 갈대를 사용한다.

[16절] 그 성은 네모가 반듯하여 길이(개역한글 : 장)와 너비(개역한글 : 광)가 같은지라 그 갈대 자로그 성을 측량하니 만 이천 스다디온이요 길이(개역한글 : 장)와 너비(개역한글 : 광)와 높이(개역한글 : 고)가 같더라

⑴ 장(長), 광(廣), 고(高)가 같은 이 성은 정입방체(正立方體)이다.

왕상 6:20에 보면 솔로몬이 세운 지성소도 장(長), 광(廣), 고(高)가 같은 정입방체였는데 각각 20규빗이었다.

새 예루살렘 성전도 지성소와 같이 지극히 거룩한 3차원 공간이다. 구약의 지성소는 대제사장만 들어갈 수 있었는데(히 9:7), 예루살렘에 살 성도들도 예수의 반차를 따라 대제사장이 된 존재들이기 때문에 하나님과 완전 교통하여 일체를 이룰 수 있다.

장(長), 광(廣), 고(高)는 3차원 공간을 의미하는데, 예루살렘성이 땅 위에 강림하면 삼위신이 이 거룩한 공간에 살기 때문에 장(長), 광(廣), 고(高)가 같다.

⑵ 하늘에 있는 예루살렘은 땅 위에 내려올 성이다.

그러므로 이 성은 하늘수 3수와 땅수 4수를 그 도태(道胎) 속에 내포하고 있다. 3+4=7, 7수는 완전수요, 3×4=12, 12수도 완전수를 뜻한다. 7수나 12수는 하늘 땅 수가 하나가 된 임마누엘수이다.

1만 2천 스다디온은 12수를 만 배로 극대화시킨 수이다. 성의 길이, 너비, 높이가 1만 2천 스다디온이 되는 것은 이 성이 12수를 극대화시킨 신인합발(神人合發), 천지합덕(天地合德)한 임마누엘 성이기 때문이다.

(3) 장(長), 광(廣), 고(高)가 같은 것은 거룩한 3차원 공간을 의미한다.

하늘에 있는 예루살렘은 3차원 세계를 초월한 존재였는데, 이 성이 땅 위에 강림하기 때문에 장(長), 광(廣), 고(高)가 있는 성이 된다.

[17절] 그 성곽을 측량하매 백사십사 규빗이니 사람의 측량(개역한글 : 척량) 곧 천사의 측량(개역한글 : 척량)이라

여기의 성곽은 성벽을 뜻한다. 그런데 이상한 것은 성과 성곽의 척수가 조화되지 않는 점이다. 144규빗이면 216피트 밖에 안 된다. 그런데 성은 1만 2천 스다디온, 즉 15마일이 되는데, 척(尺)으로 환산하면 7백만 척이 된다.

성의 장(長), 광(廣), 고(高)가 7백만 척인데, 성곽이 216척 밖에 되지 않으니 이 난제(難題)를 어떻게 풀 것인가? 어떤 신학자들은 성곽의 144규빗 = 216척을 성곽의 길이가 아니고 성곽의 두께로 억지로 해석하기도 했다.

1만 2천 스다디온과 144규빗은 수학적 계산으로는 조화되지 않는 난해한 수의 비율이다.

그러나 성과 성곽은 다 같이 인간을 비유하고 있다는 관점에서 보면 이 문제는 쉽게 풀수 있다. 성은 어머니, 성곽은 부활한 아들들이다. 어머니는 하루 동안에 거룩한 자민을 낳아주는 큰 도태이므로 12수(12지파, 12사도)를 극대화시킨 1만 2천 스다디온으로 상징되었다. 자민(子民)의 성벽은 12지파와 12사도가 내포된 수이기 때문에, 12×12 = 144규빗이 된다.

그러므로 1만 2천 스다디온과 144규빗을 수학적인 비율로 이해하면 풀 수 없지만 인격적인 모자(母子)를 상징하는 수령(數靈)으로 이해하면 쉽게 풀이된다.

큰 도태인 어머니의 수가 크고 자식의 수가 작은 것은 당연하다.

[18절] 그 성곽은 벽옥으로 쌓였고 그 성은 정금인데 맑은 유리 같더라

⑴ 성벽은 많은 돌로 쌓아 이루어진다. 성령으로 태어난 부활한 자식들도 각각 개성이 다르고 성품이 다르고 취미가 다른 인격체들이지만 모두가 통일되고 조화되어 인격적인 유기체의 성벽을 쌓게 된다.

성벽이 벽옥으로 된 것은 인격마다 산 자요 청정한 자이기 때문에 생명과 성결의 색깔이 합쳐진 맑은 녹색으로 보인다.

⑵ 성이 정금으로 되어 맑은 유리같이 보이는 것은 순결한 〈처녀 어머니〉인 때문이다. 무염시태(無染始胎)한 처녀 어머니는 정금처럼 귀한 자식을(사 13:12) 낳아 주는 존재이기 때문에 정금으로 이룩된 성이 된다.

[19절] 그 성의 성곽의 기초석은 각색 보석으로 꾸몄는데 첫째 기초석은 벽옥이요 둘째는 남보석이요 셋째는 옥수요 넷째는 녹보석이요

열두 보석은 열두 사도의 지혜와 덕성과 성성(聖性)과 개성이 조화되고 통일된 것을 의미한다.

⑴ 벽옥 – 맑고 투명한 녹색으로 생명의 무구성(無垢性)을 상징.
⑵ 남보석 – 지혜의 뛰어남을 상징, 청출어람(靑出於籃).
⑶ 옥수 – 옥돌의 정수로 조화와 화목을 상징.
⑷ 녹보석 – 생명의 무성함을 상징.

[20절] 다섯째는 홍마노요 여섯째는 홍보석이요 일곱째는 황옥이요 여덟째는 녹옥이요 아홉째는 담황옥이요 열째는 비취옥이요 열한째는 청옥이요 열두째는 자수정(개역한글 : 자정)이라

⑸ 홍마노 – 홍보석과 더불어 붉은 보석인데 생명의 존귀함을 상징.
⑹ 홍보석 – 홍마노와 같이 붉은 보석으로서 생명의 존귀함을 상징.
⑺ 황옥 – 금빛나는 돌로 진리와 영광을 상징.
⑻ 녹옥 – 짙은 녹색으로 생명의 무성함을 상징.
⑼ 담황옥 – 투명한 금빛으로 지혜의 깨끗함을 상징.
⑽ 비취옥 – 회색에 옅은 녹색을 가진 보석으로 깊은 사색을 상징.

⑾ 청옥 - 푸른빛 보석으로 발랄한 생명의 소망을 상징.
⑿ 자정 - 보라빛 자수정으로 음양합일을 상징.

이상 열두 가지 보석은 각자(覺者)에 따라 얼마든지 자유롭게 해석할 수 있다. 그 원인은 열두 가지 보석은 만덕(萬德)과 만선(萬善)을 상징하기 때문에 보는 사람의 개성과 성품과 신앙에 따라 달라진다. 열두 보석을 어떻게 해석하던 나쁘게 해석할 수는 없다. 그것은 본래 인간의 성품은 착하고 덕이 있기 때문이다.

[21절] 그 열두 문은 열두 진주니 각 문마다 한 개의 진주로 되어 있고 성의 길은 맑은 유리 같은 정금이더라

⑴ 진주는 천국에 들어가는 비유로 사용되었다(마 7:6, 13, 13:45-46).

왜 진주가 천국의 비유로 사용되는가? 모든 보석은 무기물의 결정이지만 진주는 생체(生體) 속에서 형성된 보물이다. 진주는 생명의 고뇌와 아픔과 고독 속에서 생성되어 영롱한 무지개 빛을 발한다. 생체 속에서 형성된 진주는 언약의 자식을 상징한다.

사라의 진주는 이삭이다. 이삭은 사라가 고뇌와 아픔 속에서 낳은 언약의 자식이었다. 마리아의 진주는 예수다. 예수는 마리아가 고뇌와 아픔과 고독 속에서 낳은 성령의 열매였다.

참 성도는 고뇌와 아픔과 눈물과 피땀 속에서 형성된 인격들이다. 이 악한 세상에서 바른 신앙생활을 하기 위해 성도들은 얼마나 많은 아픔과 고뇌와 고독을 인내해야 했던가. 고뇌와 아픔을 이겨낸 자만 구원받을 수 있기 때문에 예루살렘에 들어가는 열두 문은 진주로 되어 있다.

⑵ 맑은 유리 같은 성의 길은 순수하고 청정한 참 도를 의미한다. 세상에는 많은 길(道)이 있으나 예루살렘으로 들어가는 길이 참 길이다.

[22절] 성 안에서 내가 성전을 보지 못하였으니 이는 주 하나님 곧 전능하신 이와 및 어린 양이 그 성전이심이라

종인 구약의 육적 이스라엘과 양자인 기독교인들은 석조 건물인 성전과 교회 속에 하나님이 임재한다고 착각하고 오신했다.

그러나 새 하늘과 새 땅에는 건물로 된 성전과 교회는 없다. 하나님과 어린 양이 살아있는 성전이 되고 자유한 인간마다 살아있는 교회가 되었기 때문이다. 하나님이 인간 안에 거하고 인간이 하나님 안에 거하는데 어찌 건물 성전이 보이겠는가(렘 31:33-34).

[23절] 그 성은 해나 달의 비침이 쓸 데 없으니 이는 하나님의 영광이 비치고 어린 양이 그 등불이 되심이라

하나님과 예수는 진리와 생명의 본태양(本太陽)이다(요일 1:5, 요 1:4-5). 새 하늘과 새 땅에 천체의 해와 달이 필요 없다는 뜻으로 오해하면 안 된다.

인간의 심성에서 무명이 완전히 사라졌기 때문에 해와 달이 필요 없게 된다. 구약은 달의 시대, 신약은 해의 시대로 비유된다. 그렇기 때문에 구약은 월경하는 하갈형의 모성이 육신의 자식, 종의 자식, 죽음의 자식을 낳아주는 마당이었고 신약은 사라형 모성이 언약의 자식, 영의 자식, 성령의 자식을 낳아주는 마당이었다.

하나님의 영광이 비취고 어린 양이 등이 되는 때가 오면 구약과 신약의 경전(經典)은 필요 없게 된다.

[24절] 만국이 그 빛 가운데로 다니고 땅의 왕들이 자기 영광을 가지고 그리로 들어가리라

여기에 나오는 만국은 한국, 미국, 소련 따위 국가주의, 민족주의로 형성된 나라들이 아니다.

첫째 부활한 자들이 왕 같은 제사장이 되어 다스리는 다양성이 있는 지상 천국은 사람마다 다 나라가 된다. 인간 개개인이 주인된 나라이므로 각자가 다 왕이 된다. 하나님을 아는 지혜가 편만하므로 다시는 이 땅에 무명과 미망과 유혹이 없다.

그러므로 만국 만민은 하나님과 예수의 빛 안에서 행하는 진리의 화신이요, 사랑의 발광체이므로 자기 보석의 영광으로 성에 들어올 수 있다.

[25절] 낮에 성문들을 도무지 닫지 아니하리니 거기에는 밤이 없음이라

「이사야」 60장 11절에는 〈네 성문이 항상 열려 주야로 닫히지 아니 하리라〉 했는데 이 성구에서는 밤이 없고 낮이라 했을까? 낮 뿐이고 밤이 없다는 말씀은 천체가 순환하는 주야가 없다는 말이 아니다. 인간 심성 속에서 완전히 무명(無明)이 사라져 없어졌기 때문에 밤이 없다고 했다.

선악과를 따먹고 타락한 인간은 상대적인 가치, 곧 낮과 밤인 선과 악, 미와 추, 참과 거짓의 이율배반과 모순과 갈등 속에서 고뇌하는 존재가 되었다.

그러나 부활하여 거듭난 인간은 인간 심성의 본래 면목을 회복한 존재가 되었으므로 낮과 밤, 곧 상대성을 초월한 절대 존재인 진리의 화신이 되었기 때문에 그의 깬(覺) 의식은 항상 빛 속에 있게 된다. 영원히 깬(覺) 자들에게는 성문이 항상 열려 있다.

[26절-27절] 사람들이 만국의 영광과 존귀를 가지고 그리로 들어가겠고 무엇이든지 속된 것이나 가증한 일 또는 거짓말하는 자는 결코 그리로 들어가지 못하되 오직 어린 양의 생명책에 기록된 자들만 들어가리라

⑴ 만국의 존귀와 영광은 지상 천국에 사는 인간들의 다양성과 조화성을 말한다. 모든 인간 심성은 발광체이므로 영광스러운 존재이고 모든 인간 생명은 천하보다 귀한 존재이므로 존귀한 존재들이다. 그러므로 인간마다 영광과 존귀를 가지고 성에 들어온다.

⑵ 속된 것이란 거룩하지 못한 것을 의미한다(레 10:10). 하나님은 거룩한 존재이므로 속된 것은 성에 들어올 수 없다.

⑶ 가증한 일은 우상숭배와 행음을 의미한다.

거짓말은 마귀의 짓이다. 마귀는 거짓말장이다(요 8:44). 그러므로 거짓말하는 자는 성에 들어올 수 없다.

하늘나라에 속된 것, 가증한 일, 거짓말이 있을 수 없으나 이 세 가지가 타락한 인간이 행한 비진리적 행위였기 때문에 다시 강조하기 위해서 성에 들어올 수 없다고 했다.

제22장

[1절] 또 그가 수정 같이 맑은 생명수의 강을 내게 보이니 하나님과 및 어린 양의 보좌로부터 나와서

하나님과 예수는 생명의 근원이므로 생명수 강이 보좌에서 발원하게 된다. 하나님은 생수의 근원이다(렘 2:13). 예수도 생수의 근원이다(요 4:14, 7:38). 생수는 성령을 뜻한다.

「창세기」 2장 10절에 보면 에덴동산에는 한 줄기 강이 흐르다가 네 강으로 나누어졌다. 한 줄기 강은 생명의 강이었는데 하와가 타락했기 때문에 이 강은 은폐되고 타락한 네 줄기 혈맥의 강이 흐르게 되었다(『성경의 원리』 상권 「타락론」 참조).

강은 어느 종교를 막론하고 여인 또는 어머니를 상징하고 있다. 수정같이 맑은 생명수 강은 깨끗하고 거룩한 여인이 부활의 자식을 낳아줄 것을 상징한다.

그러므로 생명수 강이 보좌에서 발원하는 것은 하나님과 어린 양이 성령의 화신체인 신부와 결혼하여 언약의 새 자식을 낳아줌을 뜻한다.

[2절] 길 가운데로 흐르더라 강 좌우에 생명나무가 있어 열두 가지 열매를 맺되 달마다 그 열매를 맺고 그 나무 잎사귀들은 만국을 치료하기 위하여 있더라

(1) 에덴동산에 생명나무가 있었다. 생명은 곧 예수(요 1:4, 11:25, 14:6, 요일 1:1-2)이기 때문에, 생명나무는 예수를 상징하는 나무이다. 그러므로 생명과는 예수의 진리를 의미한다.

에덴동산에서 사라진 생명나무가 「요한계시록」의 마지막에 다시 나타난다. 성경의 처음인 「창세기」와 마지막인 「요한계시록」이 여합부절(如合符節)로 맞아 떨어진다. 성경에 일관된 주제는 「창세기」 에덴동산에서 잃어버린 생명나무를 찾아 회복하는 것이기 때문에 마지막 책인 「요한계시록」에 생명나무가 다시 나타나게 되는 것이다. 에덴동산에는 한 그루 생명나무가 있었는데 「요한계시록」 끝장에는 많은 생명나무가 강 좌우에 있다. 이것은 생명나무이신 예수의 반열에 따라 왕 같은 제사장이 된 성도들도 생명나무가 되었기 때문이다(잠 3:18, 11:30, 13:12, 15:4 참조).

첫 열매인 14만 4천도 시온산에 선 존재이기 때문에 생명수 강가에 도열하게 되었다.

⑵ 강 좌우에 도열한 생명나무는 달마다 열두 가지 다른 과일을 맺는다. 이것은 열매의 다양성과 전 인격성을 의미한다.

14만 4천은 첫째 부활받은 자들이므로 그들이 열두 지파의 반열에 따라 둘째 부활한 성도들을 낳아줄 존재들이기 때문에 달마다 열두 가지 과실을 결실하게 되는 것이다.

생명나무 잎사귀는 만국을 소성케하는 약재가 된다. 만국을 소성케함은 각 나라와 족속과 지파에서 수렴된 둘째 부활의 성도들을 다시 살아나게 하는 것을 뜻한다.

[3절-4절] 다시 저주가 없으며 하나님과 그 어린 양의 보좌가 그 가운데에 있으리니 그의 종들이 그를 섬기며 그의 얼굴을 볼 터이요 그의 이름도 그들의 이마에 있으리라

⑴ 새 하늘과 새 땅에 사는 성도들은 완전 성화된 존재들이기 때문에 저주가 있을 수 없다. 저주는 죄의 결과이기 때문이다.

하나님과 어린 양은 각자의 심령 성전에 계시기 때문에 항상 모시고 섬기는 생활이 된다(히 8:10-11 참조). 누구의 설교나 계명에 따라 타율적으로 하나님을 섬기는 것이 아니라 자율에 의해 하나님을 섬기게 된다. 인간은 진리로 인해 자유한 존재가 되었기 때문이다.

⑵ 모세는 하나님의 얼굴을 보기 원했으나 등만 보았다(출 33:23).

예수는 제자들에게 자기를 본 자는 아버지를 보았다 했다(요 14:8-9).

마음이 청정한 자는 하나님을 볼 수 있다. 하나님을 본다는 뜻은 시각적으로 목격함이 아니고 청정한 마음에 모시고 섬기는 것을 의미한다(시

17:15, 고전 13:12, 요일 3:2).

⑶ 구약 종들의 이마에는 죽게 하는 의문(儀文)인 십계가 기록되었다(신 6:8, 11:18). 그러나 아들의 이마에는 하나님과 어린 양의 이름이 기록된다. 무명(無名)하신 하나님이지만 굳이 이름이 있다면 사랑이다(요 17:26).

종은 아버지 집에 거하지 못하고 아들만 거한다(요 8:35-36).

하늘나라는 사랑의 화신들이 사는 마당(場)이다.

[5절] 다시 밤이 없겠고 등불과 햇빛이 쓸 데 없으니 이는 주 하나님이 그들에게 비치심이라 그들이 세세토록 왕 노릇 하리로다

⑴ 진리와 생명의 본 태양이 비취는데 다른 빛이 무슨 소용이 있겠는가. 인간의 심성 속에서 무명이 완전히 사라졌으므로 등불과 햇빛이 필요 없고 암흑의 밤도 있을 수 없다.

⑵ 진리의 빛으로 밝아진 심성들은 진리의 임금이신 예수와 더불어 왕이 된다.

참 왕은 남을 다스리는 주권을 잡은 자가 아니라 제 마음을 다스릴 줄 아는 자를 의미한다. 자기를 다스리는 자만이 참 왕이 되어 남을 사랑으로 다스릴 수 있다. 「요한계시록」의 예언은 여기에서 끝난다.

[6절] 또 그가 내게 말하기를 이 말은 신실하고 참된지라 주 곧 선지자들의 영의 하나님이 그의 종들에게 반드시 속히 되어질 일을 보이시려고 그의 천사를 보내셨도다

⑴ 〈이 말은 신실하고 참된지라〉 이것은 이 책에 기록된 계시 전체를 뜻한다. 하나님은 참되시고(롬 3:4), 미쁘신(고전 1:9) 존재이기 때문에 그가 보여준 계시도 신실하고 참된 말이 된다.

요한이 받은 계시는 신실하고 참된 계시이기 때문에 인간의 지혜나 학식으로 가감할 수 없다.

⑵ 어느 시대나 선지자는 하나님의 영을 받고 예언했다. 다른 영을 받은 예언자들도 많았으나 그들은 하나님이 보낸 선지자가 아니었다(렘 14:14, 23:21, 27:15).

오늘날도 다른 영을 받고 예언하고 기적을 행하는 자들이 많다. 참 선지자의 영은 하나님의 영이요 예수의 영이므로 성령은 선지자들의 마음 속에 머물러 예언하게 한다(겔 2:2, 3:24). 그렇기 때문에 〈선지자들의 영의 하나님〉이라 한다.

⑶ 결코 속히 될 일은 반드시 될 일을 말한다.

하나님의 영이 예언자들을 감동시켜 반드시 오래지 않아 되어질 일들을 보이시려고 예언했고 마지막으로 천사를 보내 요한에게 계시했다.

[7절] 보라 내가 속히 오리니 이 두루마리(개역한글 : 책)의 예언의 말씀을 지키는 자는 복이 있으리라 하더라

⑴ 속히 재림할 약속을 천사의 입을 통해 말하고 있다. 「요한계시록」에는 속히 온다는 약속이 네 번 있다. 3장 11절, 22장 7절, 12절, 20절 등인데 마지막장인 22장에 세 번 있다.

⑵ 「요한계시록」에 예언된 말씀을 지키는 자는 복이 있다. 지키는 자란 행하는 자를 의미한다. 믿기만 하고 지키지 않는 자는 복이 없는 자다.

[8절] 이것들을 보고 들은 자는 나 요한이니 내가 듣고 볼 때에 이 일을 내게 보이던 천사의 발 앞에 경배하려고 엎드렸더니

천사가 전해준 계시를 보고 들은 자가 요한임을 자증하고 있다. 사도 요한은 계시를 전해준 천사에게 고마워서 경배하려 했다(계 19:10 해석 참조). 그는 두 번씩이나 천사에게 경배하려 했다. 어린 양 잔치 소식을 듣던 때와 계시가 끝났을 때다. 사도 요한이 두 번 경배하려 한 것은 계시를 전해준 고마움에 인사하려는 인간적인 너무나 인간적인 생각에서 나타난 행위였다.

[9절] 그가 내게 말하기를 나는 너와 네 형제 선지자들과 또 이 두루마리의 말을 지키는 자들과 함께 된 종이니 그리하지 말고 하나님께 경배하라 하더라

겸손한 천사는 인간에게서 예배를 받지 않는다. 피조물이 피조물에게 예배 받을 수 없고 받으면 우상숭배가 되기 때문이다. 천사는 예배 받지 않는 이유를 자신이 인간과 같은 피조물임을 상기시키면서 오직 하나님께 경배하라고 한다.

[10절] 또 내게 말하되 이 두루마리(개역한글 : 책)의 예언의 말씀을 인봉하지 말라 때가 가까우니라

〈이 책의 예언의 말씀을 인봉하지 말라〉라는 뜻은 재림의 임박성을 말함과 동시에 「요한계시록」에 기록된 말씀은 말세의 성도는 참 성령의 감동을 받으면 풀 수 있다는 뜻이 담겨져 있다.

참 성도들에게는 「요한계시록」이 인봉되지 않은 〈열린 문서〉이다. 그러나 종교꾼들에게는 〈인봉된 문서〉이다(사 29:10-12). 다른 영을 받은 자들은 성경과 「요한계시록」을 억지로 풀다가 멸망 받는다(벧후 3:16).

오늘날 종교꾼 부흥사들은 「요한계시록」을 '정감록'이나 『토정비결』 풀이하듯 제멋대로 해석하면서 위기의식을 조성하고 시한부 말세를 예언하면서 양떼를 미혹하고 있다.

[11절] 불의를 행하는 자는 그대로 불의를 행하고 더러운 자는 그대로 더럽고 의로운 자는 그대로 의를 행하고 거룩한 자는 그대로 거룩하게 하라

재림의 때가 도적같이 오기 때문에 회개할 시간이 없다는 뜻이 아니고(단 12:10), 마귀의 씨들은 근본이 짐승의 종자들이므로 회개할 수 없고 또 끝까지 회개하지도 않는다(계 9:20-21). 이 때문에 불의한 자들은 그대로 불의하고 더러운 자는 그대로 더러운 것이다. 반대로 의를 행하는 자들은 그대로 의를 행하고 거룩한 자는 그대로 거룩할 것이다. 그들은 하나님의 씨이기 때문이다.

이 성구는 하나님의 씨와 마귀의 씨, 빛의 자식과 어둠의 자식, 알곡과 가라지가 있음을 암시하고 있다(마 13:24-30 참조).

인간은 겉보기에는 똑같은 사람 같지만 그 내면은 짐승 같은 인간들이 있다. 인면수심이 아닌가.

[12절] 보라 내가 속히 오리니 내가 줄 상이 내게 있어 각 사람에게 그가 행한 대로 갚아 주리라

재림의 임박성을 재차 강조하고 있다. 상은 일하는 자에게 주는 삯이다(욥 34:11, 롬 2:6). 일하지 않는 자는 먹을 자격이 없고(살후 3:10), 상 탈 자격도 없다.

믿으면 구원받는다는 안일한 신앙관으로 편하게 예수믿고 천당가겠다는 염치없는 자들이 얼마나 많은가. 사람은 이 땅에 올 때 할 일이 있어 온 존재인데 일은 하지 않고 무위도식하는 신앙의 건달들이 얼마나 많은가.

참 성도는 상을 받기 위해 일하는 공리적인 생각을 버리고 천명(天明)을 깨달아 제 분수에 맡겨진 일을 해야 한다. 인간이 이 세상에 와서 제일 먼저 해야 할 일은 심전(心田)을 개간하고 옥토를 만드는 일이다.

[13절-14절] 나는 알파와 오메가요 처음과 마지막이요 시작과 마침이라 자기 두루마기를 빠는 자들은 복이 있으니 이는 그들이 생명나무에 나아가며 문들을 통하여 성에 들어갈 권세를 받으려 함이로다

두루마기는 겉옷으로 예복과 같이 입는 소중한 옷이다. 예복이 없으면 잔치에 참여할 수 없다(마 22:11-12). 어린 양의 피에 빨아 표백된 청정한 신부의 옷을 입어야 한다(계 7:14, 슥 3:3-4). 흰 두루마기를 입은 자들은 생명나무에 나아가 생명과를 따먹으며 거룩한 성에 들어갈 권세를 얻게 된다.

두루마기도 세마포 모양 옳은 행실을 뜻한다.

[15절] 개들과 점술가(개역한글 : 술객)들과 음행하는 자(개역한글 : 행음자)들과 살인자들과 우상 숭배자들과 및 거짓말을 좋아하며 지어내는 자는 다 성 밖에 있으리라

개들은 권력자의 앞잡이와 주구(走狗) 노릇을 하는 자들이다(시 22:16, 빌 3:2, 왕하 8:13). 또 개들은 더러운 남창(男娼)을 뜻하기도 한다(신 23:17-18 참조).

술객, 행음자, 살인자, 우상숭배자, 거짓말장이 - (21장 8절 해석 참조) 이런 자들은 성 밖에 있다. 예루살렘 성은 어머니의 도태의 상징이므로 성 밖에 있다는 뜻은 악인들은 생명의 부활을 받을 수 없는 죽은 상태에 있다는 말이다.

유황불 못에 빠져 둘째 사망한 자들이 어찌 부활할 수 있겠는가. 그들은 영원히 성에 들어오지 못한다.

[16절] 나 예수는 교회들을 위하여 내 사자를 보내어 이것들을 너희에게 증언하게 하였노라 나는 다윗의 뿌리요 자손이니 곧 광명한 새벽 별이라 하시더라

(1) 일곱 교회는 칠성천사의 교회이기 때문에 예수는 직접 교회에 나타나지 않고 천사를 보내 하나님의 비밀을 계시했음을 강조하고 있다.

〈이긴 자〉가 된 성도들을 위하여 천사를 보내 계시하는 예수의 사랑이 담긴 말씀이다.

(2) 다윗의 뿌리와 자손을 혈맥(血脈)으로 해석해서는 안 된다. 예수는 자신이 다윗의 혈대를 계승한 자손이 될 수 없다고 부인했다(마 22:41-46).

다윗은 구약시대 하나님의 통치를 상징하는 왕으로 택함 받았다. 예수의 왕권의 뿌리를 다윗에게 비유했을 뿐이다(사 11:1-2, 겔 34:23). 그러므로 다윗의 뿌리와 자손은 혈맥이 아닌 영맥의 비유로 이해해야 한다.

⑶ 광명한 새벽 별, 새벽 별은 금성과 같은 천체의 별이 아니고 인간의 심령에서 어둠이 사라질 때 뜨는 마음의 별이다(벧후 1:19). 그러므로 무명과 미망 속에 잠든 자들은 볼 수 없고 의식이 성성(惺惺) 하게 깬 각자(覺者)만 예수의 새벽 별을 볼 수 있다.

타락한 지혜천사도 셋째 하늘의 새벽 별이었는데(사 14:12), 아담은 가성(假星)을 보고 예수의 새벽 별로 오각했던 것이다. 그 마음의 참 하늘에서 예수의 새벽 별을 본 자는 정각(正覺)하여 생명과를 따 먹을 수 있다.

[17절] 성령과 신부가 말씀하시기를 오라 하시는도다 듣는 자도 오라 할 것이요 목마른 자도 올 것이요 또 원하는 자는 값없이 생명수를 받으라 하시더라

⑴ 성령은 신부이다. 성령은 어머니의 도태이다.

기독교에서는 유대교를 전승하여 성령을 남성격으로 이해했는데 잘못된 착각이다. 성경의 도맥을 모르고 원어(原語)에 집착해서 문자로 성경을 해석했으니 정해(正解)될 까닭이 없다.

부활한 성도들은 깨끗한 성령의 도태, 예루살렘 어머니를 통해 언약의 자식으로 생산되는 도비를 기독교에서는 전혀 몰랐다. 이삭도 성령으로 말미암아 태어났고(갈 4:28-29), 예수도 성령 잉태로 태어났다(마 1:18, 눅 1:35). 이삭과 예수의 성령 잉태의 도비를 대각하면 언약의 자식, 부활의 자식이 무엇인지 정각할 것이다.

⑵ 듣는 자란 하나님의 말씀을 알아 듣는 자를 말한다.

비유와 상징과 암호와 은어로 되어 있는 말씀을 알아듣는 귀가 얼마나 있을까? 아무리 우레 같은 대언(大言)도 귀가 없으면 알아들을 수 없다. 그렇기 때문에 예수는 〈귀가 있는 자 들으라〉했다(마 13:9).

⑶ 목마른 자란 진리의 포도주와 젖을 구하는 참다운 구도자를 말한다(사 55:1). 또 성령을 갈구하는 자도 목마른 자다(요 7:37-38).

⑷ 값없이 생명수를 받으라는 뜻은 입으로 물을 마시라는 소식이 아니다.

이것은 성령의 도태 속에서 진리의 화신이 되어 태어나 영생의 존재가 되는 것을 의미한다. 입으로 마시고, 위장으로 소화시키고, 소변으로 배설할 물을 생명수로 이해해서는 안 된다.

우리를 낳아줄 존재가 성령 = 어머니이기 때문에 성령과 신부가 우리를 부르고 있다.

[18절-19절] 내가 이 두루마리(개역한글 : 책)의 예언의 말씀을 듣는 모든 사람에게 증언하노니 만일 누구든지 이것들 외에 더하면 하나님이 이 두루마리(개역한글 : 책)에 기록된 재앙들을 그에게 더하실 것이요 만일 누구든지 이 두루마리(개역한글 : 책)의 예언의 말씀에서 제하여 버리면 하나님이 이 두루마리(개역한글 : 책)에 기록된 생명나무와 및 거룩한 성에 참여함을 제하여 버리시리라

성경을 가감하는 행위는 피조물의 지혜가 하나님의 계시를 변조하는 어리석고 무모한 짓이다(사 45:9). 성경은 성령의 감동으로 쓰여진 책인데 타락한 인간의 지혜와 생각으로 어찌 함부로 가감할 수 있겠는가.

마귀는 최초로 하나님의 말씀을 제 뜻대로 가감하여 사제복음(私製福音)으로 아담을 타락시켰다. 거짓 선지자와 종교꾼도 사제복음으로 성도들을 미혹하고 있다. 성경은 짝이 있고 하나도 빠진 것이 없는 문서이므로(사 34:16), 인간의 마음대로 가감할 수 없다. 그렇기 때문에 말씀을 가감하는 것을 선지자들도 경계했다(신 4:2, 12:32, 잠 30:6).

세상의 지식으로 말씀을 혼잡하게 한 자(갈 1:7-9)는 더하고 가(加)한 자이고 성경의 도비(道秘)를 풀 수 없기 때문에 성경에 기록된 사건을 신화로 해석한 자들도 빼고 감(減)한 자들이다.

계시록에 기록된 재앙을 받고 싶은 자는 성경에 제 뜻을 더하라. 생명나무와 거룩한 성에 참여하고 싶지 않은 자는 제 마음대로 빼라. 거짓 선지자와 종교꾼들은 성경을 가감한 자들이다. 참 양들은 이런 자들을 멀리 해야 한다.

[20절-21절] 이것들을 증언하신 이가 이르시되 내가 진실로 속히 오리라 하시거늘 아멘 주 예수여 오시옵소서 주 예수의 은혜가 모든 자들에게 있을지어다 아멘

⑴ 예수는 속히 재림할 것을 재삼(再三) 강조하고 있다.

이 약속에 응답하여 사도 요한은 〈주 예수여 오시옵소서〉라고 기원한다. 재림을 고대하는 요한의 기원은 모든 성도들의 기원을 대변하고 있다. 성도들의 최대의 소망은 예수의 재림이다.

그러나 초림 예수를 기다리던 유대교가 예수를 배반하듯, 재림 예수를 기다리고 있는 기독교인들이 과연 예수를 영접할 수 있을까?

유대교에서 도망쳐 나온 갈릴리 어부들이 예수의 제자가 된 것처럼 낡고 썩은 기독교에서 탈출한 〈이긴 자〉만이 예수의 신부가 될 것이다.

⑵ 「요한계시록」은 편지의 형식으로 되어 있기 때문에 평강의 인사로 시작하여 은혜의 축복으로 끝나고 있다. – 끝 –

개념과 용어해설

[숫자]

3수 : 하늘 수. 본문의 「요한계시록」 7장 4절, 21장 17절의 해석 참고

3일 반 : 하늘 사람인 예수의 3일째 부활과 땅 사람인 나사로의 4일째 부활을 매개시키는 수령(數靈). 「요한계시록」의 두 감람나무가 3일 반 만에 부활한 수의 상징

4수 : 땅 수. 「요한계시록」 7장 4절, 21장 17절의 해석 참고

6수 : 타락수

7수 : 3(하늘 수) + 땅 수(4) = 7수. 천지합덕(天地合德)한 완전수

8수 : 할례수. 「요한계시록」 17장 11절 참고

10수 : 완성수이자 귀일수(歸一數)로 하나님을 상징. 즉, 성부도 10, 성자도 10, 성령도 10수를 상징.

12수 : 3(하늘 수) × 4(땅 수) = 12수. 신인합발(神人合發)한 임마누엘 수

40수 : 4(땅 수) × 10(완성수) = 40으로 사탄 마귀를 분리시키는 시험과 구도 기간.

666 : 아담도 6수, 하와도 6수, 마귀도 6수임. 자세한 사항은 「요한계시록」 13장 18절의 해석참고

14만 4천 : 인류 역사에서 기독교인이 아닌 '참 하나님과 참 예수'를 믿은 자로 첫째 부활에 참여하는 장자의 무리. 14만 4천의 숫자 의미에 대해서는 「요한계시록」 7장 4절, 14장 4절, 20장 6절의 해석을 참고할 것. 흰 옷 입은 무리 참조

[가]

간음(姦淫) : 종교적인 우상숭배의 간음과 육체적인 성적인 간음을 문맥에 따라 구별하여 사용한다. 저자는 인간의 타락은 종교적 간음, 즉 '다른 예수', '다른 복음'과 '다른 영'을 받아들인 것이 근본원인이라 함. 문맥에 따라 종교적 간음은 도적(道的) 간음 등으로 표현하기도 함

건물교회 : 바른 신앙고백없이 세워진 교회의 이름만 붙인 건물로서의 교회. 인격교회 참조

계율종교 : 계율과 율법을 중시하는 종교. 저자는 기독교를 포함하여 불교, 힌두교, 무슬림교, 유교, 도교 등도 본질상 계율종교의 울타리를 벗어나지 못한 종교로 인식함

구약교회 : 신약의 마당에서 구약의 신인 '야웨(혹은 여호와)'를 부르는 교회

기독교 : 가톨릭과 개신교를 포함한 그리스도교. 저자는 기독교는 예수의 복음을 변질시킨 구약형의 종교로 비판.

[나]

농자천하지대본(農者天下之大本) : 농사는 천하의 큰 근본으로 "하나님이 인간 농사를 하면서 내세운 도의 벼리(綱領)". 저자는 하나님을 인간농사하는 농부로서 비유하며 알곡인 인간을 추수 한다는 근본어로 이해함

[다]

달을 옷 입은 여인 : 인간의 자식을 낳는 여인

도맥(道脈) : 도의 맥락

도성인신(道成人身) : 도를 이루어 인간으로 현신한 사람, 하나님이 사람이 되었다는 예수의 성육신(成肉身) 사건을 말함

도태(道胎) : 영의 어미란 의미로 성령잉태하는 여인의 자궁

둘째 사망 : 구약의 물심판은 첫째 사망으로 부활의 가능성이 있지만 불심판은 부활의 가능성조차 없는 마지막 사망임.

[마]

명부(冥府) : 사람이 죽은 뒤에 심판을 받는 곳

무간지옥(無間地獄) : 불교에서 말하는 여러 지옥 중 고통이 가장 극심한 지옥. 범어(梵語) 아비치(Avici)를 음역하여 아비지옥(阿鼻地獄)으로 팔열지옥(八熱地獄)의 하나

무구성(無垢性) : 때가 묻지 않고 자연대로 순박함

무시무종(無始無終) : 시작도 없고 끝도 없는 영원(출전 : 『천부경』)

무위이화(無爲而化) : 함이 없는 다함으로 모든 것이 이루어짐(출전 ≪논어≫ 〈위령공편〉)

무적성(無跡性) : 좋은 수레는 흔적을 남기지 않듯이 하나님의 행위는 흔적이 없음

무지개 : 천사세계가 조화와 통일을 이룬 상태를 일곱 색으로 추상화 한 것. 창 9:13, 계 4:2-3을 참고할 것,

무형성(無形性) : (하나님은) 형체가 없음

묵여뢰(默如雷) : 큰 우레와 같은 침묵

[바]

발광체(發光體) : 구도의 정점에서 빛이 나는 몸으로 변함
불립문자(不立文字) : 글로 표현할 수 없는 경지

[사]

사설(蛇舌) : 뱀(독사)의 혓바닥. 마귀의 소리를 하는 적 그리스도의 혓바닥
사제복음(私製福音) : 개인 욕심을 가지고 만든 성서의 본래의 뜻과 다른 '이단'적 복음
삼계(三界) : 온 세상을 의미하는 불교적 용어. 중생들이 윤회하는 욕계(欲界), 색계(色界), 무색계(無色界)를 말함.
삼태극(三太極) : 「요한계시록」 19장 17절의 삼원색(三原色)인 빨강, 파랑, 노랑색을 가리키며, 이는 삼위신(三位神)을 상징
상업교회(商業敎會) : 진실한 신앙고백을 실천하는 교회가 아닌 물질신앙과 기복신앙을 추구하는 기업적인 교회
상징과 비유 : 신칸트학파의 에른스트 카시러(E. Cassirer)는 인간을 상징적 동물(animal symbolicum)이라고 말한다. 언어를 사용하는 인간이 단순히 이성적 동물로서의 개념적 언어만 아니라 시적 상상의 언어도 사용한다. "본래 언어란 사고나 사상을 표현하는 것이 아니라, 감정과 감동을 표현하는 것이다"라는 말이 이를 대변한다. 이를 토대로 보자면, 저자의 해석학은 상징해석학이라고 말할 수 있을 것이다. 리처드 팔머(R. E. Palmer)는 인간의 삶 그 자체가 끊임없는 해석의 과정이요 이해의 과정이라고 했다. 이처럼 해석학은 삶이나 텍스트의 이해 불가능성을 이해 가능한 것으로 옮기는 행위라고 볼 수 있다. 더군다나 슐라이어마허(F. Schleiermacher)가 주장한 것처럼, 신의 말씀이라고는 하나 성경의 인간의 언어로 되어 있는 만큼 의미 지평으로부터 이해되어야 한다. 성경의 난해한 언어의 맥락과 문자의 의미를 이해하려는 해석학적 행위는 성경을 통하여 성서를 이해하려는 해석학적 출발점이다. 저자는 성경을 상징과 비유로 해석함으로 과거의 역사와 사건과 인물을 현존하는 인간과 관계성을 맺어, 현재 시점에서 재현하는 열린 텍스트로 성경을 해석해야한다는 점을 강조.
새 날의 교회 : 하나님과 인간이 하나가 된 인격교회 혹은 인격성전. 저자는 이를 위해 '새 교회 운동'을 전개함. 건물교회 참조
성인(成人) : 나이를 먹어 육체가 성숙한 사람

성인(誠人) : 말씀(言)을 이룬(成) 사람. 즉 진리의 말씀을 체득한 사람

성인(聖人) : 소크라테스, 공자, 석가 등과 같은 인류의 성인. 저자는 역사의 가을에 성인(成人) 이라함은 진리를 체득한 성인(誠人)이며, 이 사람이 곧 성인(聖人)이라는 표현을 즐겨씀

신인합발(神人合發) : 신과 인간이 '합일(合一)'이 아니라 즉발(卽發)하여 신의 힘을 빌림

심금(心琴) : (하나님의 말씀이) 인간의 마음 줄을 울림

[아]

영맥(靈脈) : (혈맥이 아닌) 영적인 맥. 혈맥 참조

완전구원 : 인간의 육과 영이 완전 성화(聖化)하여 타락하기 전 생령(生靈)의 상태로 돌아감을 의미. 저자의 관점에서 인간의 죄와 사망의 권세에서 신음하는 가운데 받은 현재의 구원은 '보증구원'임

우익종교(右翼宗敎) : 자본주의

인간태양 : 적그리스도를 말함. 마귀의 종교사상적인 열기를 인간태양으로 비유

인격교회 : 바른 신앙고백의 터 위에 세워진 인격이 성전인 교회. 건물교회, 칠성교회 참조

인면수심(人面獸心) : 사람의 얼굴을 하고 짐승의 마음을 가진 사람이란 의미. 저자는 적그리스도 혹은 거짓 선지자, 탐욕적인 직업종교인을 일컫음

일월성영모(日月星靈母) : 성령으로 화신한 어머니의 상징. 「요한계시록」 12장 1절 참고. 달을 옷 입은 여인, 해를 옷 입은 여인 참조.

[자]

좌익종교(左翼宗敎) : 공산주의

[차]

천의무봉(天衣無縫) : '하늘나라 옷은 이음새가 없다'는 의미로 예수가 입은 속옷(요 19:23)

첫째 부활 : '남은 자'가 재림주에 의해 변화받은 몸으로 변화하는 부활의 형태

칠성교회(七星敎會) : 「요한계시록」에 나오는 일곱 개의 교회의 위치가 북두칠성과 닮았으며, 이는 천사들이 주관하는 전 세계적인 교회를 의미. 저자의 언어맥락에서 일곱 교회는 예수의 몸 된

인격교회가 아님

칠성천사(七星天使) : 「요한계시록」에 나오는 칠성교회를 주관하는 천사.

[타]

태극(太極) : 보좌에 앉으신 하나님이 벽옥(푸른색)과 홍보석(붉은 색)인 태극의 형상으로 묘사됨. "내가 곧 성령에 감동하였더니 보라 하늘에 보좌를 베풀었고 그 보좌 위에 앉으신 이가 있는데 앉으신 이의 모양이 벽옥과 홍보석 같고 또 무지개가 있어 보좌에 둘렸는데 그 모양이 녹보석 같더라"(요계 4:2-3)

[하]

해를 옷 입은 여인 : 남녀의 성교가 아닌 성령으로 잉태하는 여인

해원(解冤) : 쌓인 원한으로 해소함

혈맥(血脈) : 혈육의 계보를 따라 연계된 족보. 영맥 참조

흰 옷 입은 무리 : 기독교를 포함한 불교 등 다른 종교에서 수렴된 차자(次子)의 구원을 받는 무리. 14만 4천 참조

찾아보기

숫자

ㄱ

ㄴ

ㄷ

ㅅ

ㅇ

ㅈ

ㅊ

ㅌ

ㅍ

ㅎ